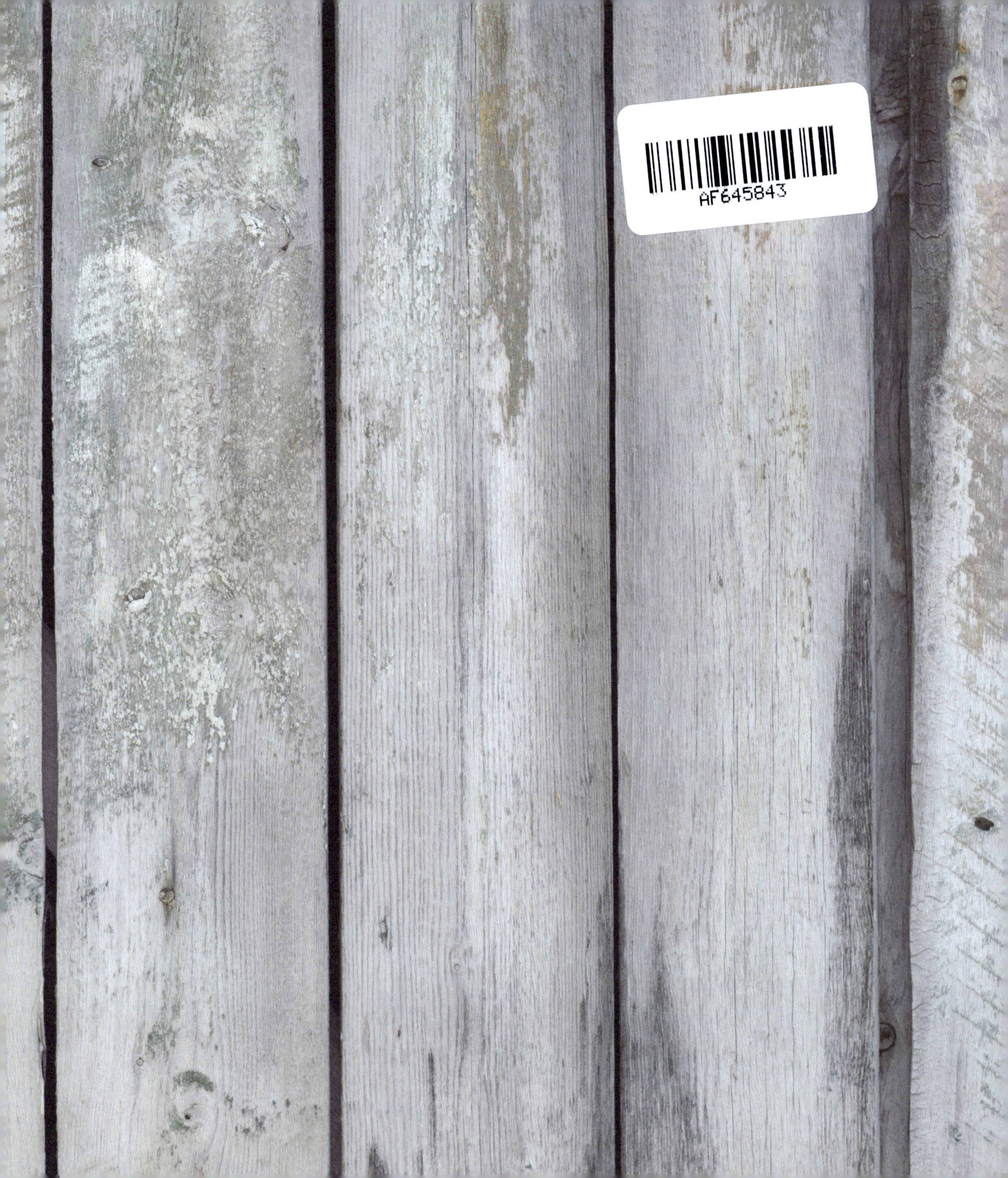

Marte
Helgetun

Stricken für Kinder

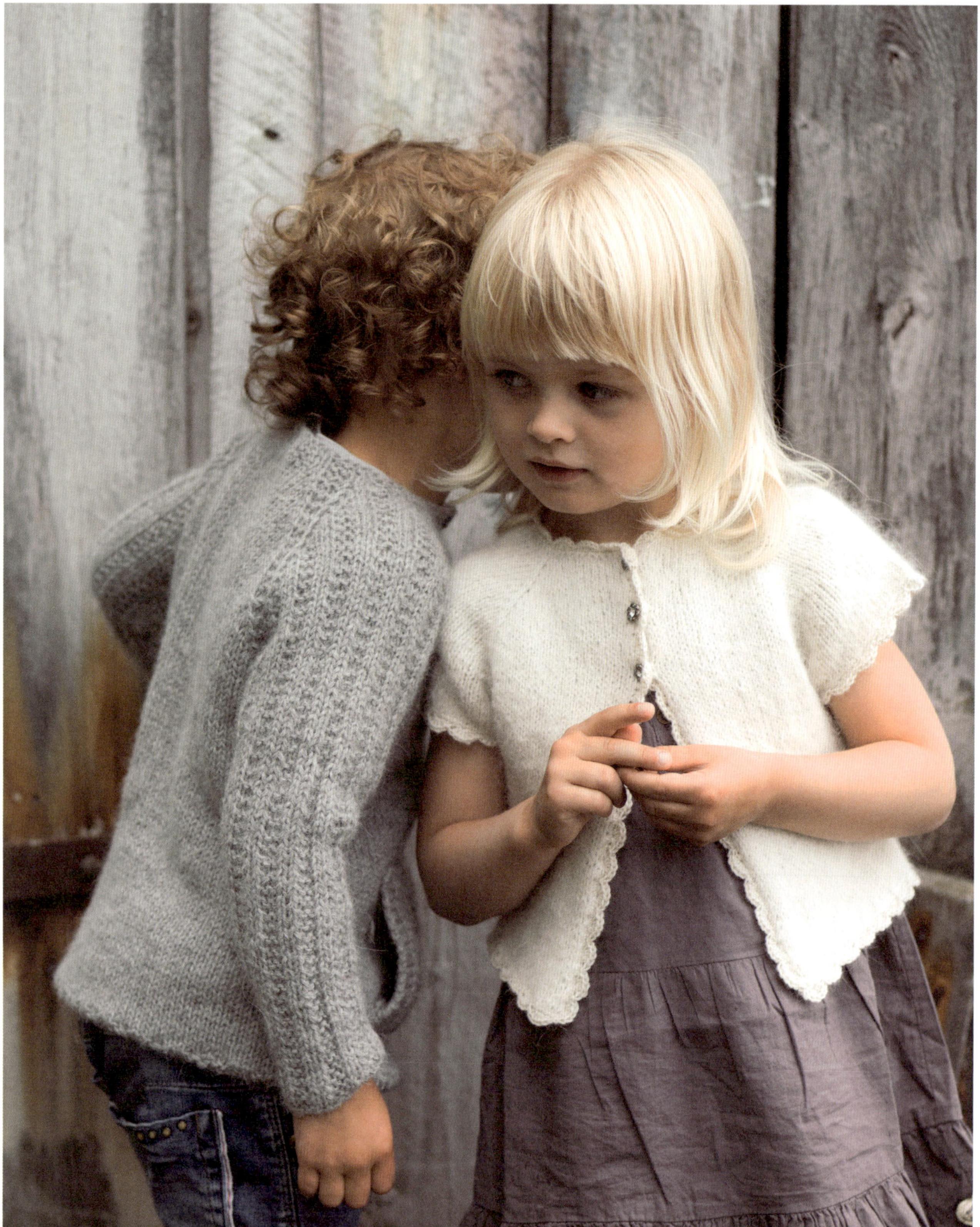

Marte Helgetun

Stricken für Kinder

Charme in jeder Masche

Aus dem Norwegischen von Maike Dörries

Verlag Freies Geistesleben

Gut zu wissen

Tabellarische Übersicht der verwendeten Garne, Angaben zu Lauflängen und Tipps für passende Garnalternativen sowie praktische Umrechnungsformel mit Beispiel auf Seite 197.

2. durchgesehene und überarbeitete Auflage 2021

Verlag Freies Geistesleben
Landhausstraße 82, 70190 Stuttgart
www.geistesleben.com

ISBN 978-3-7725-2734-0

Die Originalausgabe erschien 2013 unter dem Titel *Strikk til barn – Sjarm i hver maske* bei Gyldendal Norsk Forlag, Oslo

Zeichnungen: Anne Vines & Ingse Revold

Fachlektorat: Friderike Plath
Satz: Bianca Bonfert
Druck: GPS Group
Printed in Europe

FSC www.fsc.org MIX Papier aus verantwortungsvollen Quellen FSC® C118234

Inhalt

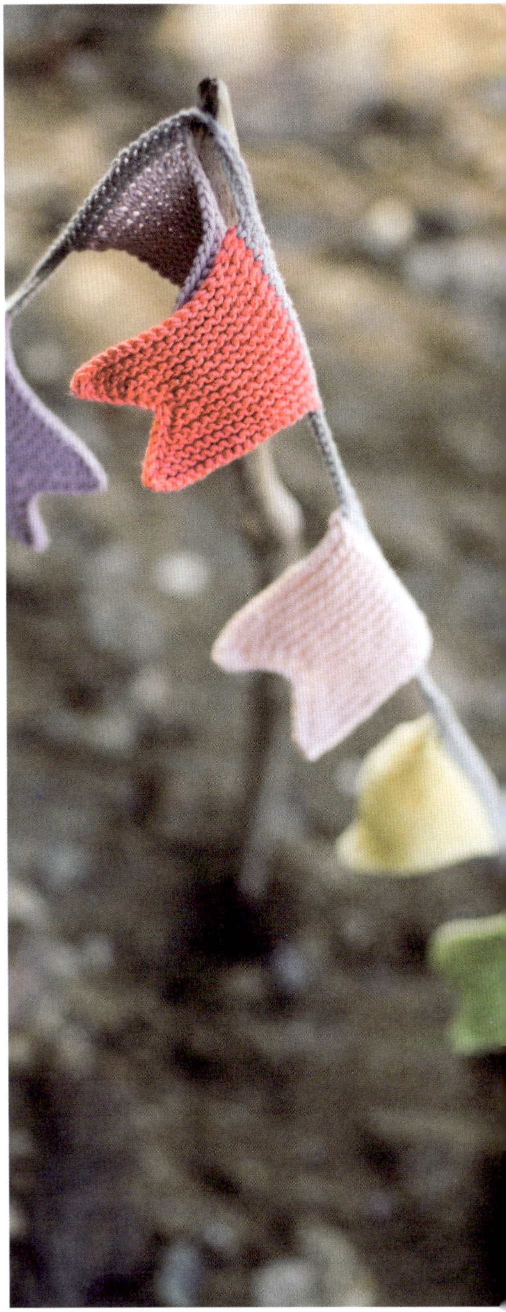

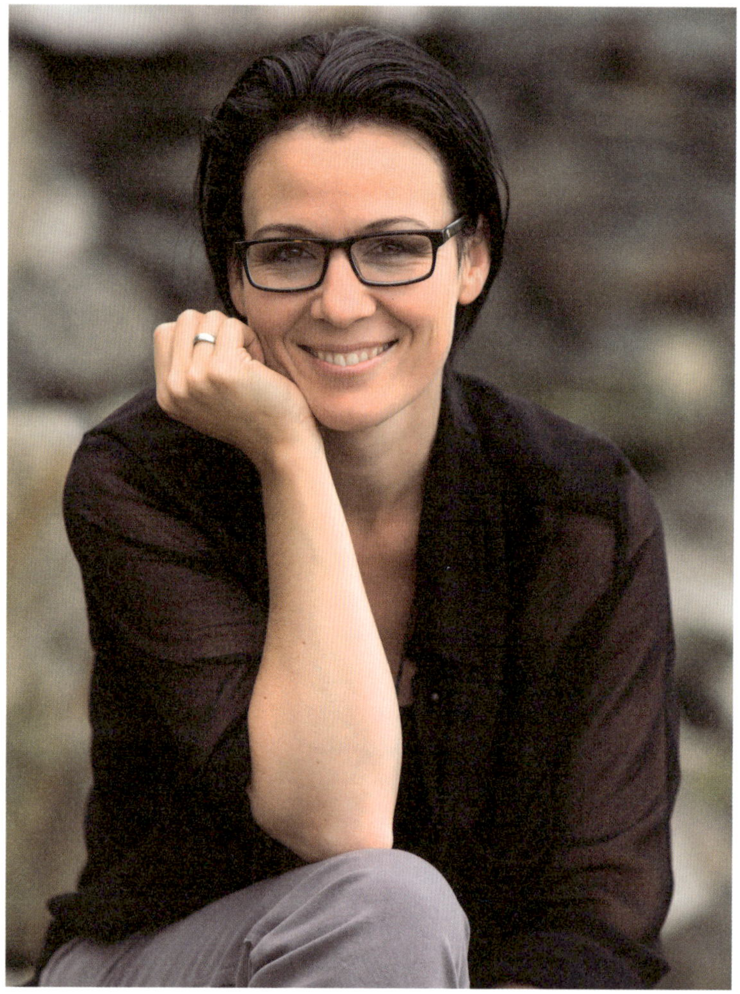

Vorwort

Kleidung für aktive Kinder zu entwerfen, ist eine gehörige Herausforderung. Kinder stehen genauso gerne Kopf wie auf ihren zwei Beinen, und das muss die Kleidung aushalten und ermöglichen. Sie sollen in den Sachen spielen und toben können und gleichzeitig schick aussehen.

In diesem Buch gibt es eine Reihe von Anregungen für Kinderkleidung – angefangen bei den ganz Kleinen, bis hin zu den schon etwas Größeren. Konkret sind das über 60 Anleitungen für Taschen und Tücher, Pullover, Jacken, Hosen, Kleider, Röcke, Mützen und Schals in den passenden Größen für Kinder bis etwa sechs Jahre. Da sollte eigentlich für jeden Geschmack etwas dabei sein.

Ich habe dem Buch den Untertitel *Charme in jeder Masche* gegeben, wobei der Charme für mich nicht im Perfekten liegt. Selbstgestrickte Kleidung darf eine persönliche Note haben. Ein Pullover mit zwei nicht ganz gleich langen Ärmeln, ein paar Maschen mehr auf der einen Seite, eine größere Masche hier und da – das sind keine Fehler, das hat einen eigenen Charme. Und Kinder, die Sachen tragen, in denen sie sich wohlfühlen, sind für mich das Charmanteste, was ich mir vorstellen kann. Wenn Sie sich von den Fotos der Kinder beim Rumtollen und Spielen und in voller Aktion inspirieren lassen, freut es mich. Nehmen Sie meine Anleitungen ruhig als Anreiz, um ihre eigenen, individuellen Strickteile zu entwerfen. Variieren Sie Farben und Details, wie es am besten zu dem bestrickten Kind passt. Ein Knopf in der Lieblingsfarbe oder ein Band in einer Kontrastfarbe, solche kleinen Extras verleihen einem Kleidungsstück das gewisse Etwas.

Viele trauen sich nicht recht ans Stricken ran, weil sie verzwickte Muster, viele Einzelteile, die zusammengenäht werden müssen und – last but not least – eine komplizierte Fachsprache voller Abkürzungen befürchten. Das habe ich mir zu Herzen genommen und meine Anleitungen leicht verständlich formuliert. Sollten Sie trotzdem mal feststecken, schlagen Sie das «Strick-ABC» oder «Häkel-ABC» im Anhang auf.

Ich experimentiere schon so lange ich denken kann mit Stricknadeln und Garnen, mit diesem Buch möchte ich Sie gern an meiner Leidenschaft teilhaben lassen. – Lassen Sie sich begeistern, zur Stricknadel zu greifen!

Marte Helgetun

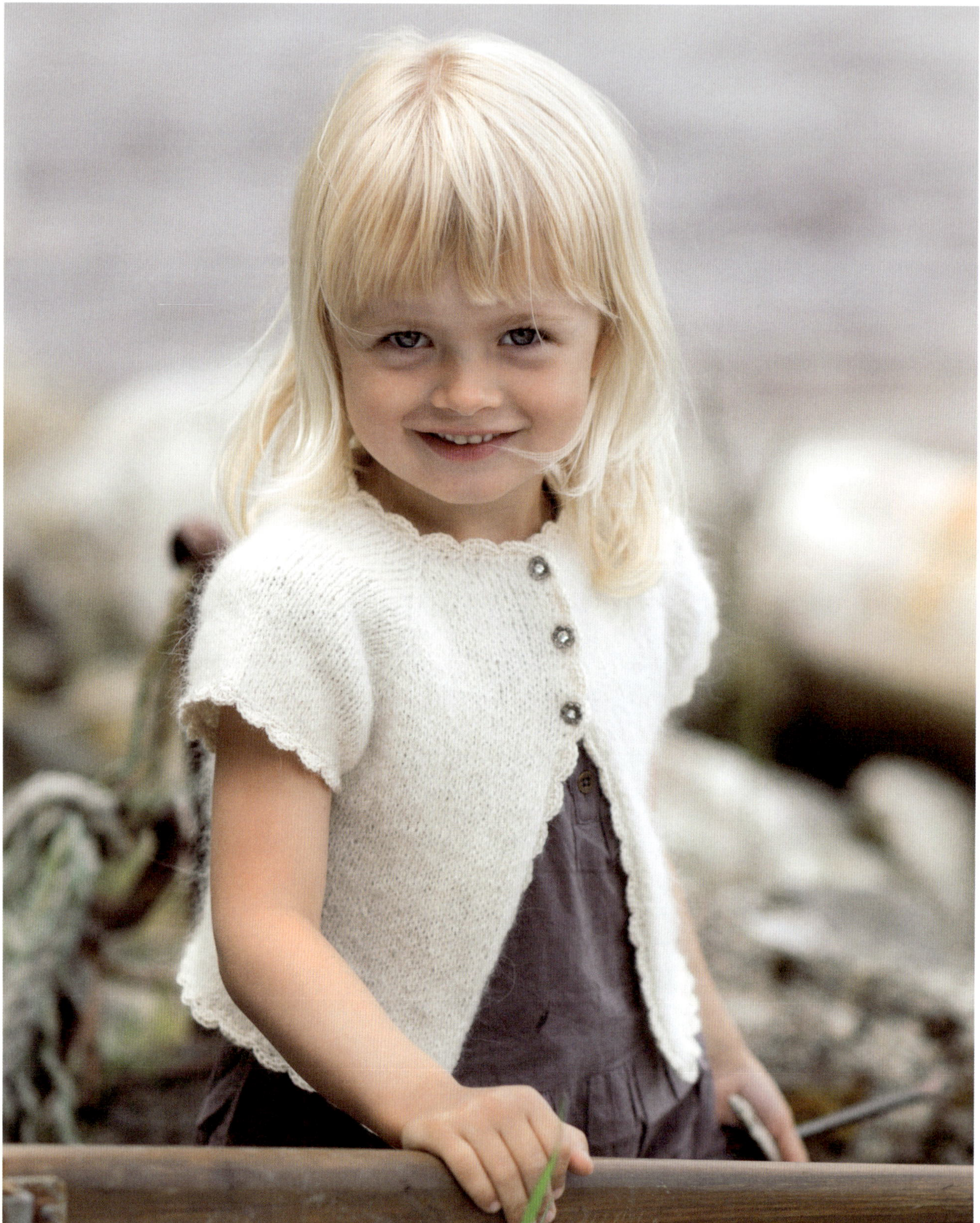

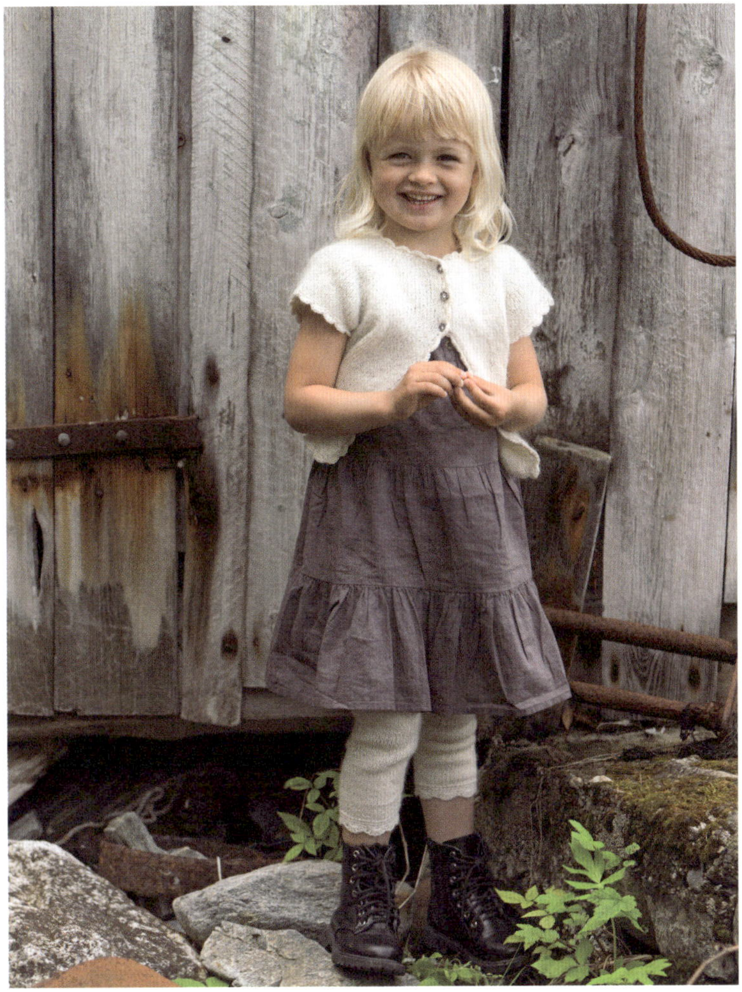

Traum-Bolero

Ein luftiger und leichter Bolero mit süßen Glitzerknöpfen aus allerweichster Garnmischung gestrickt. Genau das Richtige für kleine große Mädchen, die wissen, was sie wollen.

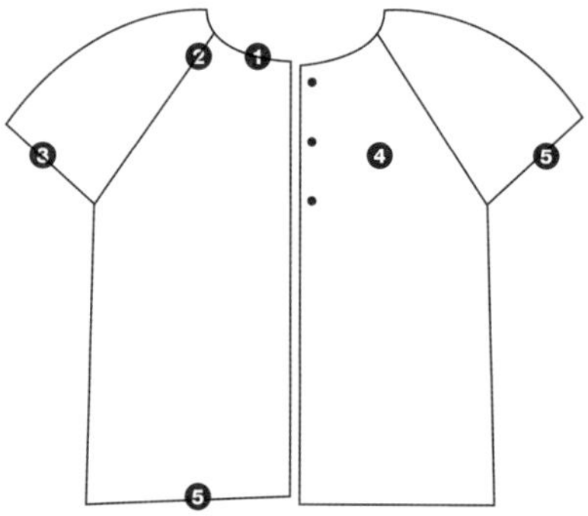

Größen und Maße
Größen: 1 (2) 4 (6) Jahre
Oberweite: 63 (67) 71 (75) cm
Länge: 20 (24) 26 (28) cm
Ärmellänge: 14 (16) 18 (20) cm

Material und Verbrauch
Soul, 68 % Baby-Alpaka, 32 % Nylon;
Air, 78 % Suri-Alpaka, 22 % Nylon;
Sky, 70 % Baby-Alpaka, 30% Seide
von du store alpakka

50 (50) 75 (75) g Soul Naturweiß Nr. 201
50 (50) 75 (75) g Air Naturweiß Nr. 101
25 (25) 25 (25) g Sky Naturweiß Nr. 301
für die Kanten

Zubehör
3 kleine Knöpfe

Nadeln und Maschenprobe
Rundstricknadel 60 oder 80 cm lang
Nr. 4,5
Häkelnadel Nr. 2,5
20 rechte Maschen
bei Nadelstärke 4,5 = 10 cm
(je ein Faden Air und Soul)

Der Bolero wird oben angefangen und bis unten in Hin- und Rückreihen gestrickt. So lässt sich die Länge individuell bestimmen. Abschließend wird er mit einer dekorativen Häkelborte verziert.

❶ 56 (62) 68 (74) Maschen mit doppeltem Faden anschlagen, einem Faden Air und einem Faden Soul.
Es wird glatt rechts gestrickt (Hinreihe rechte Maschen, Rückreihe linke Maschen) und in der ersten Reihe an folgenden Stellen Markierfäden eingearbeitet:
Die erste Markierung nach 9 (10) 11 (12) Maschen (= rechtes Vorderteil).
Die zweite Markierung nach weiteren 2 Maschen (= Raglanlinie).
Die dritte Markierung nach 6 (7) 8 (9) Maschen (= rechter Ärmel) und nach weiteren 2 Maschen die nächste (= Raglanlinie).
Nach weiteren 18 (20) 22 (24) Maschen (= Rückenteil) eine Markierung und eine weitere 2 Maschen später (= Raglanlinie).
Abschließend noch zwei Markierungen nach 6 (7) 8 (9) Maschen (= linker Ärmel) und nach 2 weiteren Maschen (= Raglanlinie) setzen.
Nach der letzten Markierung sollten jetzt noch 9 (10) 11 (12) Maschen auf der Nadel sein (= linkes Vorderteil).
❷ **Raglanzunahme:** Vor und hinter den vier markierten, zweimaschigen Raglanlinien wird in jeder zweiten Reihe je eine Masche zugenommen. Dafür jeweils den Querfaden erst vor, dann hinter der markierten Masche aufnehmen und rechts verschränkt stricken (s. Strick-ABC im Anhang S. 186). Die Maschenzunahme wiederholen, bis ca. 12 (13) 14,5 (16) cm gestrickt sind, je nach Strickdichte nach 18 (20) 22 (24) Zunahmen. Es sollten nun 200 (222) 244 (266) Maschen auf der Nadel sein.
❸ Die 36 (43) 50 (57) Maschen der Ärmel zwischen den Raglanlinien abketten. Übrig auf der Rundnadel bleiben nun die Maschen der beiden Vorderteilhälften und des Rückenteils (= 128 (136) 144 (152) Maschen).

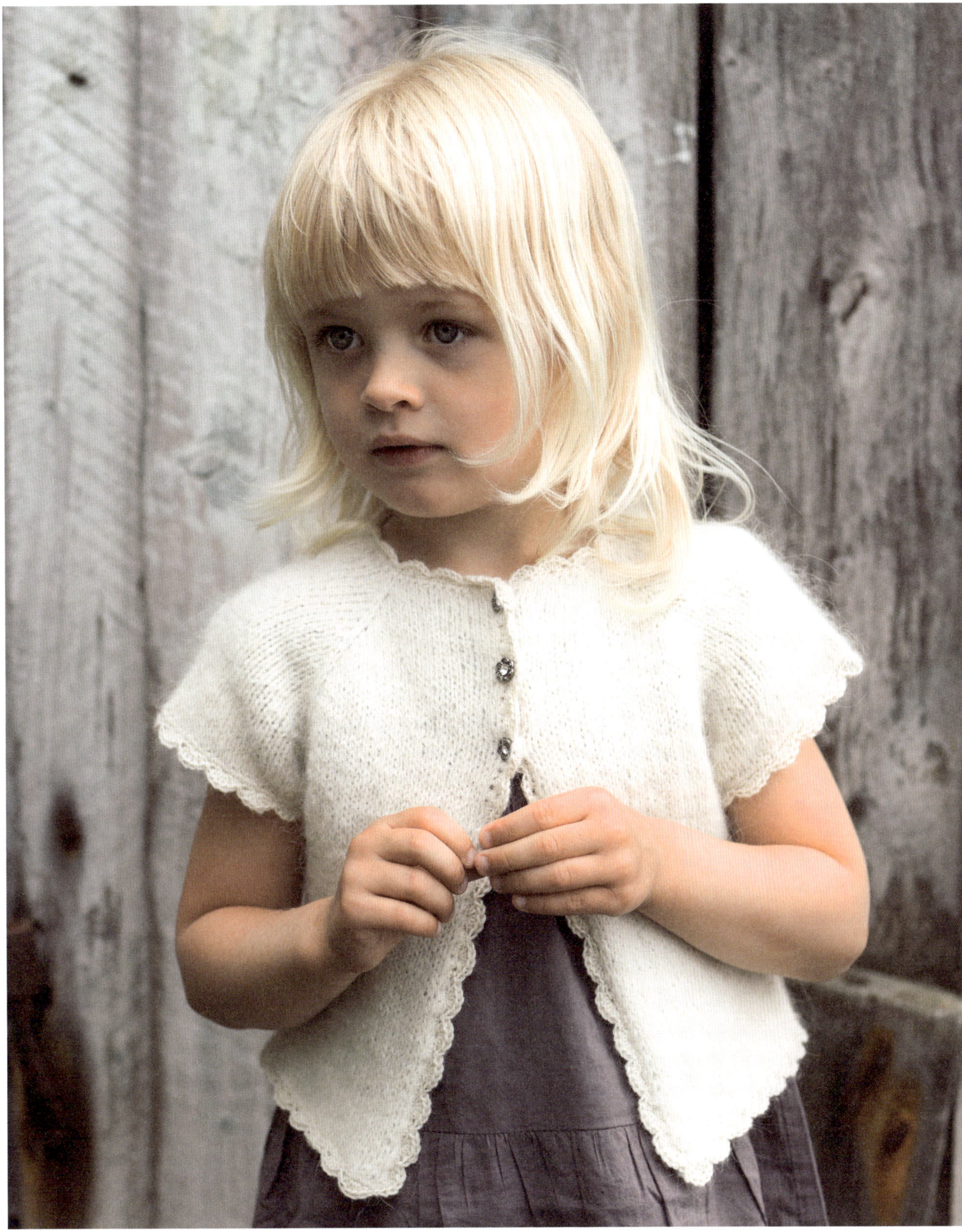

Strickschrift Häkelborte

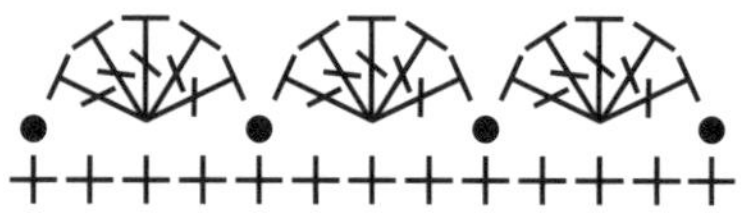

- • Kettmasche
- + Feste Masche
- Stäbchen

❹ Es geht im Glattstrick weiter, bis die Jacke vom Halsausschnitt gemessen 20 (24) 26 (28) cm misst. Locker abketten.

❺ **Häkelborte:** Beginnen Sie an den Armausschnitten mit einer Reihe fester Maschen mit dem Garn Sky und Häkelnadel Nr. 2,5, dann folgt die Muschelborte wie folgt:

* 1 Kettmasche, 1 Masche überspringen, 5 Stäbchen im Einstechloch einer Masche, 1 Masche überspringen. Vom * bis zum Ende der Runde wiederholen und mit 1 Kettmasche abschließen. Dann mit einer Reihe Kettmaschen und anschließend mit der Muschelborte an einem Vorderteil beginnen und ganz um den Rand herum häkeln.

Zu guter Letzt: Alle Fäden vernähen. Hier müssen nicht extra Knopflöcher eingearbeitet werden, da sich kleine Knöpfe gut durch die Muschelborte drücken lassen. So kann man nach Lust und Laune entscheiden, wie viele Knöpfe man haben möchte. Ich habe mich bei diesem Modell für drei kleine Glitzerknöpfe direkt an der Häkelkante entschieden.

Leggings

Die dreiviertellangen Leggings werden beginnend vom Taillenbündchen nach unten gestrickt und mit einer hübschen Häkelborte abgeschlossen. Ein praktisches Kleidungsstück, das sich gut unter anderen Sachen tragen lässt.

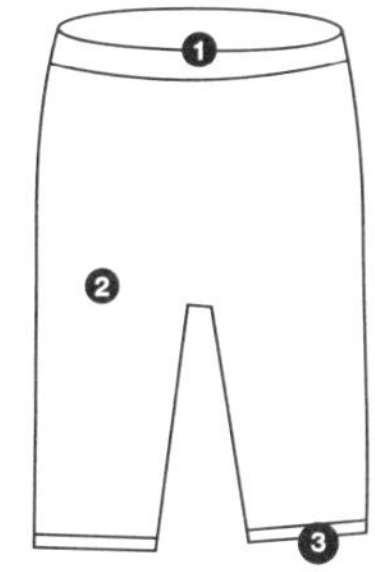

❶ 104 (112) 120 (128) Maschen auf der Rundnadel Nr. 3 anschlagen und 2,5 cm Bündchen stricken * 1 Masche verschränkt rechts und 1 linke Masche im Wechsel bis zum Ende der Runde.

Nach dem Bündchen zur Rundnadel Nr. 3,5 wechseln und glatt rechts bis 11 (12) 13 (14) cm Länge weiterarbeiten. Markieren Sie die Mitte vorne und hinten mit einem Faden. Immer nach 1 cm 6 (6) 6 (6) Mal vor und hinter der Markierung je eine Masche zunehmen. Vorne und hinten in der Mitte je 6 Maschen abketten. Die restlichen Maschen von der Mitte vorne bis zur Mitte hinten jeweils auf eine Nadel nehmen. Jedes Bein wird jetzt für sich auf dem Nadelspiel weitergestrickt (= 58 (62) 66 (70) Maschen pro Bein).

❷ **Beine:** Alle 2 cm 2 Maschen am Anfang und Ende der Reihe (= Beininnenseite) zu einer Masche zusammenstricken. Bis Beinlänge 18 (21) 24 (27) cm stricken und locker abketten.

❸ **Häkelborte:** 3 Runden feste Maschen um den unteren Beinsaum häkeln. Die abschließende Muschelborte wird wie folgt gehäkelt: * 1 Kettmasche, 1 feste Masche überspringen, 5 Stäbchen in die nächste feste Masche, 1 feste Masche überspringen, von * bis ans Ende der Runde wiederholen und mit 1 Kettmasche abschließen. Den Faden abschneiden und gut vernähen (s. Häkel-ABC im Anhang S. 195).

Zu guter Letzt: Alle Fäden vernähen und die Leggings leicht unter einem feuchten Tuch dämpfen.

Größen und Maße:
Größen: 1 (2) 4 (6) Jahre
Taillenweite: 43 (46) 50 (53) cm
Beinlänge: 18 (21) 24 (27) cm bis Wadenmitte
Gesamtlänge: 36 (40) 44 (48) cm

Material und Verbrauch
BabySilk von du store alpakka,
20 % Seide, 80 % Baby-Alpaka
100 (100) 150 (150) g Naturweiß Nr. 301

Nadeln und Maschenprobe
Rundstricknadeln 40 cm Nr. 3 und 3,5
Nadelspiel 3,5, Häkelnadel Nr. 3
24 Maschen glatt rechts
mit Nadel 3,5 = 10 cm

Strickschrift Häkelborte

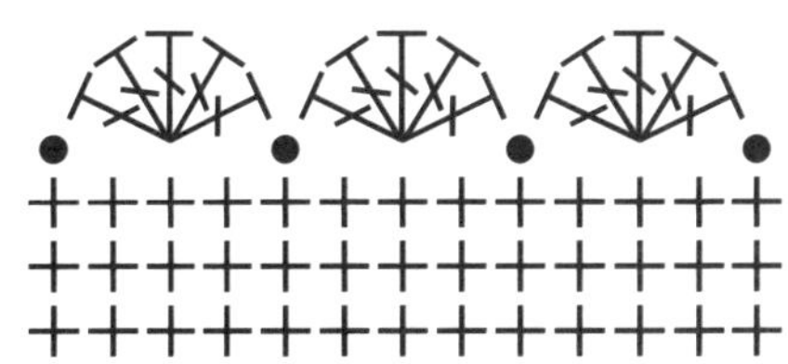

• Kettmasche + Feste Masche

Stäbchen

TIPP!
Wenn Sie die Technik «Magic Loop» bislang noch nicht kennen, sind diese Leggings das perfekte Startobjekt. Siehe Seite 195.

Stulpen

Traumhaft weiche Stulpen, die besonders hübsch sind,
wenn sie ein kleines Stückchen über dem Stiefelschaft enden.

Größen und Maße
Größen: 1 (2) 4 (6) Jahre
Länge: 14 (16) 18 (20) cm

Material und Verbrauch
Soul, 68 % Baby-Alpaka, 32 % Nylon;
Air, 78 % Suri-Alpaka, 22 % Nylon;
Sky, 70 % Baby-Alpaka, 30 % Seide
von du store alpakka
25 (25) 25 (25) g Soul Naturweiß Nr. 201
25 (25) 25 (25) g Air Naturweiß Nr. 101
25 (25) 25 (25) g Sky Naturweiß Nr. 301
für die Bündchen

Nadeln und Maschenprobe
Nadelspiel Nr. 4,5
Häkelnadel Nr. 2,5
20 Maschen glatt rechts
mit Nadel Nr. 4,5 = 10 cm
(je ein Faden Air und Soul)

❶ 36 (40) 44 (48) Maschen mit einem Faden Air und einem Faden Soul anschlagen. 3 Krausrippen stricken. Eine Krausrippe strickt man mit einer links und in der nächsten rechts gestrickten Runde (s. Strick-ABC am Anhang, S. 186). Danach glatt rechts bis 14 (16) 18 (20) cm Stulpenlänge weiterstricken und locker abketten.

❷ **Häkelborte:** Zuerst eine Runde feste Maschen mit Sky und Nadel Nr. 2,5 häkeln.
Dann die Muschelborte wie folgt: * 1 Kettmasche, 1 feste Masche überspringen, 5 Stäbchen in die nächste feste Masche, 1 feste Masche überspringen, von * bis ans Ende der Runde wiederholen und mit 1 Kettmasche abschließen. Den Faden abschneiden und gut vernähen.

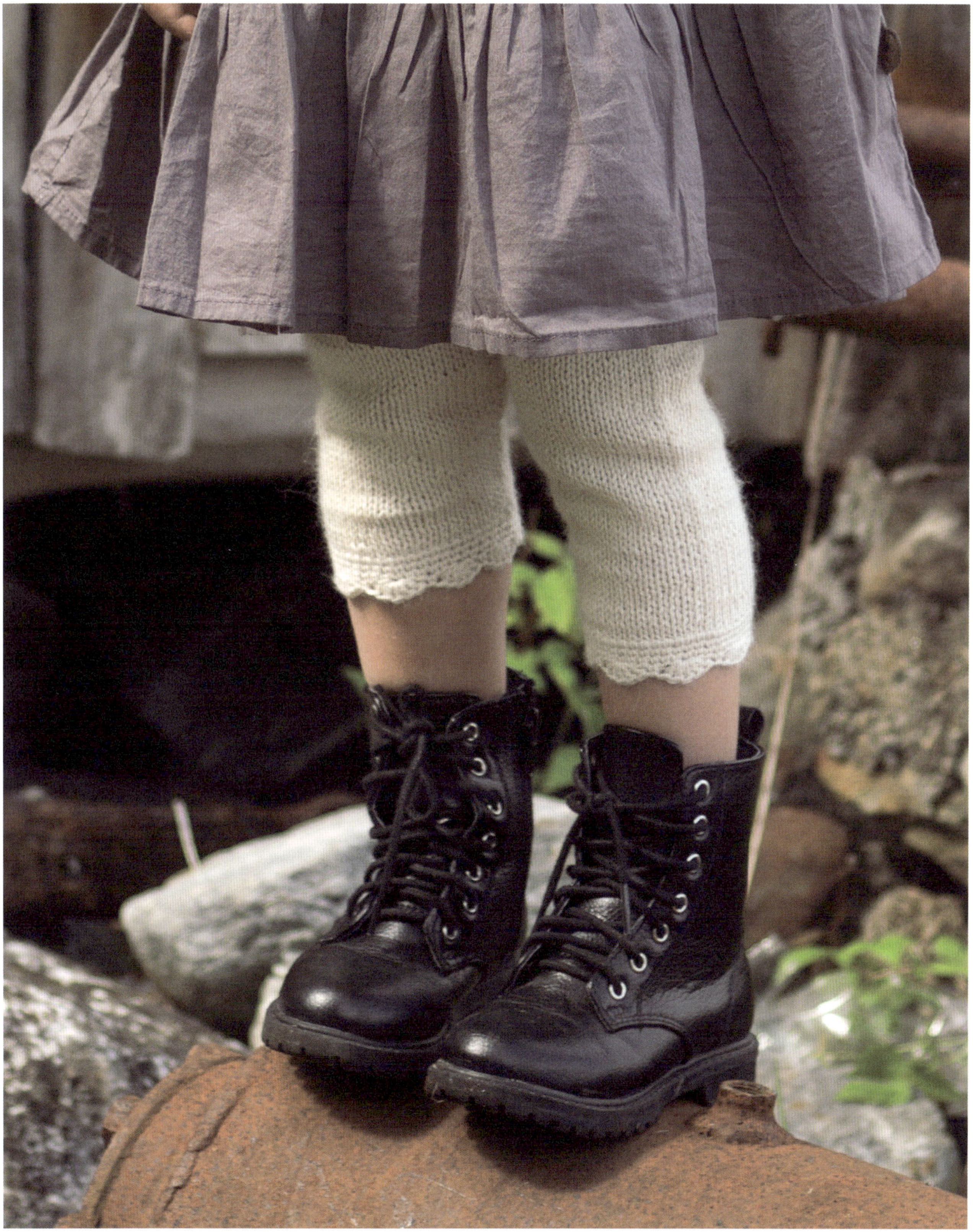

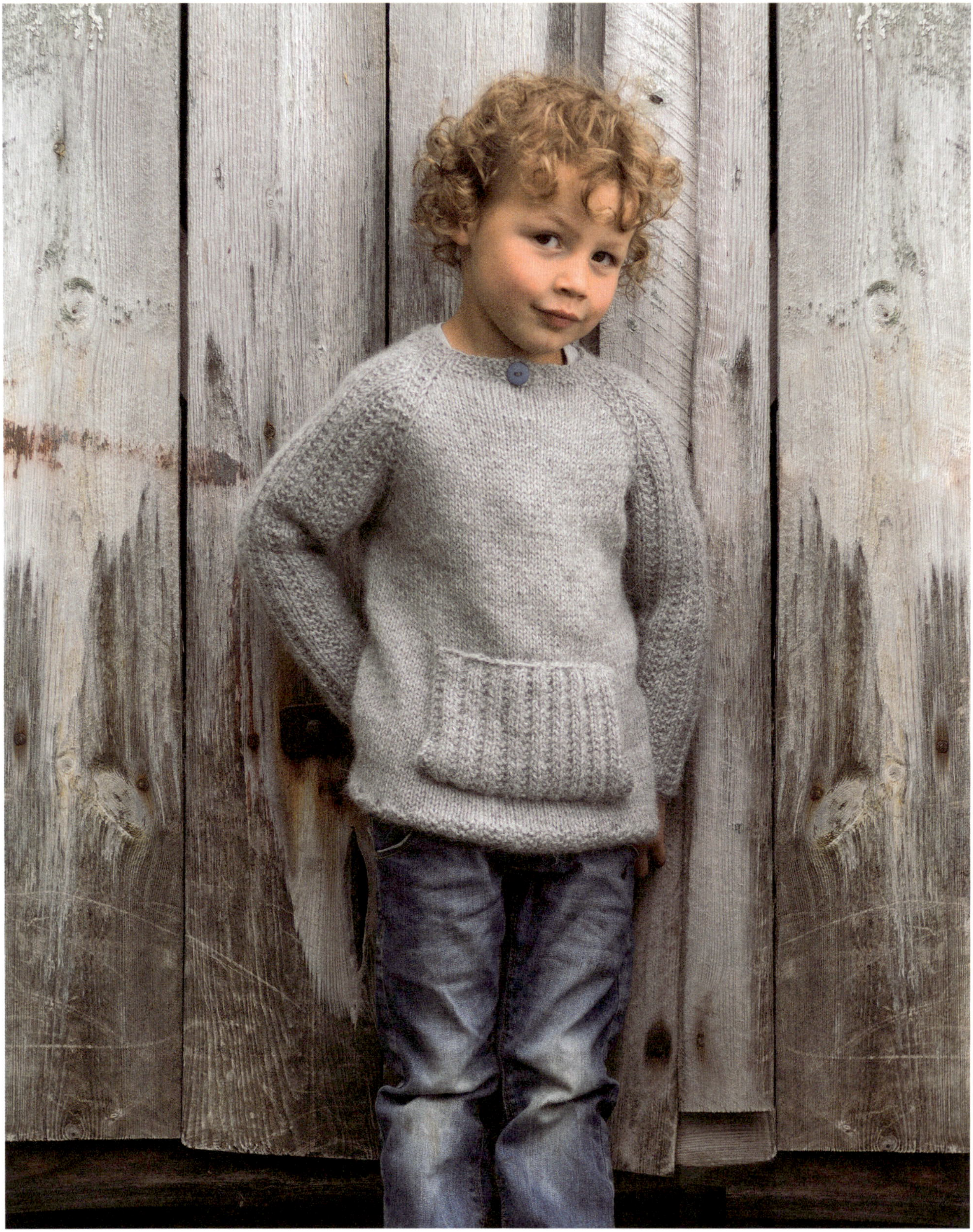

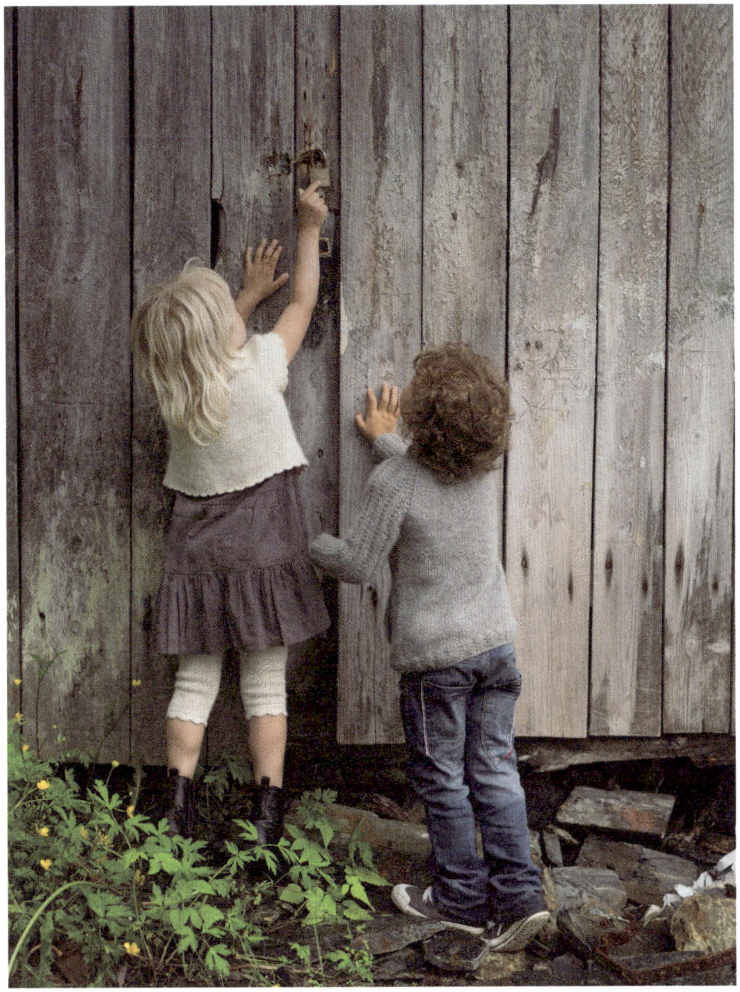

Vorschulpulli

So ein praktischer Alltagspulli mit Tasche auf dem Bauch ist ein absolutes Muss, wenn man die Welt erforscht.
Wenn er fertig gestrickt ist, darf der neue Pulloverbesitzer sich den allerschönsten Knopf aus der Sammlung aussuchen und ihn damit zu seinem Lieblingspullover ernennen.

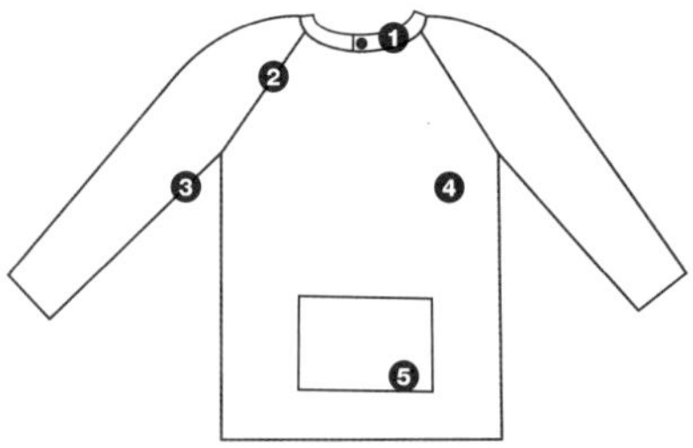

Größen und Maße

Größen: 1 (2) 4 (6) Jahre
Brustumfang: 55 (60) 65 (70) cm
Gesamtlänge: 32 (36) 40 (44) cm
Ärmellänge: 22 (24) 28 (32) cm

Material und Verbrauch

Tynn Alpakka von du store alpakka,
100 % Alpaka
200 (250) 300 (350) g Hellgrau Nr. 114

Zubehör

1 Knopf, ca. 18 mm Durchmesser

Nadeln und Maschenprobe

Rundnadeln 40 und 60 cm lang Nr. 4
und 4,5, Nadelspiel Nr. 4 und 4,5
18 Maschen glatt rechts mit Nadel Nr. 4,5
mit doppeltem Faden = 10 cm

Strickschrift

4	3	2	1	
				4
●	●			3
				2
●	●			1

□ rechts in der Hin-, links in der Rückreihe

⊡ links in der Hin-, rechts in der Rückreihe

Der Pullover wird von oben nach unten gestrickt. Das erleichtert die individuelle Anpassung der Länge der Ärmel und des Oberteils.

❶ Am Halsausschnitt anfangen: Mit doppeltem Faden locker 54 (54) 62 (62) Maschen auf der kleinen Rundstricknadel Nr. 4 anschlagen und 1 cm Bündchen wie in der Strickschrift angezeigt stricken. Die beiden kleineren Größen fangen mit der Masche 1 der Strickschrift an, die beiden größeren Größen mit der Masche 3 der Strickschrift. Auf einer Seite, 4 Maschen vom Rand, ein Knopfloch einarbeiten (s. Strick-ABC im Anhang S. 186). Das Halsbündchen bis auf 2 cm weiterstricken. Jetzt zu kleiner Rundnadel Nr. 4,5 wechseln und die ersten und letzten sechs Maschen des Bündchens übereinanderlegen und je 2 und 2 Maschen doppelt zusammenstricken. Das Ende mit dem Knopfloch muss oben liegen.
Von hier werden Vorder- und Rückenteil glatt rechts weitergestrickt, die Ärmel im Bündchenmuster (s. Strickschrift). Die Raglanlinie wird in jeder zweiten Runde links gestrickt. Aber vorher müssen die Zunahmestellen noch markiert werden:
Die erste Markierung des Vorderteils nach 10 (10) 12 (12) Maschen setzen, d.h. vor 2 linken Maschen, die nächste Markierung hinter den 2 linken Maschen, 6 Maschen stricken. Die Maschen vor und hinter den 2 linken Maschen markieren (= rechter Ärmel).
Nach 14 (14) 18 (18) Maschen die Masche vor und hinter den 2 linken Maschen markieren (= Rückenteil). Nach 6 Maschen die Masche vor und hinter den 2 linken Maschen markieren (= linker Ärmel). Nach der letzten Markierung sollten noch 10 (10) 12 (12) Maschen auf der Nadel sein.
❷ Ab jetzt wird in jeder 2. Runde jeweils vor und hinter den 2 linken Maschen der Raglanlinie 1 Masche zugenommen. Die Maschen der Raglanlinie werden in jeder zweiten Runde links gestrickt, wie beim Bündchen. Die zugenommene Masche wird durch die unterliegende Masche gestrickt (Strick-ABC S. 186).
Rundstricken, bis 15 (16) 17 (19) Zunahmen erfolgten. Der Pul-

lover misst nun vom Kragen etwa 17 (18) 19 (21) cm und es sollten 168 (176) 192 (208) Maschen auf der Nadel sein.

Jetzt werden die Ärmel- sowie Vorder- und Rückenteilmaschen wie folgt verteilt: Die Maschen von der ersten bis zur nächsten Raglanlinie (Ärmel) auf das Nadelspiel Nr. 4,5 nehmen (= 38 (40) 42 (48) Maschen). Die restlichen Maschen verbleiben auf der Rundstricknadel.

❸ **Ärmel:** Den Ärmel wie gehabt im Bündchenmuster weiterstricken. Auf der Ärmelunterseite (= Anfang und Ende einer Runde) werden alle 3 cm 5 (6) 5 (6) Mal 2 Maschen zusammengestrickt (= 28 (28) 32 (36) Maschen übrig). Wenn der Ärmel 22 (24) 28 (32) cm lang ist, locker abketten. Den zweiten Ärmel genauso stricken.

❹ **Vorder- und Rückenteil:** Die verbleibenden 92 (96) 108 (112) Maschen glatt rechts stricken. Bei 28 (32) 36 (40) cm zur Rundstricknadel Nr. 4 wechseln und 4 cm Bündchen nach Strickschrift stricken. Abketten.

❺ **Tasche:** 38 Maschen mit Nadelspiel Nr. 4 anschlagen und nach Strickschrift hin und her stricken, dafür mit der 3. Masche beginnen. Nach 10 (11) 12 (13) cm abketten.

Zu guter Letzt: Nähen Sie die Tasche ca. 3 cm über dem Bündchen mittig auf das Vorderteil. Den Knopf am Kragen annähen. Alle losen Fadenenden vernähen und den Pullover leicht unter einem feuchten Tuch dämpfen.

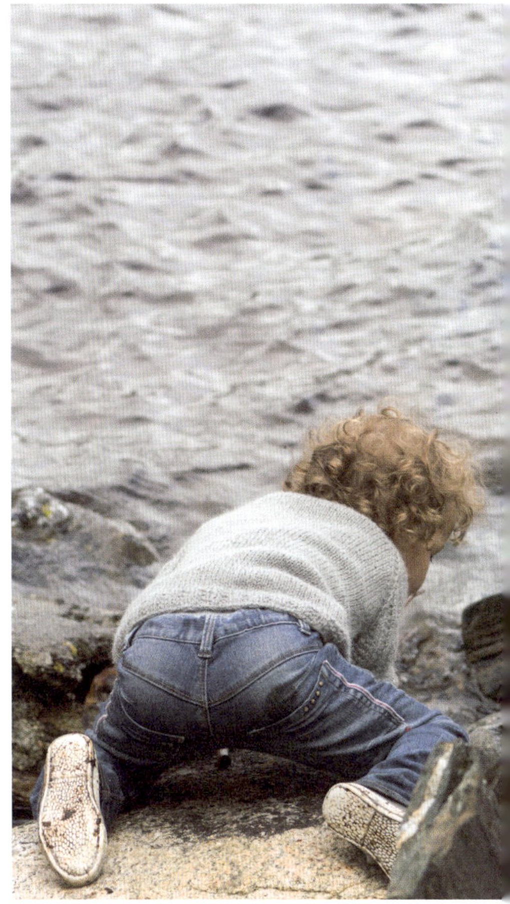

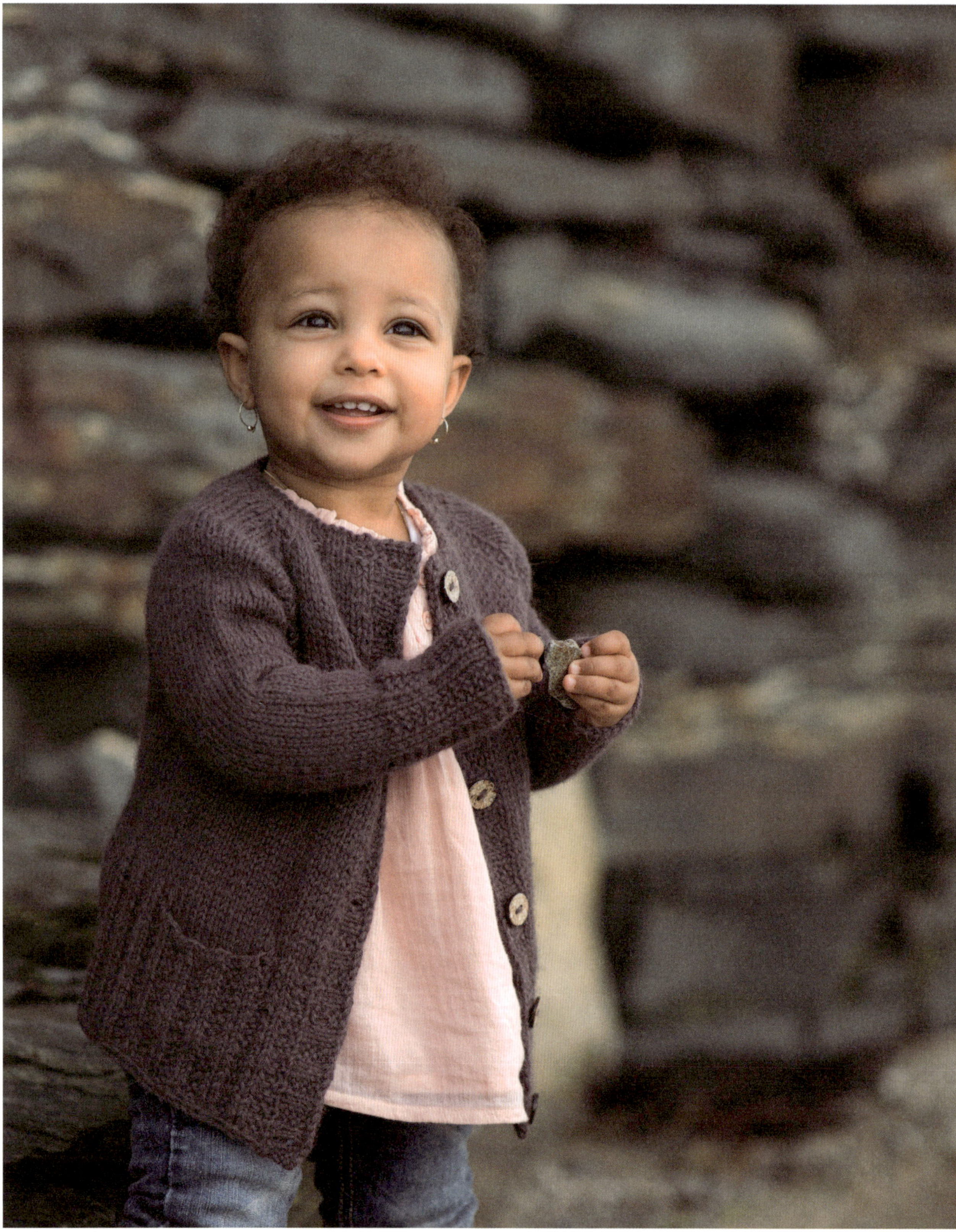

Ausgehjacke

Eine Jacke mit Taschen zum Füllen von Kindheitserinnerungen.

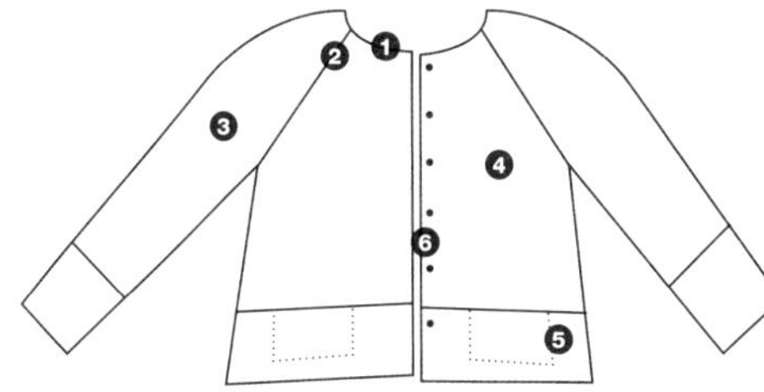

Die Jacke wird vom Halsausschnitt hin und her nach unten gestrickt. So lässt sich die Länge leichter an die Größe des Kindes anpassen.

❶ Schlagen Sie auf der Rundnadel Nr. 4 mit doppeltem Faden 54 (54) 62 (62) Maschen an und stricken Sie 2 cm Bündchen, wie in der Strickschrift angegeben.

ACHTUNG!
Für die beiden kleineren Größen beginnen die 1. und die 3. Reihe mit zwei linken Maschen. Mit der 1. Reihe der Strickschrift abschließen und zu Rundnadel Nr. 4,5 wechseln.

Jetzt werden die Maschen auf Vorder- und Rückenteil und Ärmel verteilt, ehe weitergearbeitet wird.
10 (10) 12 (12) rechte Maschen auf der Vorderseite stricken und vor und hinter den folgenden 2 linken Maschen eine Markierung setzen. 6 rechte Maschen stricken und vor und hinter den 2 linken Maschen eine Markierung setzen (= rechter Ärmel).
Nach 14 (14) 18 (18) rechten Maschen die Masche vor und hinter den 2 linken Maschen markieren (= Rückenteil). Nach 6 rechten Maschen die Masche vor und hinter den 2 linken Maschen markieren (= linker Ärmel). Die verbleibenden 10 (10) 12 (12) Maschen nach der letzten Markierung rechts stricken.
❷ **Raglanzunahme:** Ab jetzt wird in jeder 2. Reihe jeweils vor und hinter den 2 linken Maschen der Raglanlinie 1 Masche zugenommen. Die Masche wird durch die unterliegende Masche zugenommen (s. Strick-ABC im Anhang S. 186). Die restlichen Maschen werden glatt rechts gestrickt, die Maschen der Raglanlinie in jeder zweiten Runde links wie beim Bündchen.

Größen und Maße
Größen: 1 (2) 4 (6) Jahre
Brustumfang: 54 (56) 65 (68) cm
Gesamtlänge: 32 (36) 40 (44) cm
Ärmellänge: 22 (24) 28 (32) cm

Material und Verbrauch
Tynn Alpakka von du store alpakka,
100 % Alpaka
200 (250) 300 (350) g Braunlila Nr. 112

Zubehör
6 bis 8 kleine Knöpfe, ca. 15 mm Durchmesser

Nadeln und Maschenprobe
Rundstricknadel und
Nadelspiel Nr. 4 und 4,5
18 glatt gestrickte Maschen mit Nadelstärke 4,5 und doppeltem Faden = 10 cm

Strickschrift

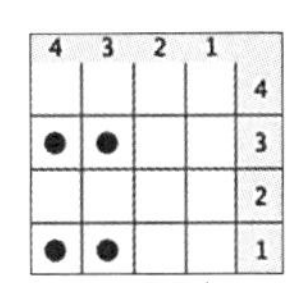

Für 1 und 2 Jahre hier starten
Für 4 und 6 Jahre hier starten

☐ rechts in der Hin-, links in der Rückreihe

⊡ links in der Hin-, rechts in der Rückreihe

Nach 15 (16) 17 (19) Zunahmen misst die Arbeit etwa 17 (18) 19 (21) cm und es sollten 174 (182) 198 (214) Maschen auf der Nadel sein.
Jetzt werden die Ärmel- sowie Vorder- und Rückenteilmaschen wie folgt verteilt: Die Maschen von der ersten bis zur nächsten Raglanlinie (Ärmel) auf das Nadelspiel Nr. 4,5 nehmen (= 38 (40) 42 (48) Maschen). Die restlichen Maschen verbleiben auf der Rundstricknadel.
❸ **Ärmel:** Die 38 (40) 42 (46) Ärmelmaschen glatt rechts weiterstricken. Dabei alle 3 cm 5 (6) 5 (5) Mal am Anfang und Ende einer Runde (= Ärmelunterseite) 2 Maschen zusammenstricken (= 28 (28) 32 (36) Maschen übrig). Weiterstricken, bis der Ärmel 14 (16) 20 (24) cm misst. Mit 8 cm Bündchen auf dem Nadelspiel Nr. 4 nach Strickschrift abschließen und locker abketten. Den zweiten Ärmel genauso stricken.
❹ **Vorder- und Rückenteil:** Stricken Sie die verbleibenden 98 (102) 114 (122) Maschen von Vorder- und Rückenteil glatt rechts weiter, wobei Sie alle 3 cm 2 Maschen auf jeder Seite (unter den Ärmeln) zunehmen. Wenn die Arbeit 24 (28) 32 (36) cm misst, wechseln Sie zur Rundstricknadel Nr. 4 und stricken Sie das Bündchen wie in der Strickschrift angegeben. Dabei markieren Sie die Taschen wie folgt: 8 Maschen vom vorderen Rand stricken und die folgenden 18 (18) 20 (20) auf einen Maschenhalter heben. 18 (18) 20 (20) neue Maschen anschlagen, die in das Bündchen eingefügt werden. Bis 26 (26) 28 (28) Maschen vor dem anderen Rand weiterstricken und wieder 18 (18) 20 (20) Maschen auf einen Maschenhalter heben. Wieder dieselbe Maschenzahl anschlagen und mit den verbleibenden 8 Maschen auf der Nadel verbinden. Nach 8 cm Bündchen locker abketten.
❺ **Taschen:** Heben Sie die 18 (18) 20 (20) Maschen von dem Maschenhalter auf eine Strumpfnadel Nr. 4,5 und stricken Sie glatt rechts 7 cm hin und her. Locker abketten und ebenso mit der zweiten Tasche verfahren.
❻ **Knopf-/Lochleiste:** Mit Rundnadel Nr. 4 ca. 66 (74) 82 (90) Maschen entlang der einen Jackenkante aufnehmen und 2 cm Bündchen für die Knopfleiste nach der Strickschrift stricken. Auf der anderen Seite entsprechend die Lochleiste mit 6 bis 8 gleichmäßig verteilten Löchern stricken: 1 Umschlag und anschließend 2 Maschen zusammenstricken. In der Rückreihe wird der Umschlag wie eine normale Masche gestrickt. Die Knopfleiste zuerst stricken und die Knöpfe aufnähen. Dann können Sie die Verteilung der Löcher auf der anderen Leiste nach Bedarf anpassen.
Zu guter Letzt: Alle losen Fäden vernähen, und die Taschen auf der Innenseite der Jacke annähen. Die Jacke leicht unter einem feuchten Tuch dämpfen.

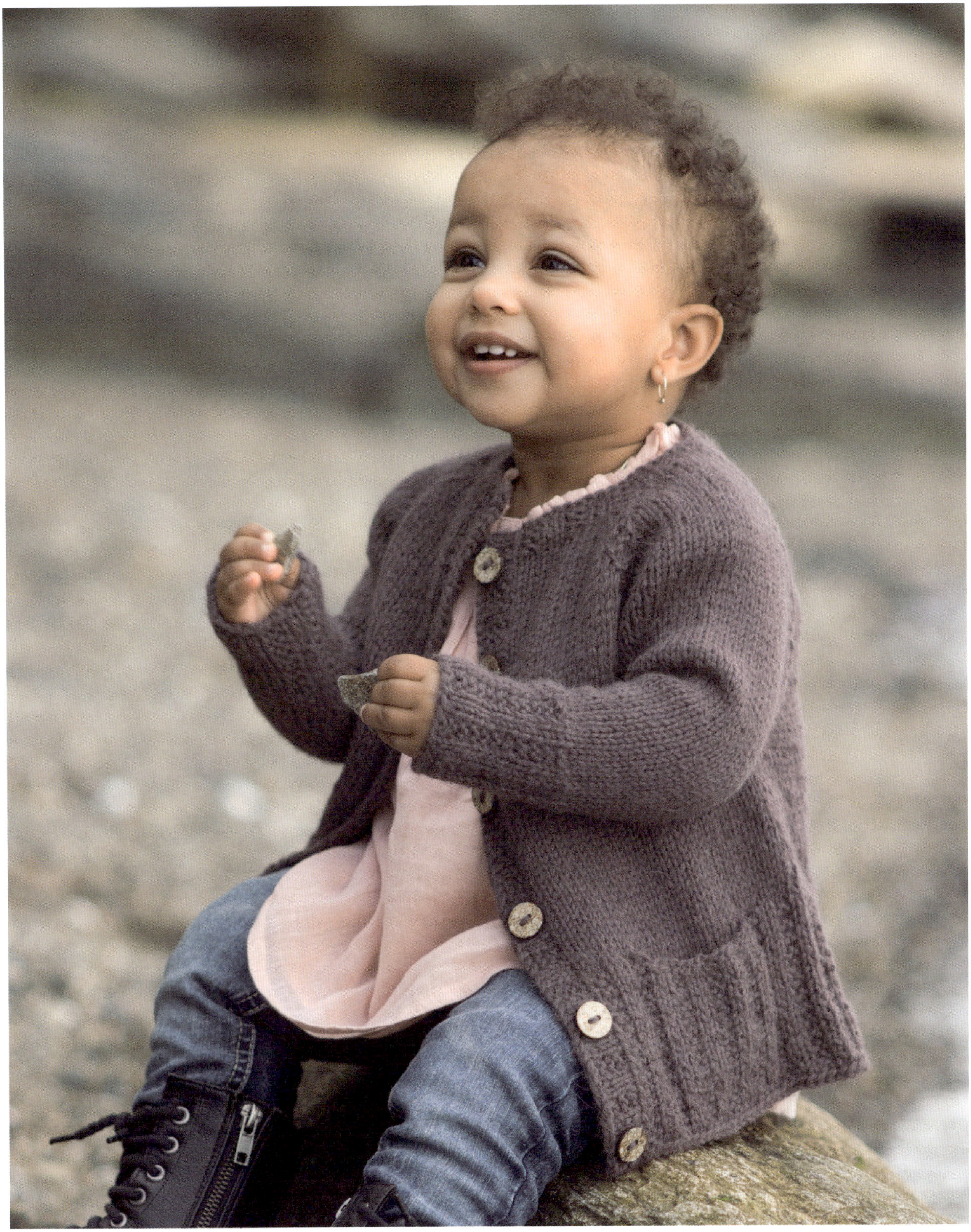

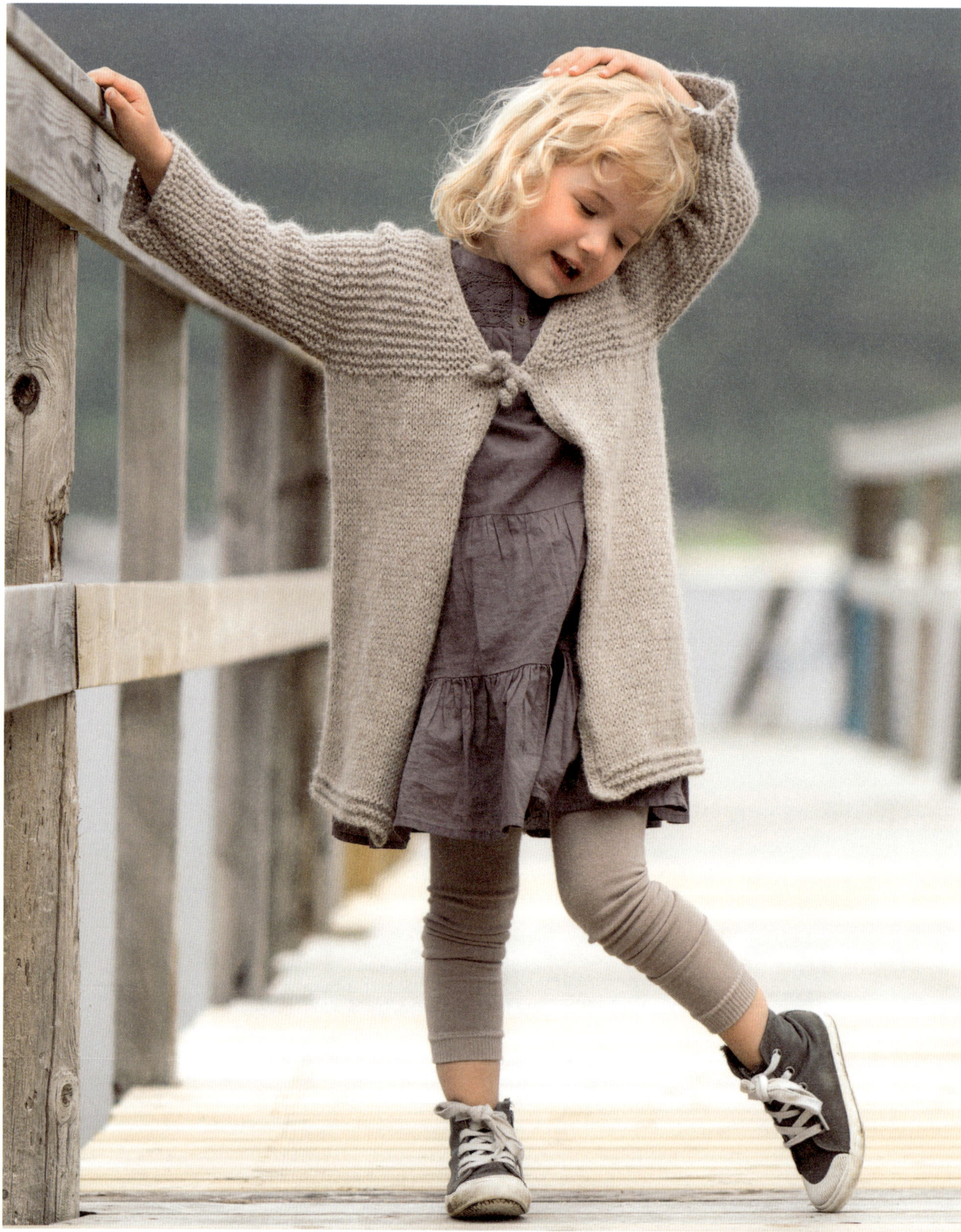

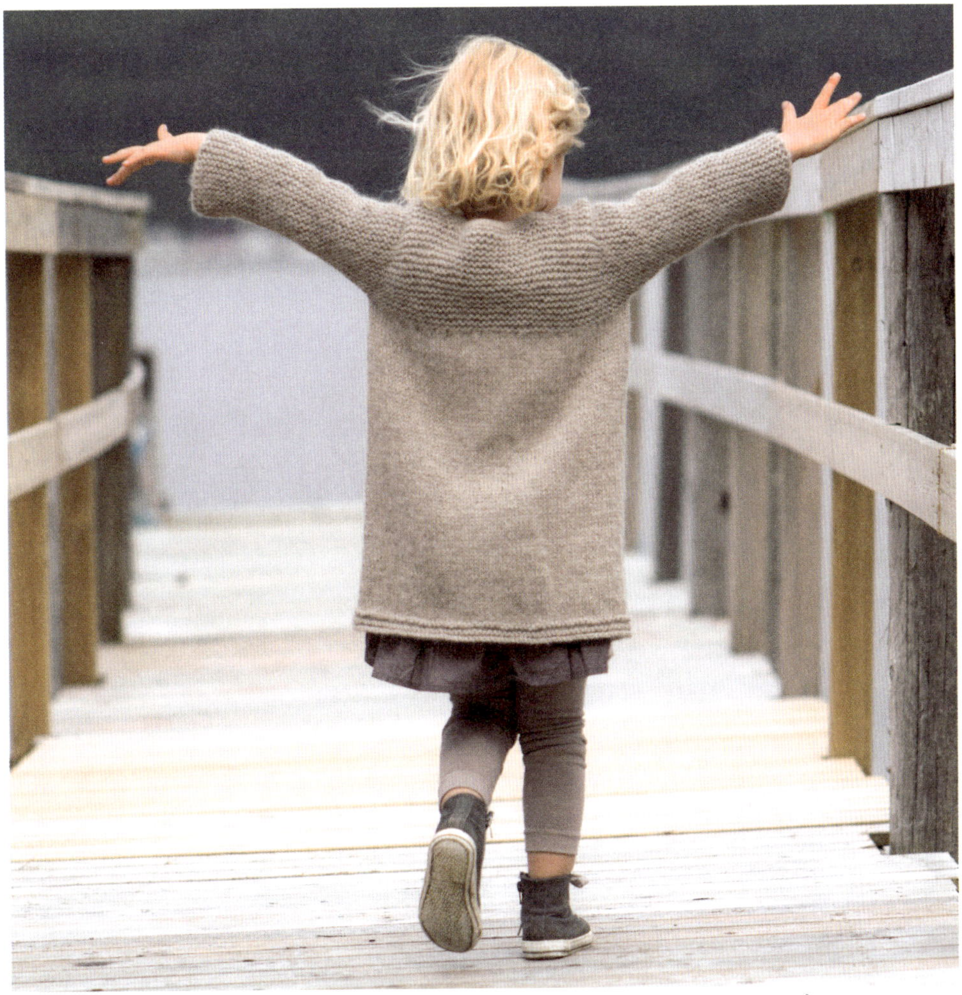

Kuscheljacke

Zunächst war Maya schüchtern, wie Kinder halt manchmal so sind. Aber nach einer Weile freundete sie sich mit ihrer Jacke an, weil sie darin wunderbar klettern und tanzen kann. Ob das auch fürs Baden gilt, haben wir nicht getestet ...

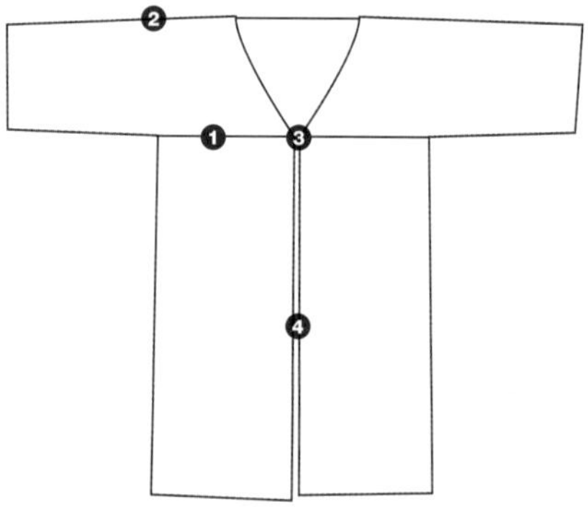

Größen und Maße
Größen: 1 (2) 4 (6) Jahre
Brustumfang: 55 (60) 65 (70) cm
Gesamtlänge: 43 (49) 55 (61) cm
Ärmellänge: 16 (18) 22 (26) cm

Material und Verbrauch
Tynn Alpakka von du store alpakka,
100 % Alpaka
200 (250) 300 (400) g Sand Nr. 161

Nadeln und Maschenprobe
Rundstricknadel 80 cm Nr. 5
Häkelnadel Nr. 4
20 Maschen glatt rechts
mit doppeltem Faden = 10 cm

Strickschrift

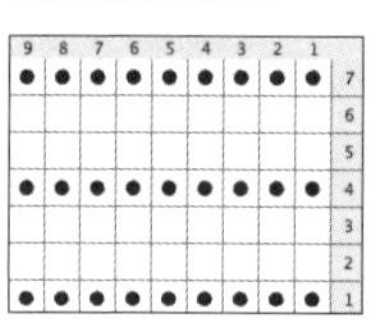

☐ rechte Maschen in der Hin-, linke in der Rückreihe

⊡ linke Maschen in der Hin-, rechte in der Rückreihe

Die Jacke ist in einem Stück gearbeitet. Bruststück und Ärmel werden zuerst gestrickt, anschließend der Rockteil des Mantels von oben nach unten.

❶ **Rückenteil mit Ärmeln:** 86 (98) 120 (140) Maschen mit doppeltem Faden anschlagen und 14 (16) 18 (20) Krausrippen stricken (Hin- und Rückreihe rechts, s. Strick-ABC im Anhang S. 186). Die mittleren 14 (16) 18 (20) Maschen abketten und beide Seiten einzeln weiterstricken.

❷ **Linkes Brustteil mit Ärmel:** Die 36 (41) 51 (60) Maschen der linken Seite im Krausripp weiterstricken (die Maschen der rechten Seite unterdessen auf eine extra Nadel heben). In jeder 4. Reihe zum Halsausschnitt 7 (8) 9 (10) Mal 1 Masche zunehmen, dann auf der halsfernen Seite für den Ärmel 23 (27) 35 (43) Maschen abketten.

Rechtes Brustteil mit Ärmel: Wie die linke Seite, nur seitenverkehrt.

❸ Unterteil: Der untere Teil der Jacke wird glatt rechts in Hin- und Rückreihen gestrickt. Nehmen Sie in der Mitte des Rückenteiles 40 (44) 50 (54) Maschen auf. An beiden Seiten für die Ärmel 16 (18) 22 (26) cm stehen lassen. Jetzt auf beiden Seiten die 20 (22) 25 (27) Maschen von den Vorderteilen aufnehmen. In der nächsten rechten Reihe wird die Maschenzahl auf 110 (120) 130 (140) Maschen erhöht. Glatt rechts weiterstricken, bis das Unterteil 26 (31) 36 (41) cm misst. (Für einen längeren Mantel stricken Sie einfach die gewünschten Zentimeter weiter.) Mit drei Krausrippen (s. Strickschrift) abschließen und in einer linken Rückreihe abketten, dann sieht die Abschlussreihe besonders hübsch aus.

Zu guter Letzt: 3 Reihen feste Maschen mit Häkelnadel Nr. 4 um den vorderen Jackenrand und Halsausschnitt häkeln (s. Häkel-ABC im Anhang S. 195). In der 3. Reihe zu Beginn der Krausrippen eine Luftmaschenkette häkeln, umkehren und mit festen Maschen zurück zum Anfang der Kette häkeln. Feste Maschen um den Halsausschnitt bis zum Ende der Krausrippen häkeln und dort eine entsprechende Häkelschnur (wie auf den Fotos zu sehen) häkeln. Bis zum unteren Saum weiter feste Maschen häkeln und mit einer Kettmasche abschließen. Die Jacke leicht unter einem feuchten Tuch dämpfen, aber nicht das Krausripp-Oberteil und die Ärmel, nur das glatt rechts gestrickte Unterteil und die inneren Ränder. Alle Fäden vernähen und die Ärmel zusammennähen.

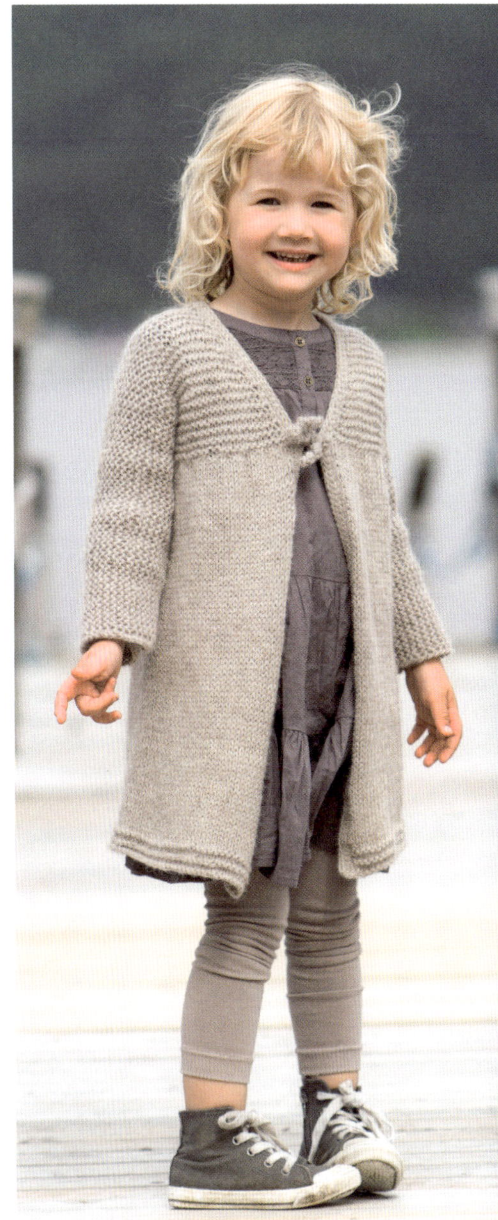

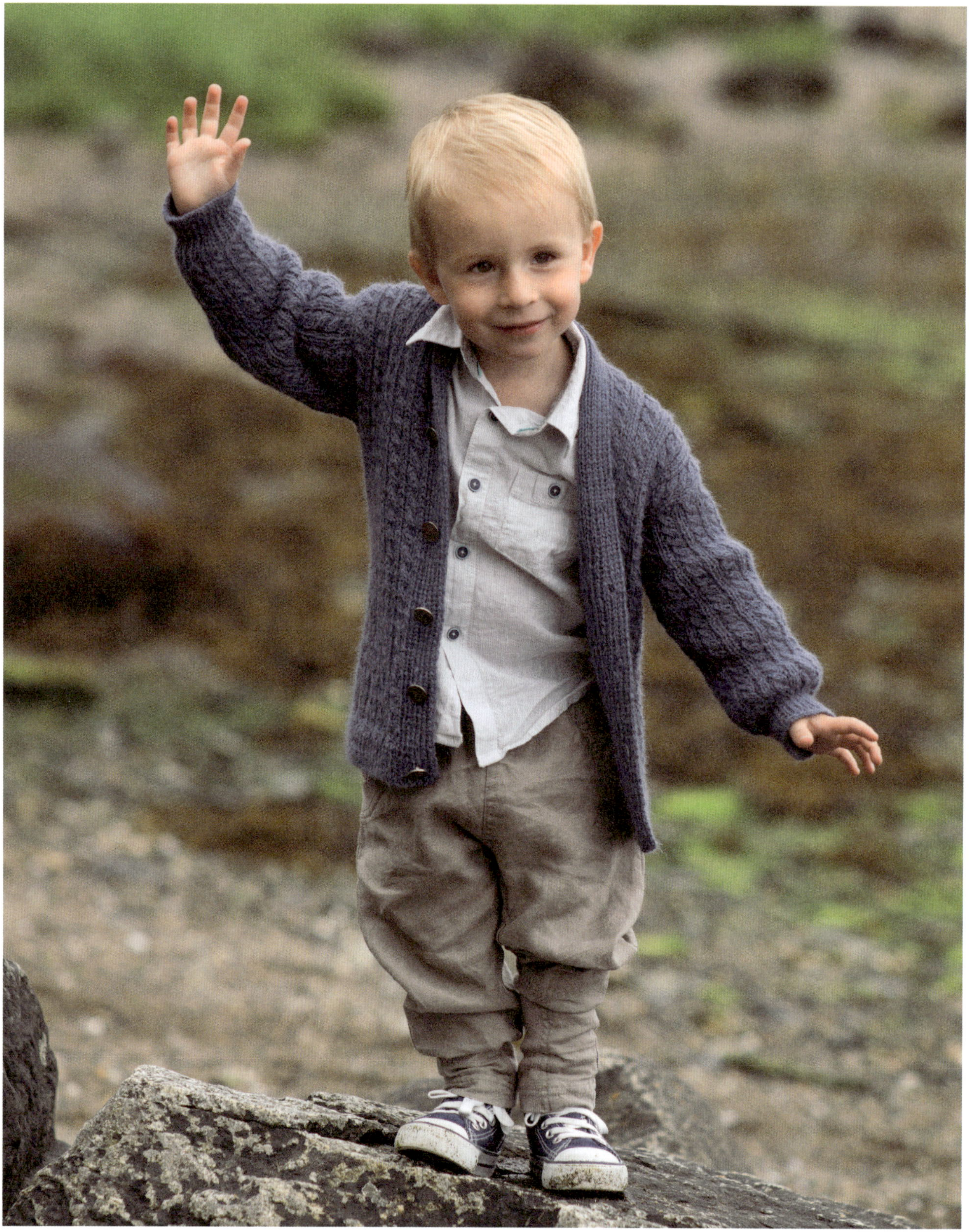

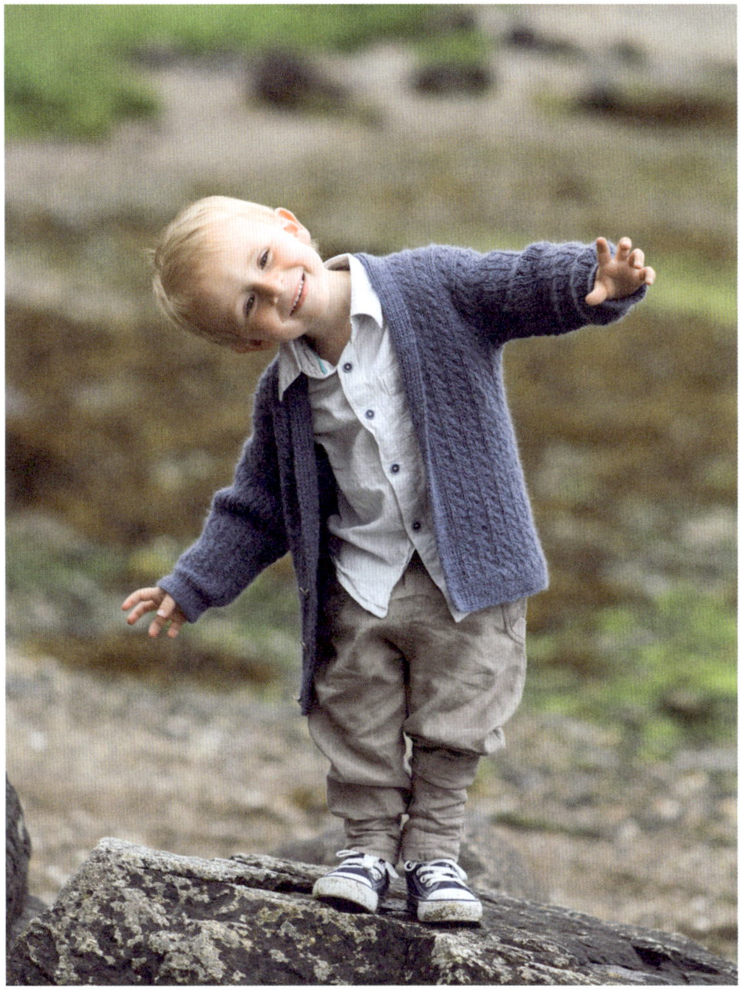

Zopfjacke

Andreas hat uns alle in Grund und Boden geflirtet. Wir hielten uns im Hintergrund und konnten uns das Lachen kaum verkneifen. Nach so einem Showman kann man lange suchen ... und die Jacke ist auch sehr schön.

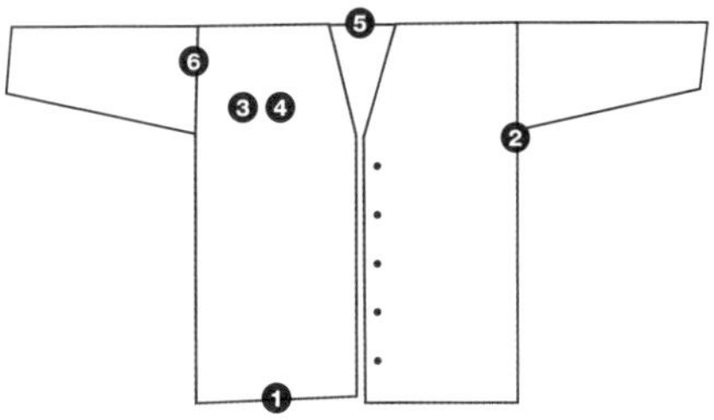

Größen und Maße
Größen: 1 (2) 4 (6) Jahre
Brustumfang: 50 (60) 70 (80) cm
Gesamtlänge: 36 (40) 44 (48) cm
Ärmellänge: 22 (24) 28 (32) cm

Material und Verbrauch
Mirasol von du store alpakka,
100 % Alpaka
250 (250) 300 (350) g Blau Nr. 2046

Zubehör
4 bis 6 kleine Knöpfe, ca. 18 mm Durchmesser

Nadeln und Maschenprobe
Rundnadeln 60 cm Nr. 3 und 3,5
Nadelspiel Nr. 3 und 3,5
32 Maschen Zopfmuster = 10 cm

Eine klassische Zopfjacke mit Schalkragen und robusten Knöpfen. Luftig und bequem zu tragen. Für eine individuelle Note sorgen Ellbogenflicken oder bunte Knöpfe.

❶ **Vorder- und Rückenteil:** 178 (210) 242 (274) Maschen auf der Rundstricknadel Nr. 3 anschlagen und 2 cm Bündchen hin und her im Rechts-Links-Wechsel stricken. In der nächsten Hinreihe 5 Maschen vom Rand ein Knopfloch einarbeiten, indem Sie 2 Maschen zusammenstricken und einen Umschlag aufnehmen. In der Rückreihe wird der Umschlag wie eine normale Masche gestrickt. Weiter im Bündchenmuster stricken, bis das Bündchen 4 cm misst. Wechseln Sie zur Rundstricknadel Nr. 3,5 und beginnen Sie mit dem Zopfmuster der Strickschrift. Die 12 Maschen am Anfang und Ende jeder Reihe werden über die gesamte Jacke weiter im Bündchenmuster rechts links gestrickt und bilden am Ende die Knopf- und Knopflochleiste. Apropos: Nicht vergessen, ca. alle 5 (5,5) 6 (6,5) cm über dem ersten ein neues Knopfloch einzuarbeiten, das letzte vorzugsweise, ehe die Leiste zum Kragen umklappt.
❷ **Armausschnitte:** Nach 26 (29) 32 (34) cm werden an den Seiten 4 Maschen wie folgt abgekettet: Die 12 Randmaschen und 4 (5) 6 (7) Zöpfe stricken, dann die 4 rechten Maschen des nächsten Zopfes abketten. Die folgenden 9 (11) 13 (15) Zöpfe stricken und wieder die 4 rechten Maschen des nächsten Zopfes abketten. Die verbleibenden 4 (5) 6 (7) Zöpfe und 12 Randmaschen stricken.
❸ **Rückenteil:** Die 76 (92) 108 (124) Maschen des Rückenteils werden bis auf 36 (40) 44 (48) cm Gesamtlänge im Zopfmuster hochgestrickt. An den Seiten jeweils 27 (33) 39 (45) Maschen für die Schultern stehen lassen, die restlichen Maschen in der Nackenmitte abketten.
❹ **Vorderteile:** Die jeweils 47 (55) 63 (71) Maschen der Vorderteile werden bis auf eine Gesamtlänge von 27 (31) 34 (36) cm (ggf. an den Abstand der Knopflöcher anpassen) weiter im Zopfmuster und den 12 Randmaschen im Bündchenmuster gestrickt. Ab jetzt

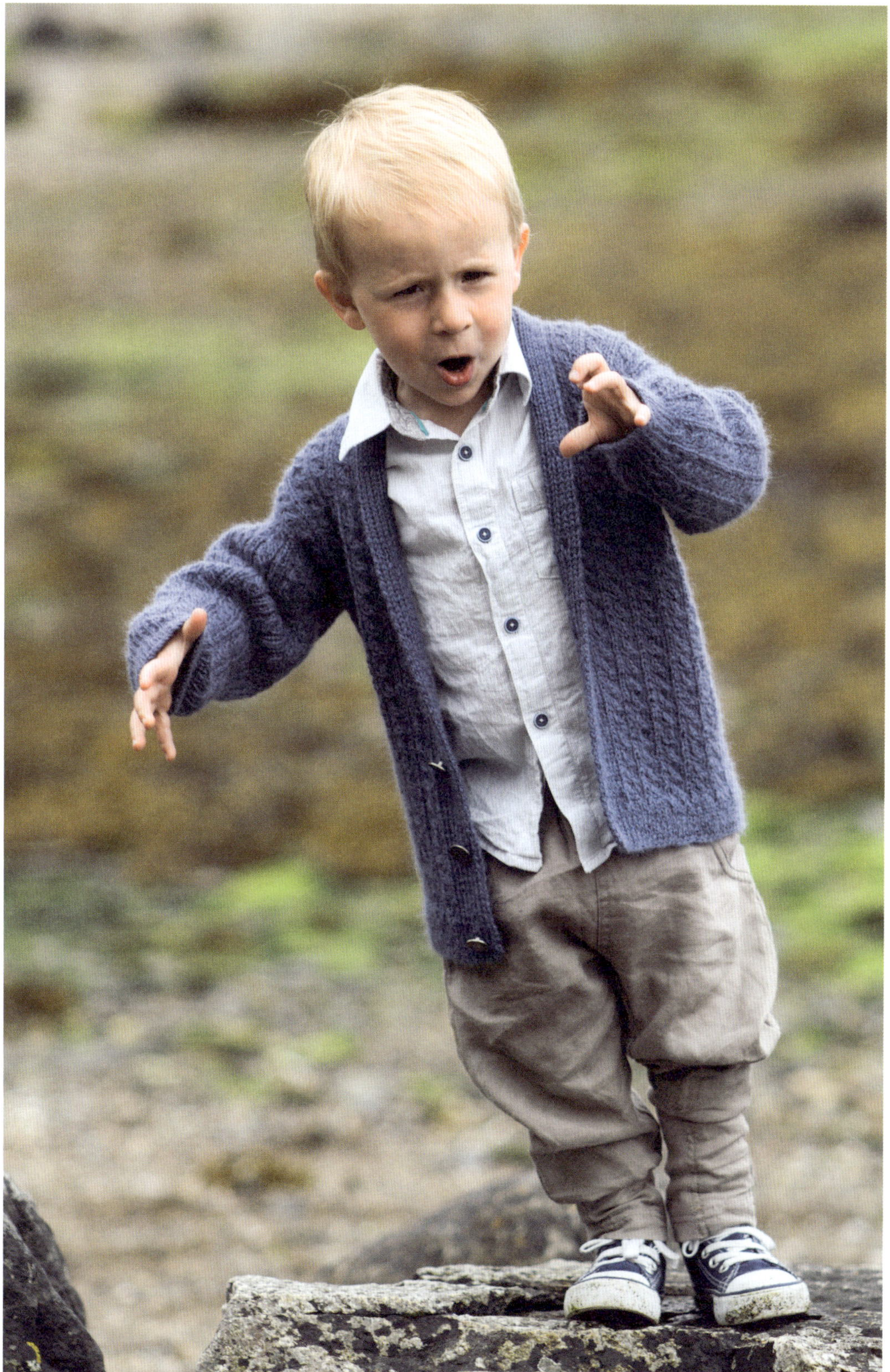

Strickschrift

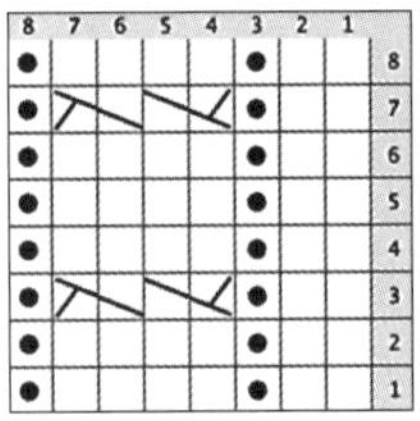

☐ rechts in der Hin-, links in der Rückreihe

⊡ links in der Hin-, rechts in der Rückreihe

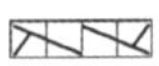

Nach links gedrehter Zopf über 4 Maschen. 2 Maschen auf einer Hilfsnadel vor die Arbeit legen, 2 Maschen rechts stricken, dann die 2 Maschen von der Hilfsnadel ebenfalls rechts.

wird die Knopf-/Lochleiste wie folgt verbreitert: 2 Maschen vor dem Bündchen (vom Zopfmuster kommend) eine linke Masche stricken und das Bündchen mit 14 Maschen weiterstricken. Nach je 4 Reihen die Maschenzunahme 4 (5) 6 (7) Mal wiederholen, bis neben den Bündchenmaschen vom Zopfmuster noch 27 (33) 39 (45) Maschen auf der Nadel liegen. (Bei dieser Jacke wird zum Hals nicht abgekettet.) Zopfmuster und Bündchen weiterstricken, bis das Vorderteil die gleiche Länge wie das Rückenteil hat. Nun die Schulterpartien von Vorder- und Rückenteil im Maschenstich zusammennähen. Die Bündchenmaschen bleiben stehen.

❺ Nacken: Stricken Sie nun beide Bündchenleisten für sich so lange weiter, bis sie halb so lang wie der abgekettete Nackenausschnitt vom Rückenteil sind. Abketten und dann die Bündchenenden zusammennähen, bevor der Kragen im Nacken mit dem Rückenteil vernäht wird.

❻ Ärmel: Mit Nadelspiel Nr. 3,5 um die Armausschnitte herum 64 (72) 80 (88) Maschen aufnehmen und im Zopfmuster stricken. In jeder 8. Runde am Anfang und Ende (Unterseite Ärmel) 8 (9) 10 (11) Mal je 2 Maschen zusammenstricken. Wenn der Ärmel 18 (20) 24 (28) cm lang ist, zu Nadelspiel Nr. 3 wechseln und 4 cm Bündchenmuster stricken, ehe locker abgekettet wird.

Zu guter Letzt: Alle Fäden vernähen und Knöpfe annähen. Abschließend leicht unter einem feuchten Tuch dämpfen.

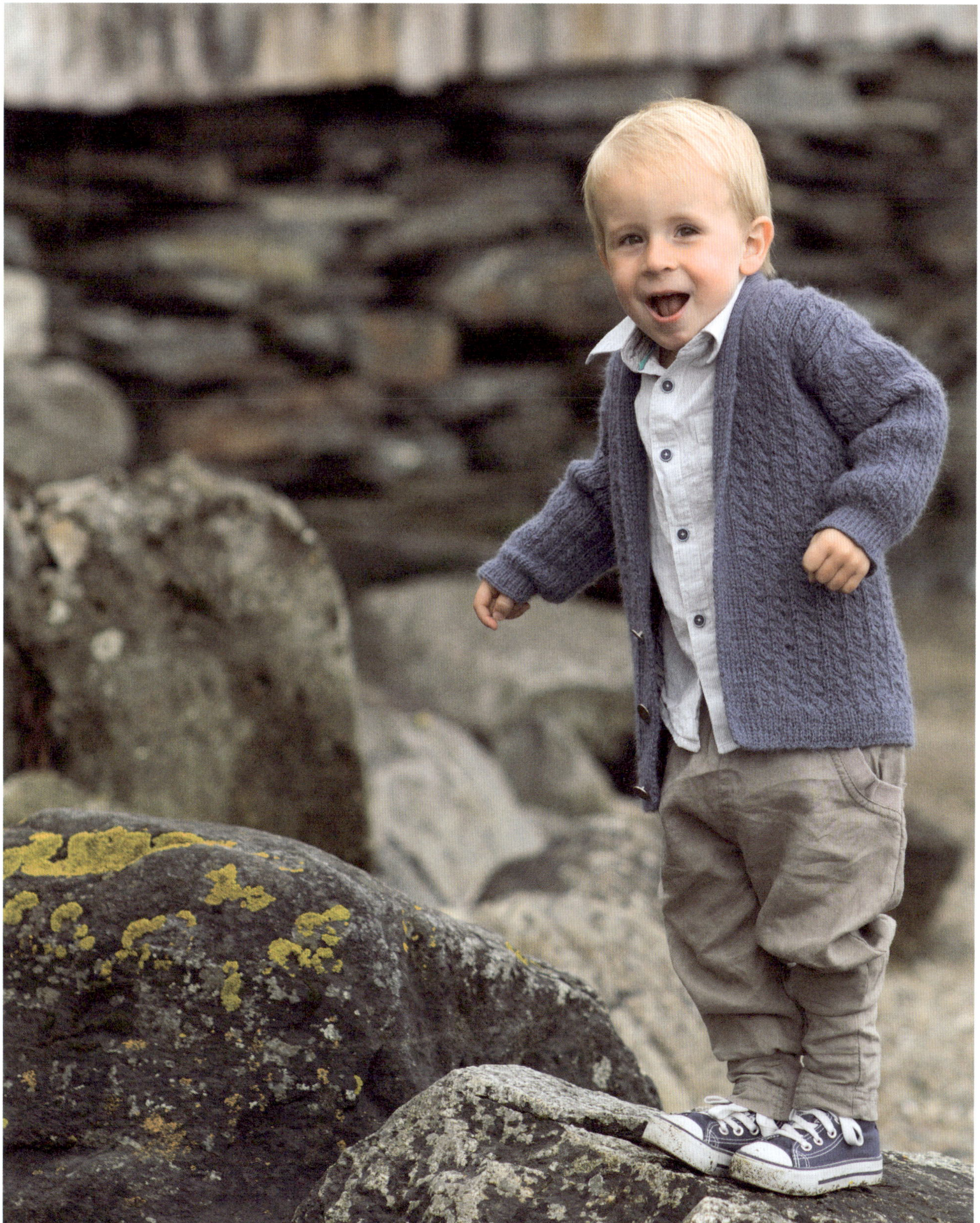

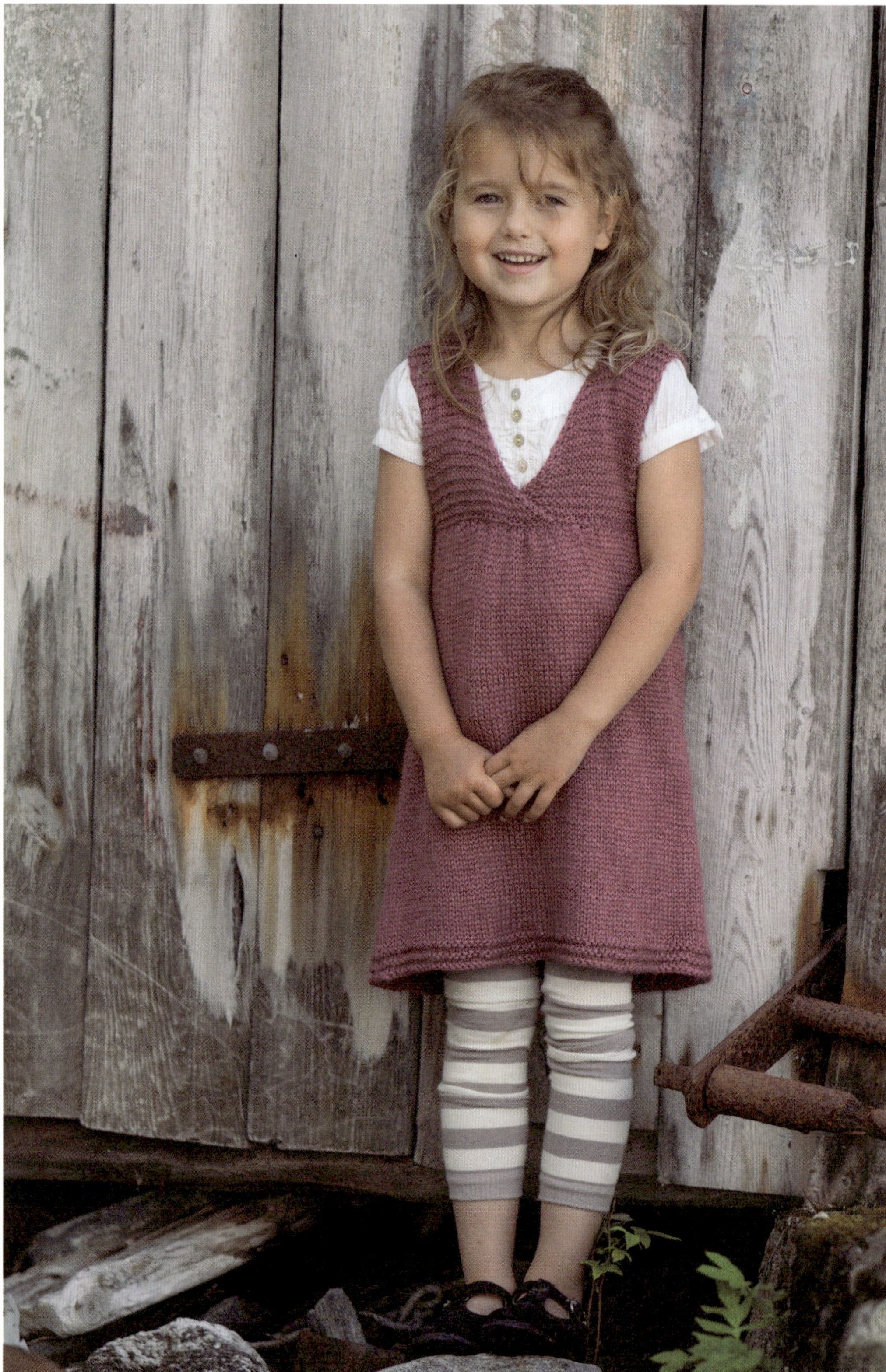

Draußen-Spiel-Kleid

Ein einfaches und bequemes Kleid mit Krausrippen-Oberteil.
Einfach über den Kopf ziehen und raus geht's zum Spielen!

❶ **Rücken Oberteil:** 32 (36) 40 (44) Maschen mit doppeltem Faden anschlagen und hin und her 14 (16) 18 (20) Krausrippen stricken (s. Strick-ABC im Anhang S. 186). Die mittleren 8 (8) 10 (12) Maschen abketten und die beiden Vorder-Oberteile nacheinander weiterstricken.

❷ **Linkes Vorder-Oberteil:** Es sollten noch 12 (14) 15 (16) Maschen auf der Nadel sein (die Maschen der anderen Seite werden auf eine extra Nadel gehoben). 3 (4) 5 (6) Krausrippen stricken und danach in jeder 2. Reihe am Halsrand eine Masche zunehmen, bis 14 (16) 18 (20) Rippen gestrickt sind und 23 (26) 28 (30) Maschen auf der Nadel sind.

Das rechte Vorderteil wird ebenso, nur spiegelbildlich gestrickt.

❸ **Rockteil:** Mit dem Aufnehmen von 32 (36) 40 (44) Maschen am Rückenteil beginnen und beidseitig je 23 (26) 28 (30) Maschen von den Vorderhälften aufnehmen. Der Rockteil wird glatt rechts und rund gestrickt, wobei in der ersten Runde die vorderen Hälften wie folgt überlappend zusammengestrickt werden: 8 (8) 10 (12) Maschen des rechten Oberteils auf eine Hilfsnadel heben und parallel zu den Maschen des linken Oberteils vor die Arbeit legen. Nun je 2 der 8 (8) 10 (12) übereinanderliegenden Maschen zusammenstricken und den Rest der Runde glatt rechts weiterarbeiten. In der nächsten Runde die Maschenzahl auf 110 (120) 130 (140) Maschen erweitern. Dabei vorne mehr Maschen aufnehmen als hinten.

❹ Weiter glatt rechts stricken, bis der Rockteil 26 (31) 36 (41) cm lang ist. Mit dem Rippenmuster wie in der Strickschrift angegeben abschließen und locker abketten.

Zu guter Letzt: Das Kleid leicht unter einem feuchten Tuch dämpfen und auf einen Bügel hängen. Das Oberteil dehnt sich nach der Fertigstellung ein ganzes Stück. Alle Fäden vernähen.

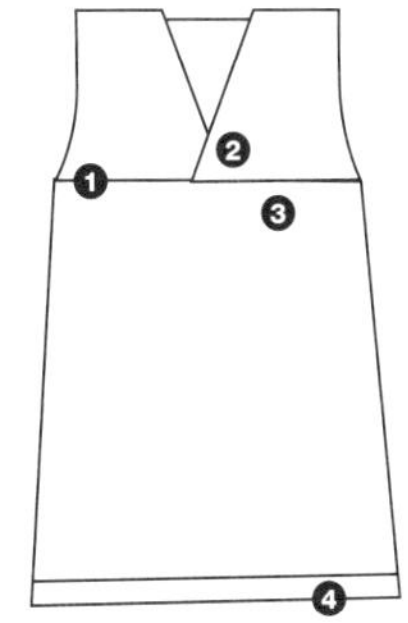

Größen und Maße
Größen: 1 (2) 4 (6) Jahre
Brustumfang: 45 (50) 55 (60) cm
Gesamtlänge: 43 (49) 55 (61) cm

Material und Verbrauch
Fin von du store alpakka,
50 % Seide, 50 % Baby-Alpaka
150 (150) 200 (250) g Altrosa Nr. 229

Nadeln und Maschenprobe
Rundstricknadel 60 cm Nr. 5
20 Maschen glatt rechts mit doppeltem Faden = 10 cm

Strickschrift

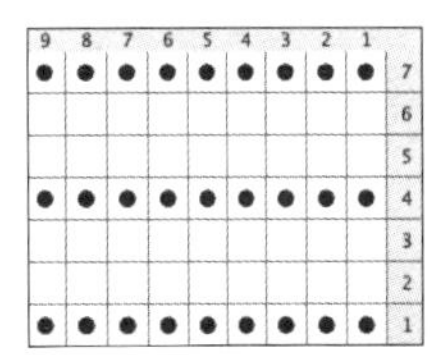

☐ rechts in der Hin-, links in der Rückreihe

⊡ links in der Hin-, rechts in der Rückreihe

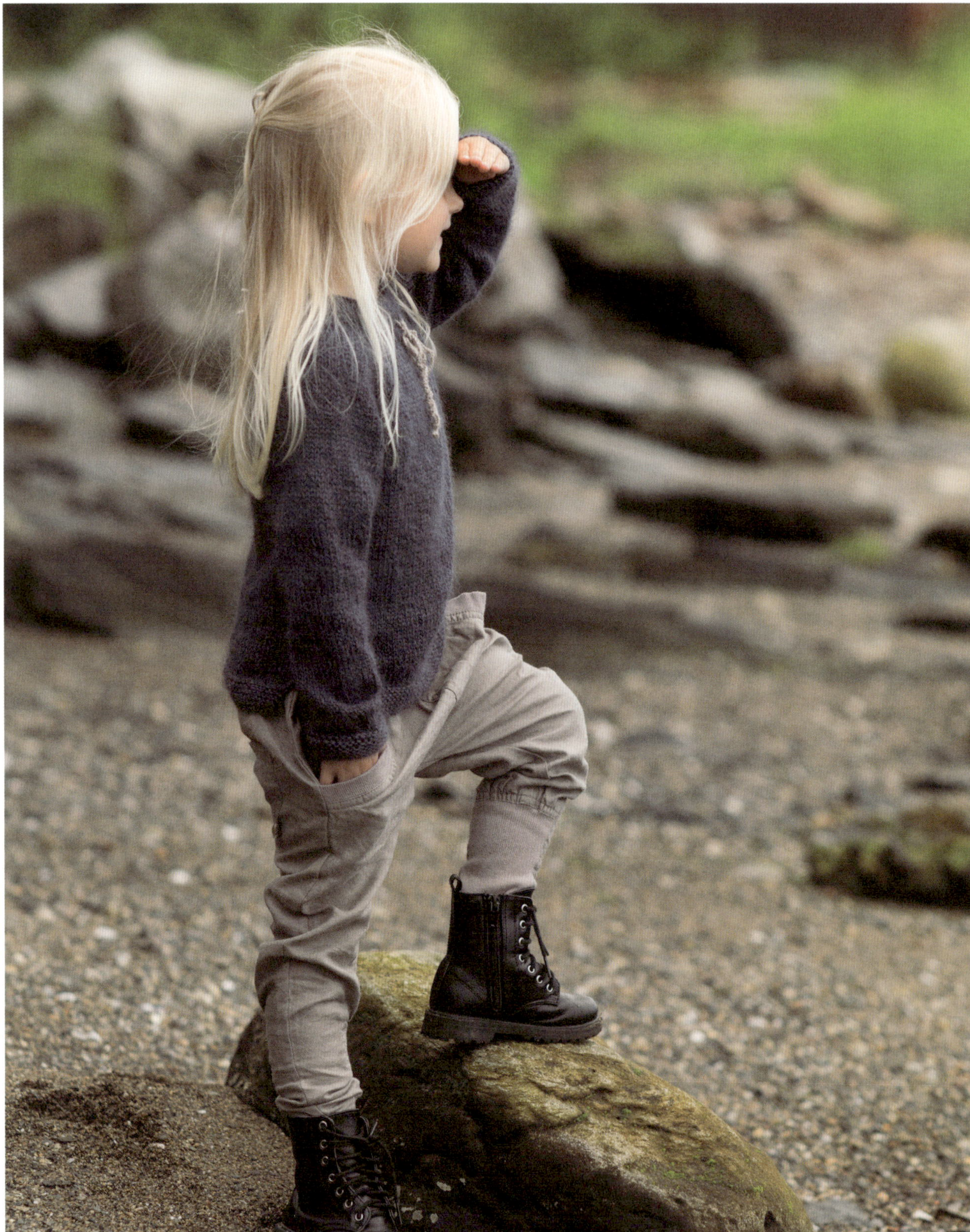

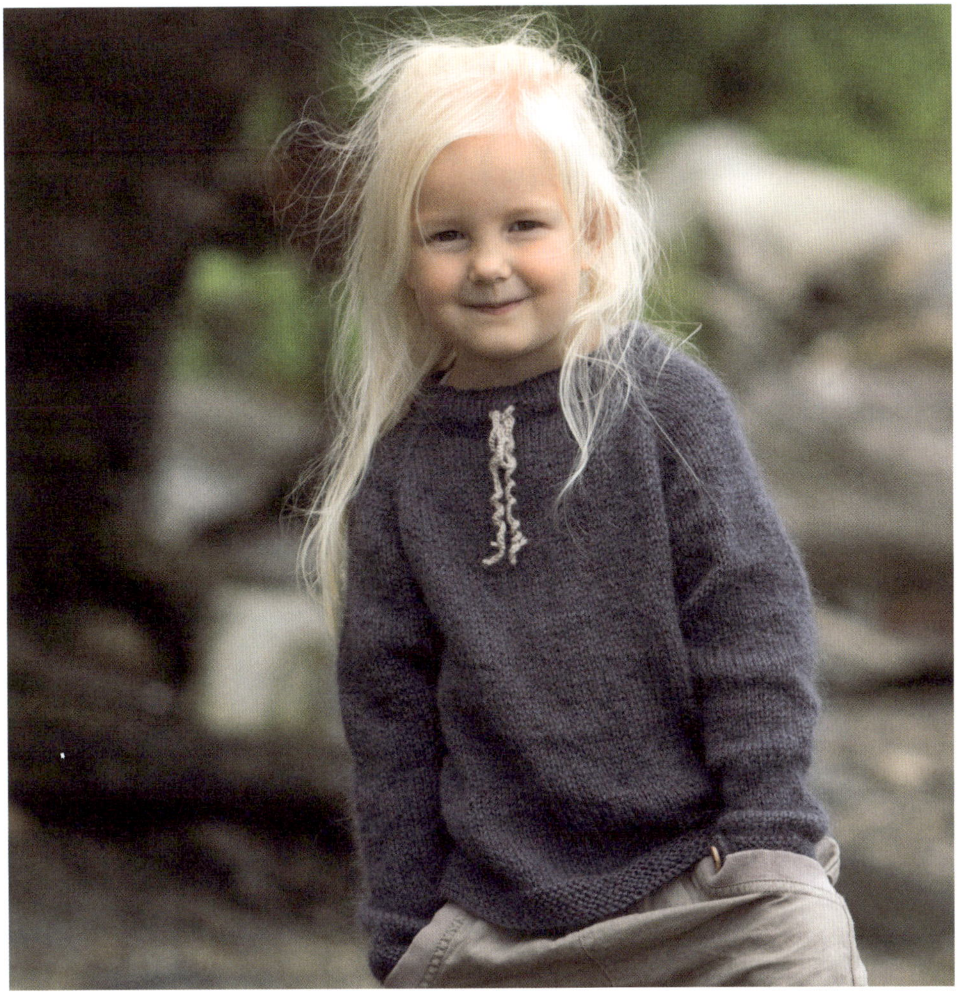

Pulli mit Kringelbändern

Der Pullover besitzt ein dekoratives Schmuckband am Halsausschnitt, ist an der Seite geschlitzt und hat Knöpfe an den Ärmeln. Da er in einem Stück gestrickt wird, erübrigt sich ein Zusammenfügen der Teile. Mir gefällt es, wenn Jungs Rosa tragen und Mädchen Blau. Dieser Pulli steht Mädchen und Jungen. Spielen Sie mit Farben, Bändern und Knöpfen und geben Sie dem Pullover eine persönliche Note.

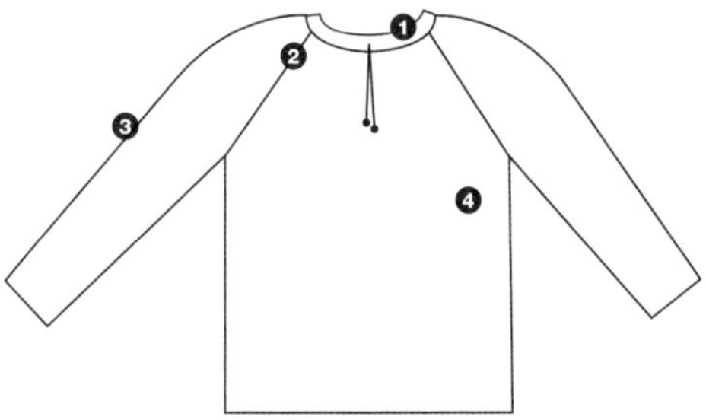

Größen und Maße
Größen: 1 (2) 4 (6) Jahre
Brustumfang: 55 (60) 65 (70) cm
Gesamtlänge: 32 (36) 40 (44) cm
Ärmellänge: 22 (24) 28 (32) cm

Material und Verbrauch
BabySilk von du store alpakka,
20 % Seide, 80 % Baby-Alpaka;
Air von du store alpakka,
78 % Suri-Alpaka, 22 % Nylon
150 (150) 200 (250) g BabySilk
Graublau Nr. 333
100 (125) 150 (200) g Air
Graublau Nr. 111
Ein Rest BabySilk Sand Nr. 324
für das Kringelband

Zubehör
2 Holzknöpfe, ca. 20 mm Durchmesser

Nadeln und Maschenprobe
Rundstricknadeln 40 und 60 cm
Nr. 4,5 und 5
Nadelspiel Nr. 4,5 und 5
18 Maschen glatt rechts mit doppeltem
Faden (je 1 Air und BabySilk)
auf Nadel Nr. 5 = 10 cm

Es wird von oben nach unten rundgestrickt.

❶ 68 (72) 76 (80) Maschen auf Nadel Nr. 4,5 mit einem Faden BabySilk und einem Faden Air anschlagen und 2,5 cm glatt rechts stricken für das Kragenbündchen. Danach eine linke Runde für die Faltkante stricken, gefolgt von 1 cm glatt rechten Maschen. Nun zwei Knopflöcher einarbeiten wie folgt: 21 (23) 25 (27) Maschen rechts stricken, 1 Umschlag, 2 Maschen rechts zusammenstricken, 2 Maschen rechts zusammenstricken, 1 Umschlag. In der folgenden Runde werden die Umschläge wie normale Maschen gestrickt. Bis 2,5 cm von der linken Faltkante weiterstricken und zu Rundstricknadel Nr. 5 wechseln und ein paar Markierungen setzen (die Runde startet hinter der linken Schulter):
Die erste Markierung zu Beginn der Runde, 2 Maschen rechts stricken, zweite Markierung (= Raglanlinie), 9 (10) 11 (12) Maschen stricken (= linker Ärmel), Markierung, 2 Maschen stricken, Markierung (= Raglanlinie), 21 (22) 23 (24) Maschen stricken (= Vorderteil), Markierung, 2 Maschen stricken, Markierung (= Raglanlinie), 9 (10) 11 (12) Maschen stricken (= rechter Ärmel), Markierung, 2 Maschen stricken, Markierung (= Raglanlinie). Nach der letzten Markierung sollten für die Runde noch 21 (22 (23) 24 Maschen auf der Nadel sein (= Rückenteil).
❷ **Raglanzunahme:** Es sind jetzt vier Raglanlinien beidseitig markiert, und zwischen den Markierungen wird in jeder 2. Runde in jeder der beiden Maschen je 1 Masche, also pro Runde 8 Maschen, zugenommen. Die Maschen werden durch die unterliegenden Maschen zugenommen (s. Strick-ABC im Anhang S. 186). Nach ca. 12 (13) 14 (15) cm vom Kragen gemessen, abhängig von der Strickdichte des Garns, sollten 11 (13) 15 (17) Zunahmen stattgefunden haben (= 156 (176) 198 (218) Maschen auf der Nadel).
❸ **Ärmel:** Die 31 (36) 41 (46) Maschen zwischen den Ärmel-Raglanlinien auf das Nadelspiel Nr. 5 nehmen. Den Ärmel glatt rechts stricken und dabei alle 4 cm 4 (5) 6 (7) Mal am Anfang und Ende einer Runde (= Ärmelunterseite) je 2 Maschen zusammen-

stricken. Weiterstricken, bis der Ärmel 20 (22) 26 (33) cm misst. Zu Nadelstärke 4,5 wechseln und in Hin- und Rückreihen kraus rechts Krausrippen stricken. Dabei auf der Vorderseite des Ärmels am Rand sechs Maschen für eine kurze «Knopfleiste» aufnehmen, die am Schluss über das andere Ende gelegt und mit einem Knopf befestigt wird. Nach sechs Rippen locker abketten. Den zweiten Ärmel wie den ersten stricken, aber die 6 Maschen für die Knopfleiste am Ärmelbündchen spiegelbildlich aufnehmen.

❹ Brust- und Rückenteil: Jetzt sind noch die Maschen des Vorder- und Rückenteils auf der Rundnadel (= 94 (104) 116 (126) Maschen). Glatt rechts bis 30 (34) 38 (42) cm Gesamtlänge des Pullovers stricken. Danach die Maschen an den Seiten hälftig auf zwei Nadeln Nr. 4,5 verteilen und getrennt jeweils 6 Krausrippen hin und her stricken. So erhält man an beiden Seiten die kleinen Schlitze. Abketten.

Zu guter Letzt: Alle Fäden vernähen. Den Übergang zwischen den Ärmeln und Vorder- und Rückenteil unter den Achseln mit ein paar Stichen schließen. Dann die Knöpfe durch beide Lagen der sich überlappenden Ärmelbündchen festnähen.

Das Kragenbündchen an der linken Faltreihe nach innen klappen und auf der Rückseite vernähen. Mit einem Rest Wolle (ich habe BabySilk Sand genommen) ein Luftmaschenband häkeln, durch die beiden Knopflöcher unter dem Halsausschnitt ziehen und zu einer Schleife verknoten. (Das Häkelband ist reiner Schmuck, hat keine Schnürfunktion.)

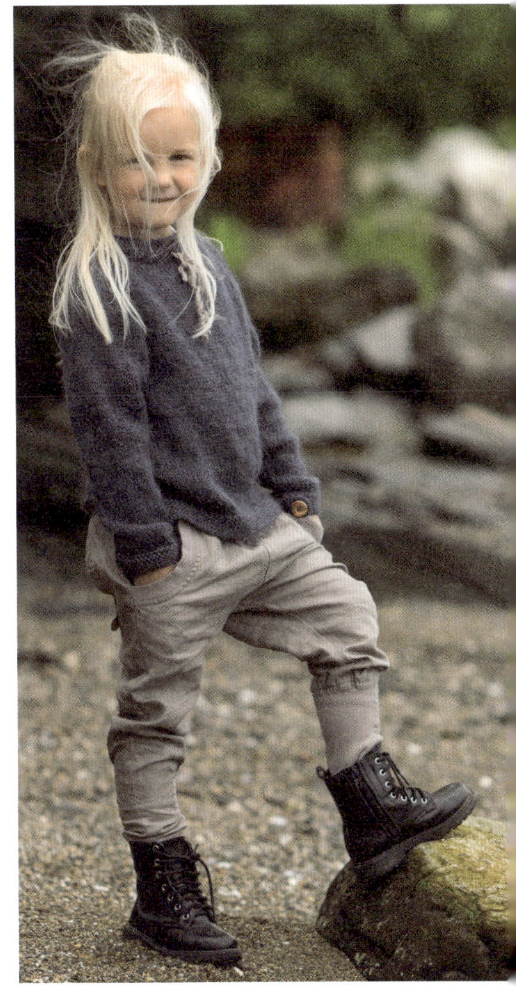

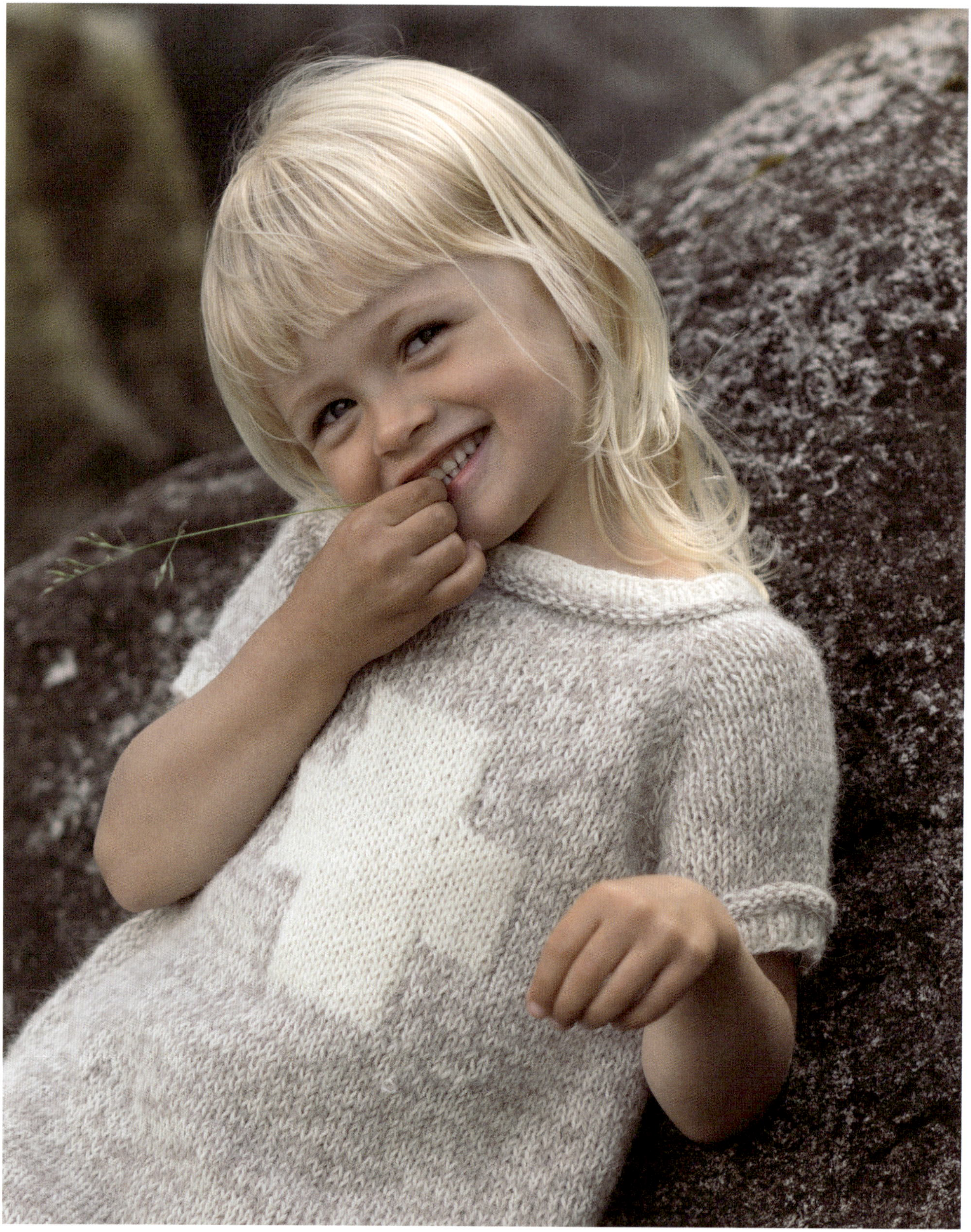

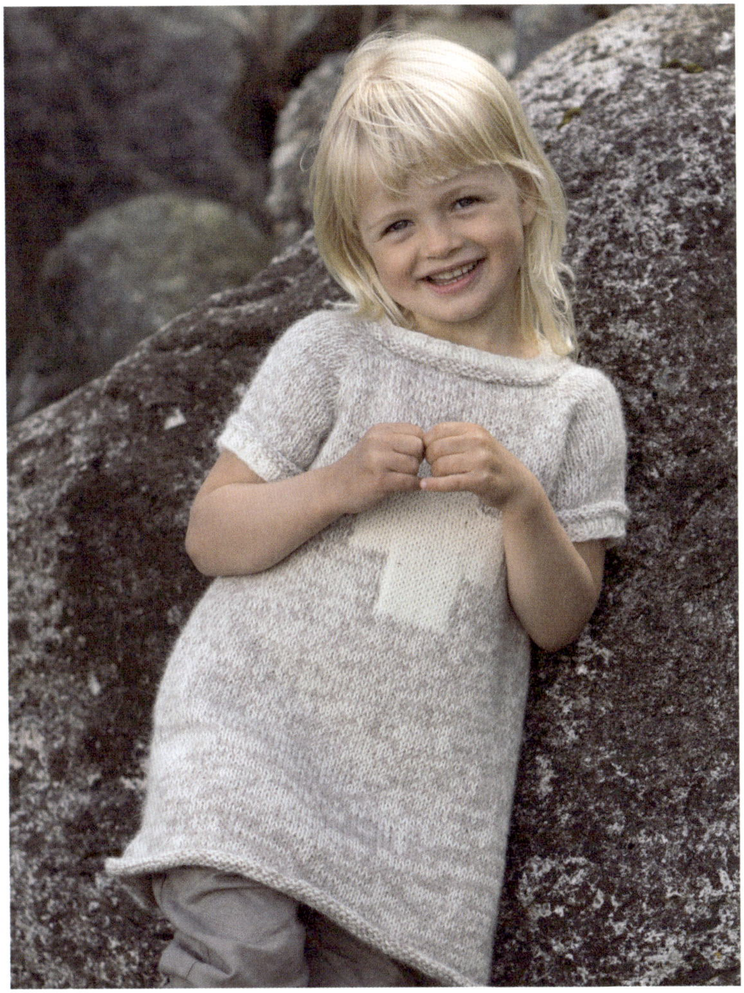

Große-Schwester-Kleid

Ein charmantes Kindergartenkleid mit einem Pluszeichen als Motiv. Entdecken Sie Ihre eigenen Motivideen und Farbkombinationen.

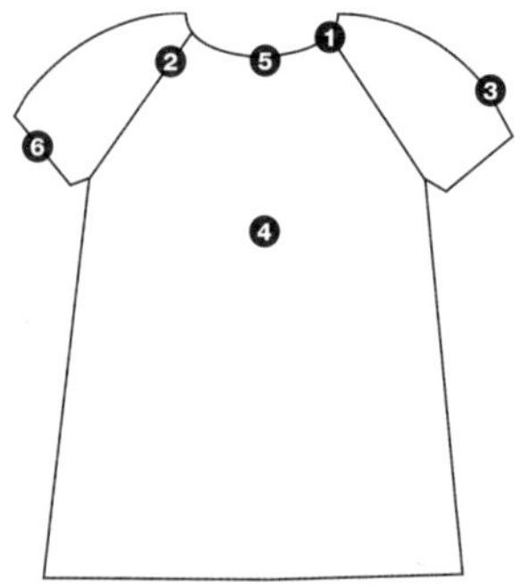

Größen und Maße
Größen: 1 (2) 4 (6) Jahre
Brustumfang: 57 (61) 65 (69) cm
Länge: 42 (47) 52 (67) cm
Ärmel: 3 (4) 5 (5) cm

Material und Verbrauch
Tynn Alpakka von du store alpakka,
100 % Alpaka
100 (100) 150 (200) g Natur Nr. 101
100 (100) 150 (200) g Sand Nr. 161

Nadeln und Maschenprobe
Rundstricknadeln 40 und 60 cm
Nr. 4 und 4,5
Nadelspiel Nr. 4 und 4,5
18 Maschen glatt rechts mit doppeltem Faden mit Nadel Nr. 4,5 = 10 cm

Das Kleid wird in einem Stück von oben nach unten gestrickt, die Bündchen zuletzt. Ein paar Nähstiche unter den Armen, und fertig ist das gute Stück.

❶ 68 (72) 76 (80) Maschen mit je einem Faden Naturweiß und Sand auf der kürzeren Nadel Nr. 4 anschlagen und 2 cm glatt rechts stricken (= Rollrand). Jetzt zu Nadel Nr. 4,5 wechseln und die Raglanzunahmen wie folgt markieren, die hinter der linken Schulter beginnen:
Markierung, 2 Maschen stricken, Markierung (= Raglanlinie).
9 (10) 11 (12) Maschen stricken (= linker Ärmel),
Markierung, 2 Maschen stricken, Markierung (= Raglanlinie).
21 (22) 23 (24) Maschen stricken (= Vorderteil),
Markierung, 2 Maschen stricken, Markierung (= Raglanlinie),
9 (10) 11 (12) Maschen stricken (= rechter Ärmel),
Markierung, 2 Maschen stricken, Markierung (= Raglanlinie).
Nach der letzten Markierung sollten noch 21 (22) 23 (24) Maschen auf der Nadel sein (= Rückenteil).
❷ **Raglanzunahme:** In jeder 2. Runde wird jetzt in jeder der 2 Maschen der 4 markierten Raglanlinien aus der unterliegenden Masche je 1 Masche zugenommen (s. Strick-ABC im Anhang S. 186). Nach 7 (8) 9 (10) cm glatt rechten Runden auf dem Vorderteil mit der Strickschrift beginnen.
Nach ca. 12 (13) 14 (15) cm Raglanzunahme sollten 12 (13) 14 (15) Mal 8 Maschen pro Zunahmerunde zugenommen worden sein (= 164 (176) 188 (200) Maschen auf der Nadel).
❸ **Ärmel:** Die 33 (36) 39 (42) Maschen zwischen den Ärmel-Raglanlinien auf das Nadelspiel Nr. 4,5 nehmen und nach 3 (4) 5 (5) cm glatt Rundstricken abketten. Den zweiten Ärmel genauso stricken.

❹ Rockteil: Jetzt sind noch die Maschen für den Rockteil auf der Nadel (98 (104) 110 (116) Maschen). Links und rechts unter den Ärmeln Markierungen setzen, glatt rechts weiter rundstricken und dabei alle 4 cm vor und hinter den Markierungen je 1 Masche zunehmen, bis das Kleid 42 (47) 52 (67) cm misst. Abketten.

❺ Halsbündchen: Mit der kurzen Rundnadel Nr. 4 mit zwei Fäden Naturweiß 68 (72) 76 (80) Maschen auf der linken Seite des Rollrandes aufnehmen und 4 Runden 2 rechts, 2 links im Bündchenmuster stricken und abketten.

❻ Ärmelbündchen: 36 (40) 44 (48) Maschen wie für den Halsausschnitt mit Nadelspiel Nr. 4 aufnehmen und 4 Runden 2 rechts, 2 links im Bündchenmuster stricken. Abketten.

Zu guter Letzt: Alle Fäden vernähen und die Tunika leicht unter einem feuchten Tuch dämpfen.

Der untere Rand bleibt Rollrand und bekommt kein Bündchen.

Strickschrift

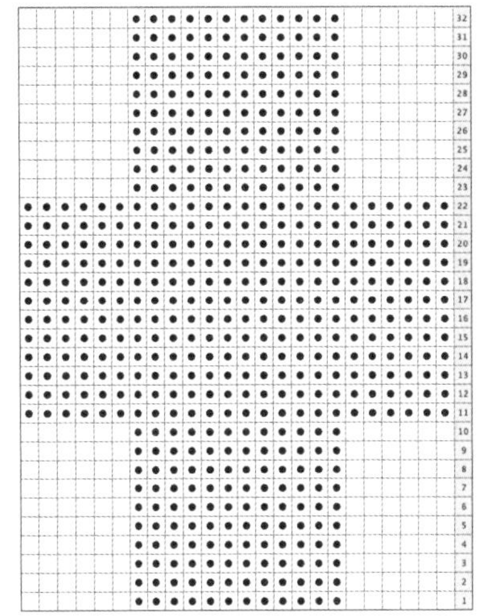

☐ je ein Faden Naturweiß und Sand

⊡ doppelter Faden Naturweiß

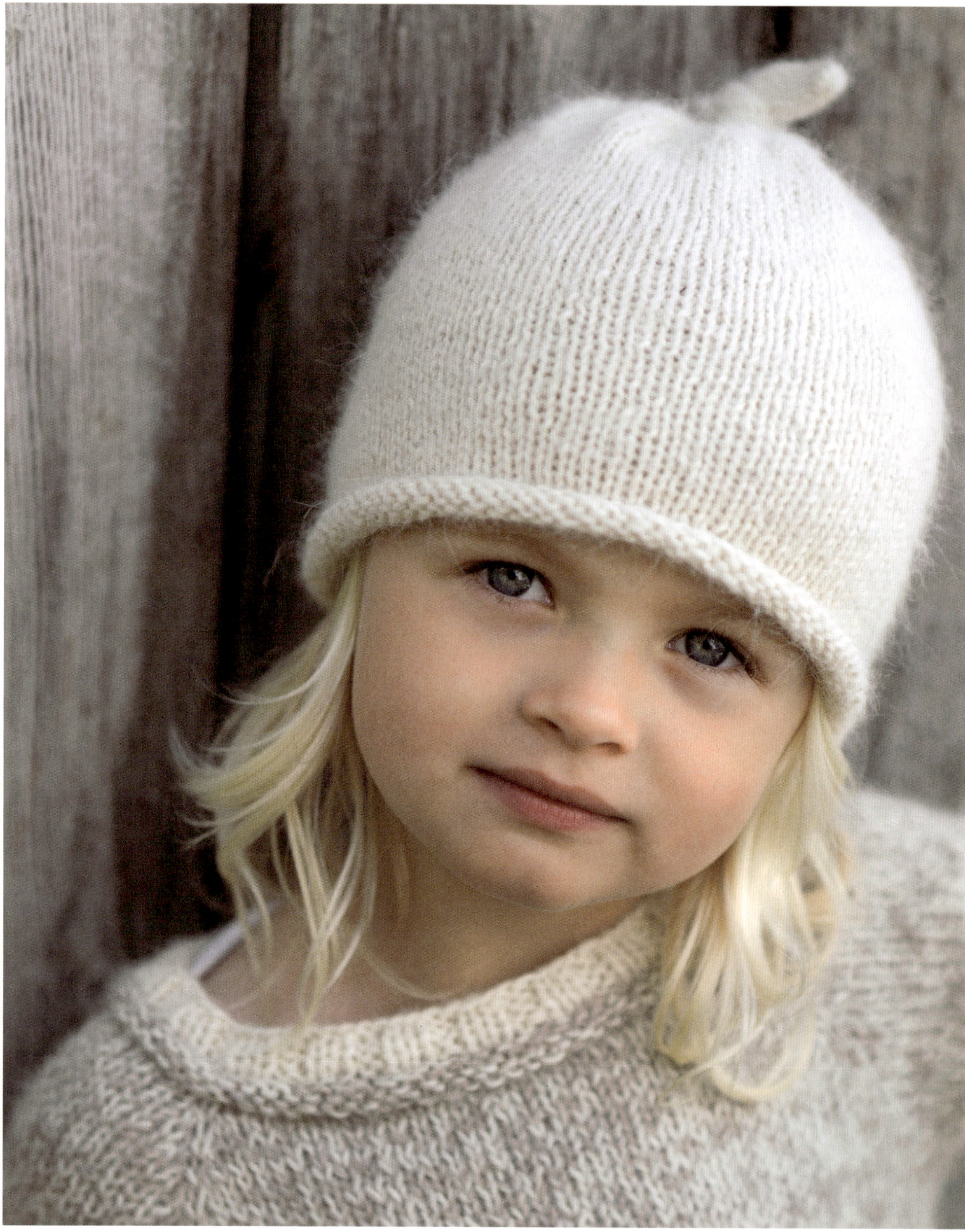

Knotenzipfelmütze

Eine einfache Mütze mit Rollrand und Knotenzipfel,
für Jungen und Mädchen.

70 (75) 80 (85) Maschen mit je einem Faden BabySilk und Air anschlagen und 16 (17) 18 (19) cm glatt rechts rundstricken, ab dann Maschen abnehmen wie folgt:
(Wechseln Sie zum Nadelspiel, wenn die Rundstricknadel zu lang wird.)
* 2 Maschen rechts zusammenstricken, 3 rechte Maschen, ab * bis zum Ende der Runde wiederholen.
3 Runden ohne Maschenabnahme.
* 2 Maschen rechts zusammenstricken, 2 rechte Maschen, ab * bis zum Ende der Runde wiederholen.
2 Runden ohne Maschenzunahme stricken.
* 2 Maschen rechts zusammenstricken, 1 rechte Masche, ab * bis zum Ende der Runde wiederholen.
1 Runde ohne Maschenzunahme stricken.
Immer 2 Maschen zusammenstricken, bis noch 8 Maschen auf den Nadeln übrig sind.

Knotenzipfel: Diese 8 Maschen immer rechts stricken, ohne die Arbeit zu drehen. Am Ende der Reihe werden die Maschen einfach wieder an den Anfang der linken Nadel geschoben, der Lauffaden hinter der Arbeit an den Anfang der Nadel gezogen und wieder von vorne losgestrickt (s. Strick-ABC «Strickband»). Bis ca. 10 cm Länge weiterstricken, den Abschlussfaden durch die Maschen ziehen und das obere Ende sauber vernähen und den Faden verstopfen. Zu guter Letzt den Knoten machen.

Größen und Maße
Größen: 1 (2) 4 (6) Jahre
Umfang: 37 (40) 42 (45) cm

Material und Verbrauch
BabySilk von du store alpakka,
20 % Seide, 80 % Alpaka;
Air von du store alpakka,
78 % Suri-Alpaka, 22 % Nylon
100 (100) 150 (150) g BabySilk
Natur Nr. 301
25 g Air Naturweiß Nr. 101

Nadeln und Maschenprobe
Rundstricknadel 40 cm Nr. 4
Nadelspiel Nr. 4
19 Maschen glatt rechts
mit Nadel Nr. 4 = 10 cm
(1 Faden BabySilk und 1 Faden Air)

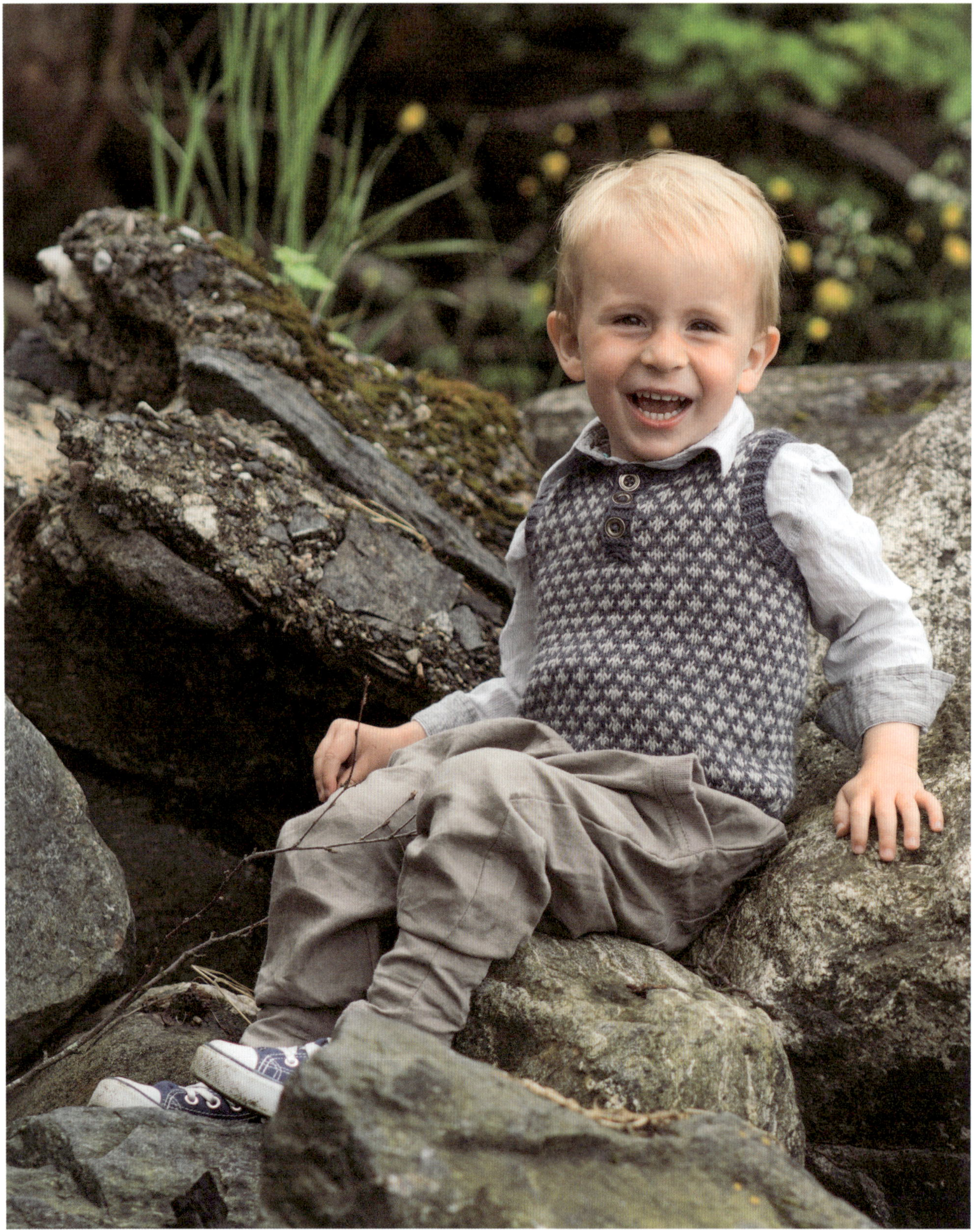

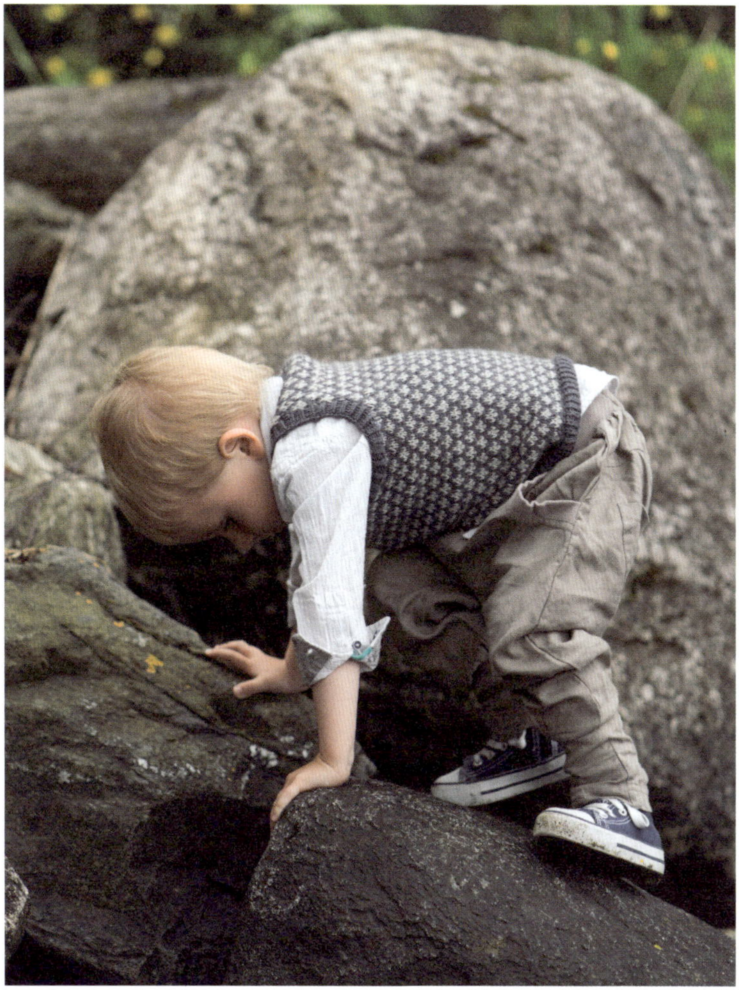

Festlicher Pullunder

Ein schmucker Pullunder für besondere Anlässe oder als Lieblingsteil für jeden Tag. Das dichte Muster macht ihn besonders kuschelig und warm.

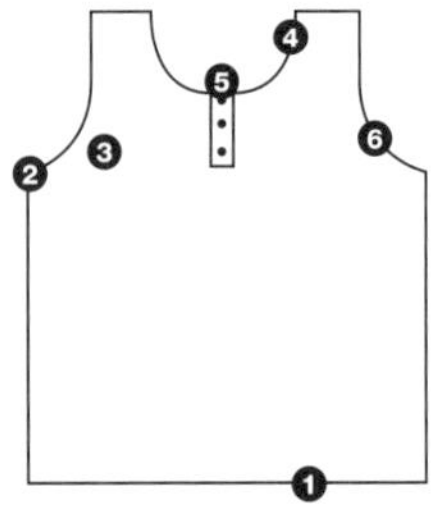

Größen und Maße

Größen: 1 (2) 4 (6) Jahre
Brustumfang: 52 (54) 56 (60) cm
Gesamtlänge: 30 (36) 40 (44) cm

Material und Verbrauch

BabySilk von du store alpakka,
20 % Seide, 80 % Baby-Alpaka
100 (150) 200 (250) g Graublau Nr. 333
50 (100) 150 (200) g Hellgrau Nr. 323

Zubehör

3 kleine Metallknöpfe ca. 15 mm Durchmesser

Nadeln und Maschenprobe

Rundstricknadel 60 cm Nr. 3,5
Rundstricknadel 40 cm Nr. 3
für die Bündchen Nadelspiel Nr. 3
26 Maschen Muster
mit Nadel Nr. 3,5 = 10 cm

Strickschrift

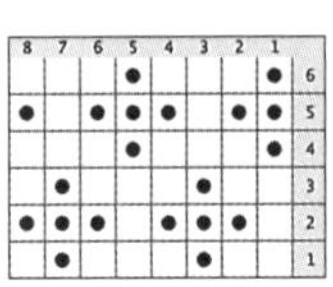

☐ graublaue Grundfarbe

⊡ hellgraue Musterfarbe

❶ Mit der kurzen Rundstricknadel Nr. 3 144 (152) 160) (168) Maschen anschlagen und 2 cm im Bündchenmuster stricken: * 1 Masche rechts verschränkt, 1 linke Masche, ab* bis zum Ende der Runde wiederholen. Zu Nadelstärke 3,5 wechseln und eine Runde glatt rechts stricken, ehe Sie mit dem Muster in der Strickschrift beginnen, das wiederholt wird, bis das Strickstück 20 (22) 24 (26) cm misst. An beiden Seitenmitten Markierungen setzen, sodass für das Vorder- und Rückenteil gleich viele Maschen auf der Nadel sind. Nun an den Seiten 14 (14) 16 (16) Maschen abketten, d.h. je 7 (7) 8 (8) Maschen vor und nach den Markierungen. Rücken- und Vorderteil werden getrennt weitergestrickt.

❷ **Rückenteil:** Im Muster weiterstricken und dabei an den Armausschnitten in jeder 2. Reihe 2 x 2 Maschen abketten und 1 x 1 Masche. Danach gerade bis 30 (36) 40 (44) cm Gesamtlänge weiterstricken. Die Maschen des Rückenteils stilllegen, während die vorderen Brustteile gestrickt werden.

❸ **Vorderteile:** Die mittleren 5 Maschen für die Knopfleiste abketten und beide Seiten getrennt stricken.

Rechtes und linkes Vorderteil werden gleich, nur spiegelbildlich gestrickt. Weiter nach der Strickschrift das Muster stricken und dabei an den Armausschnitten in jeder 2. Reihe 2 x 2 Maschen abketten und 1 x 1 Masche. Danach gerade bis 25 (31) 34 (38) cm Gesamtlänge weiterstricken.

Nun 7 (8) 9 (10) Maschen für den Halsausschnitt abketten und weiter in jeder 2. Reihe 1 x 2 Maschen und 3 (3) 4 (4) x 1 Masche. Wenn die Vorderteile so lang sind wie das Rückenteil, die Schultern im Maschenstich zusammennähen und die mittleren Maschen im Nacken stehenlassen.

❹ **Halsauschnitt:** Auf der linken Seite des Halsausschnittes beginnend mit Rundnadel Nr. 3 pro Reihe 1 Masche aufstricken, die restlichen Nackenmaschen vom Rückenteil übernehmen, danach die gleiche Anzahl Maschen auf der rechten Halsausschnittseite aufstricken wie vorher links. Nun in Hin- und Rückreihen 2 cm im Bündchenmuster mit verschränkter rechter Masche stricken. In der Rückreihe wird die rechte Masche normal rechts und die linke Masche links verschränkt gestrickt. Locker abketten.

❺ **Knopfleiste:** Auf beiden Seiten der Spalte auf der Vorderseite mit Nadelspiel Nr. 3 22 (24) 26 (28) Maschen aufnehmen und jede Seite 2 cm im Bündchenmuster stricken wie um den Halsausschnitt. Auf einer Seite werden gleichmäßig verteilt 3 Knopflöcher eingearbeitet (s. Strick-ABC im Anhang S. 186). Die Leisten am unteren Ende überlappend mit dem Pullunder vernähen. Dabei darauf achten, dass die Leiste mit den Knopflöchern zuoberst liegt.

❻ **Ärmelbündchen:** Nun mit dem Nadelspiel Nr. 3 an den Armausschnitten Maschen aufnehmen. Die passende Anzahl erhält man, indem man 3 x hintereinander pro Runde/Reihe 1 Masche aufnimmt, 1 Masche überspringt und durch die nächsten 3 Runden/Reihen Maschen aufnimmt usw. Mit anderen Worten: jede 4. Runde/Reihe 1 Runde/Reihe überspringen. 2 cm Bündchenmuster stricken wie um den Halsausschnitt und abketten.

Zu guter Letzt: Alle Fäden vernähen. Die Knöpfe annähen. Den Pullunder leicht unter einem feuchten Tuch dämpfen.

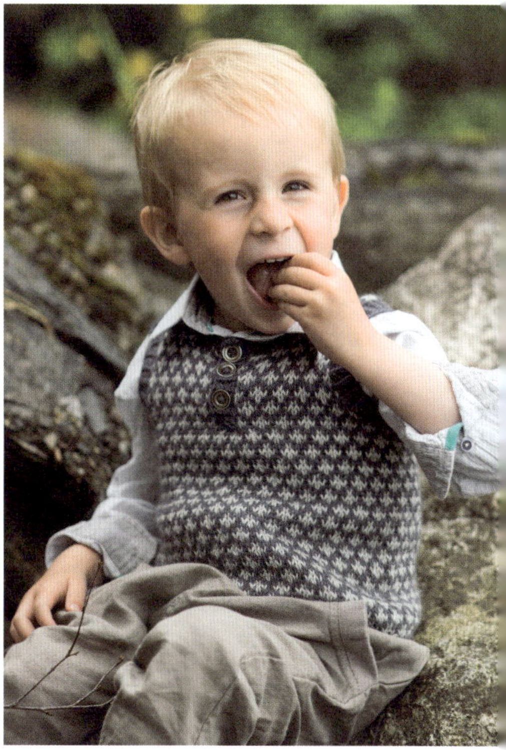

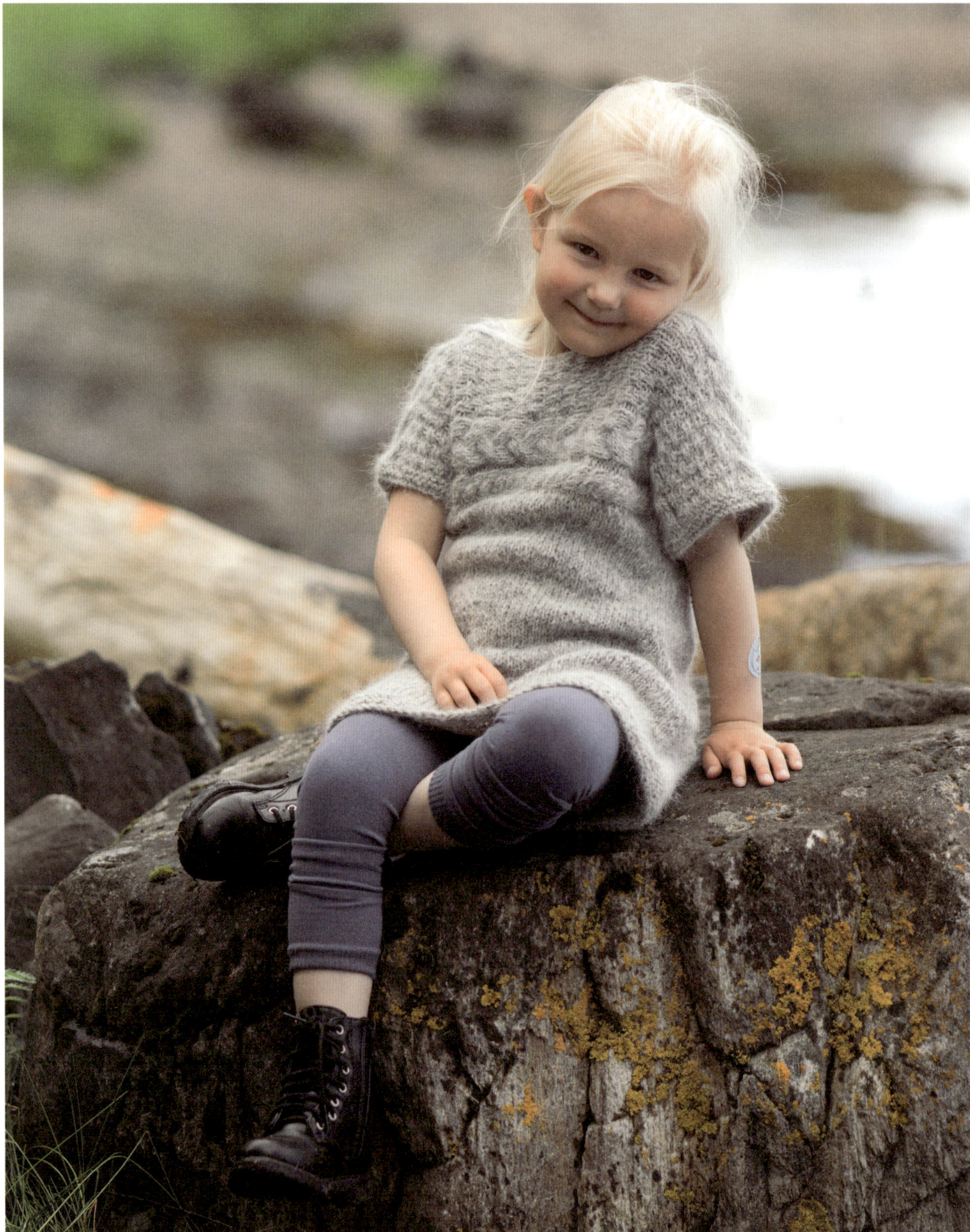

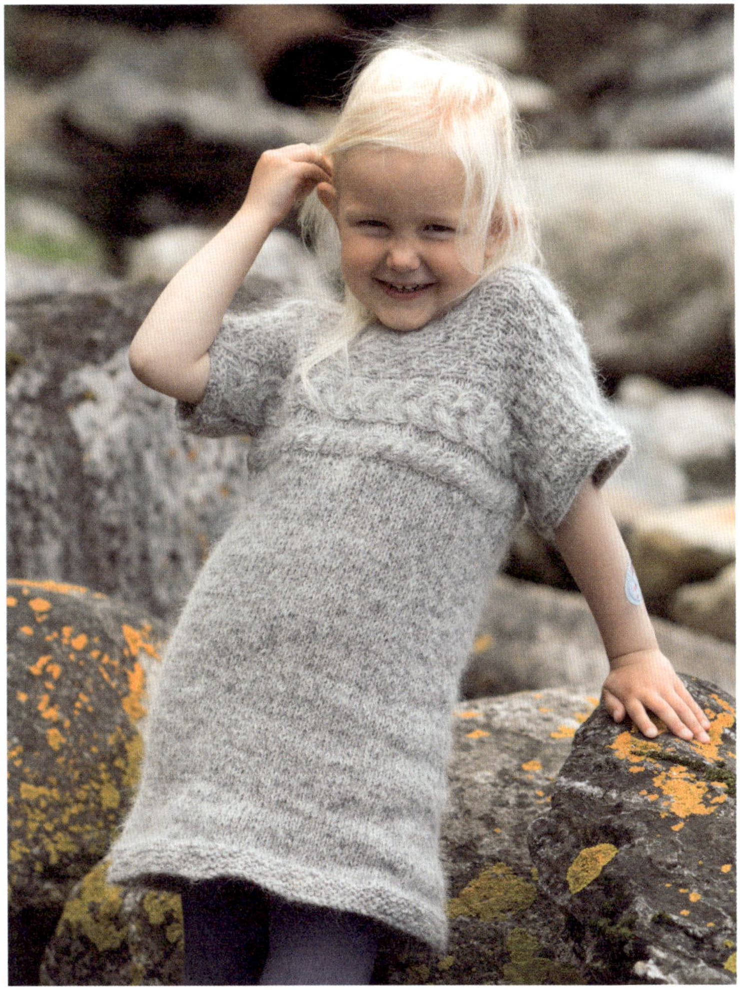

Lieblingskleid

Mit dicken Nadeln und dreifachem Faden gestrickt, ist das Kleid schön luftig und leicht und zudem wunderbar weich. Ein prima Kleidungsstück für den Kindergarten!

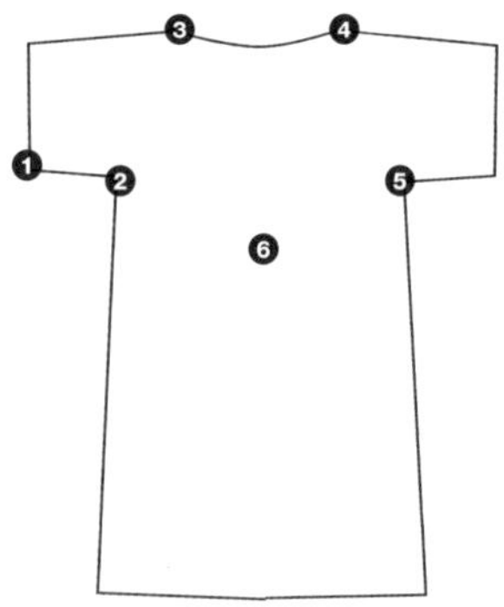

Größen und Maße

Größen: 1 (2) 4 (6) Jahre
Länge: 42 (47) 52 (67) cm
Brustumfang: 57 (61) 65 (69) cm

Material und Verbrauch

Soul von du store alpakka,
68 % Baby-Alpaka, 32 % Nylon
Air von du store alpakka,
78 % Suri-Alpaka, 22 % Nylon
150 (150) 200 (200) g Soul Grau 203
75 (75) 100 (100) g Air Naturweiß 101

Nadeln und Maschenprobe

Rundstricknadel 60 cm Nr. 5
20 Maschen glatt rechts mit Nadel Nr. 5 mit dreifachem Faden (2 Fäden Soul und 1 Faden Air) = 10 cm

Der Brust-Ärmel-Teil des Kleides wird quer gestrickt, der Rockteil dann von oben nach unten. Begonnen wird an einem Ärmelbündchen und abgekettet am Bündchen des anderen Ärmels. Vorder- und Rückenteil des Kleides sind gleich. Im Brustteil werden 3 unterschiedliche Zöpfe geflochten.

❶ **Oberteil:** 52 (56) 60 (64) Maschen anschlagen und 3 Krausrippen stricken. Danach mit der Mustervorlage der Strickschrift beginnen (mehr zum Stricken von Zöpfen im Strick-ABC im Anhang S. 186). Passen Sie die Größe über die Anzahl der Maschen in Rapport 3 an (= 7 (9) 11 (13) Maschen). Für die beiden kleineren Größen beginnen Sie in der 4. Reihe, für die beiden größeren Größen in der 1. Reihe.
❷ 4 (4) 8 (8) Reihen der Strickschrift stricken, ehe an beiden Seiten 8 Maschen angeschlagen und wie in der Strickschrift angegeben gestrickt werden.
❸ Wenn Sie die Strickschrift so oft wiederholt haben, dass der mittlere Zopf (Rapport 4a) 6 (7) 8 (9) Mal verflochten ist, die mittleren 6 Maschen abketten und Vorder- und Rückenteil getrennt 28 (32) 36 (40) Reihen weiter nach Strickschrift stricken.
❹ Jetzt müssen für die andere Seite der Halsöffnung wieder 6 Maschen aufgenommen und Vorder- und Rückenteil wieder zusammengestrickt werden. Den ersten Zopf in Rapport 4 in der 2. Reihe nach dem Halsausschnitt beginnen, wie in der Strickschrift angegeben. Bis auf den Rapport 4, in dem der Zopf in die entgegengesetzte Richtung gestrickt wird, wie in der Strickschrift in Rapport 4b zu sehen, werden alle übrigen Rapporte wie gehabt weitergestrickt.
❺ Wenn das Oberteil nach der Halsöffnung genauso lang ist wie vor der Halsöffnung, auf beiden Seiten je 8 Maschen für die Ärmel abketten. Danach noch 4 (4) 8 (8) Reihen stricken vor den 3 abschließenden Krausrippen. Abketten.

Strickschrift

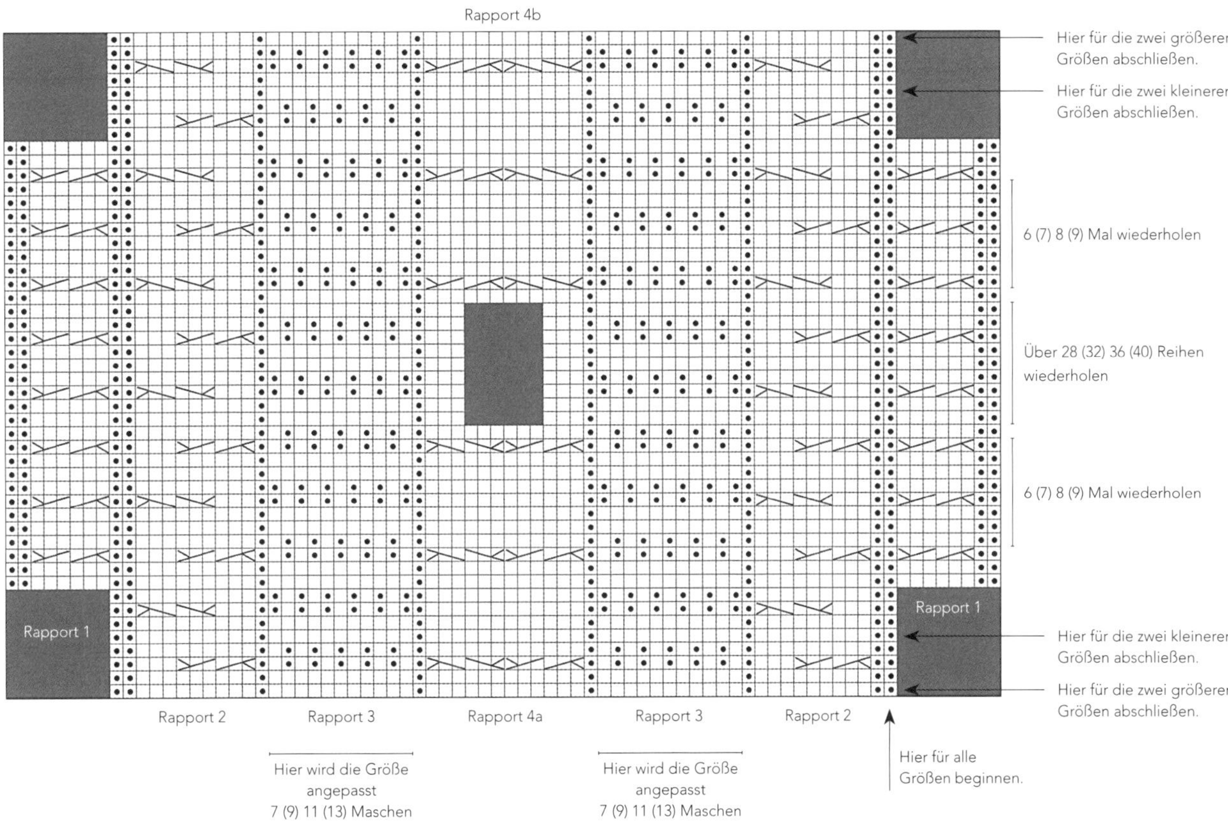

■ keine Maschen
□ rechts in der Hin-, links in der Rückreihe
⊡ links in der Hin-, rechts in der Rückreihe

6 Maschen nach links gedrehter Zopf
3 Maschen auf einer Hilfsnadel vor die Arbeit legen.
Die 3 folgenden Maschen rechts stricken, dann die 3 Maschen von der Hilfsnadel anschließen.

6 Maschen nach rechts gedrehter Zopf
3 Maschen auf einer Hilfsnadel hinter die Arbeit legen.
Die 3 folgenden Maschen rechts stricken, dann die 3 Maschen von der Hilfsnadel rechts anschließen.

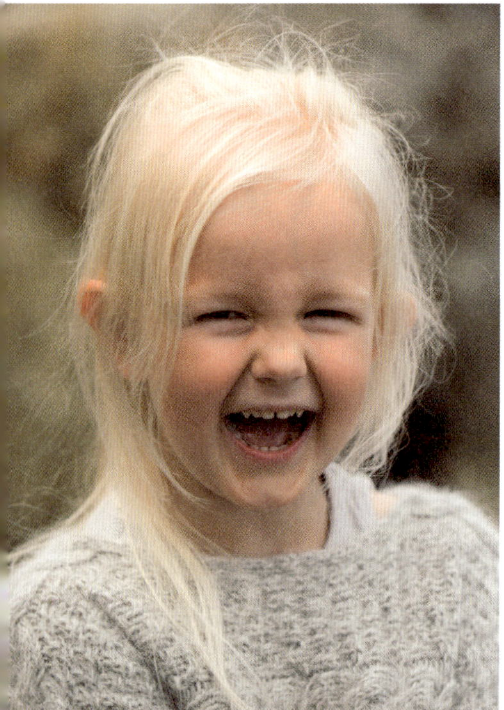

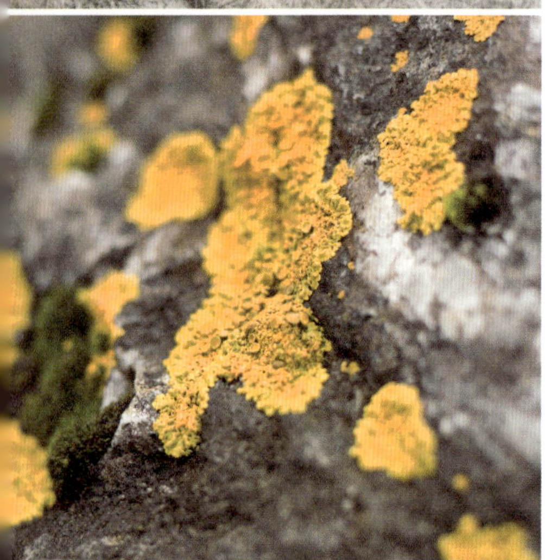

❻ **Rockteil:** Das Oberteil wird längs gefaltet (mit der Außenseite innen). Die Ärmelunterseiten zusammennähen. Nun das Oberteil wenden, sodass die Außenseite außen ist und 90 (100) 110 (120) Maschen entlang des unteren Randes aufnehmen. An den Seiten unter den Armen Markierungen setzen und glatt rechts rundstricken. Dabei alle 5 cm an beiden Seiten je 2 Maschen zunehmen (1 Masche vor und 1 Masche hinter der Markierung). Glatt rechts weiterstricken, bis zu der angegebenen Gesamtlänge des Kleides noch 3 cm fehlen, mit 5 Krausrippen abschließen und locker abketten. Alle Fäden vernähen.

Mütze, Schal und Stulpen

Kraus rechts gestricktes Set für selbstbewusste Mädchen.

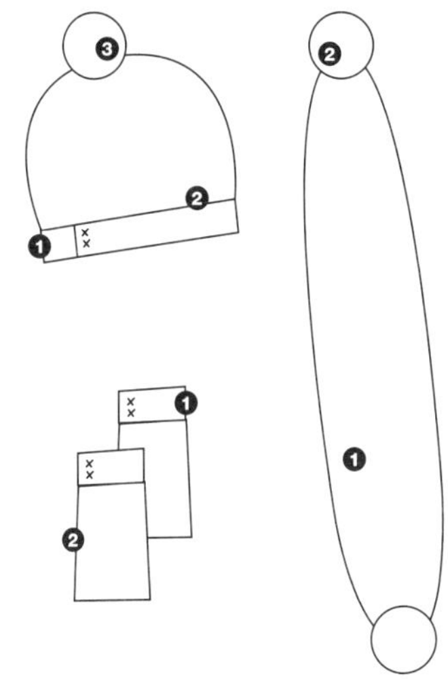

Mütze

❶ Rand: Mit Nadelstärke 4 und doppeltem Faden in Sand 12 Maschen anschlagen und Bündchenmuster 1 rechts, 1 links stricken, bis die Borte 40 (42) 44 (46) cm misst. Abketten.

❷ Mütze: An einer Längsseite der Randborte mit doppeltem Faden Braunlila 72 (76) 80 (84) Maschen aufnehmen, dabei die letzten 1,5 cm des einen Endes der Borte stehen lassen. Das wird anschließend über das andere Ende gelegt und mit ein paar Stichen braunlila Garn zusammengenäht. 12 (14) 15 (16) cm Krausrippen hin und her stricken. Für die Maschenabnahme zur Spitze hin 1 ganze Reihe immer 2 Maschen zusammenstricken und abschließend den Faden durch die übrigen Maschen ziehen. Den Faden gründlich vernähen und eine Bommel machen.

❸ Pompon: Zwei gleich große Pappringe ausschneiden, der äußere Kreis sollte ca. 7 cm Durchmesser haben (wie ein Milchglas ungefähr), der innere Kreis etwa 2 cm (s. Strick-ABC im Anhang S. 186). Die Ringe übereinanderlegen. Einen Faden in eine Wollnadel einfädeln und den Faden so lange um die Ringe winden, bis es in dem inneren Loch eng für die Nadel wird. Einen Schenkel einer spitzen Schere zwischen die zwei Pappringe schieben und die Fadenschlaufen entlang des äußeren Kreisrandes aufschneiden. Einen doppelten Faden zwischen die Ringe fädeln und straff verknoten. Die Pappringe abziehen und den Pompon an die Mützenspitze nähen.

Zu guter Letzt: Die Mütze mit der Außenseite nach innen falten und an der offenen Seite zusammennähen. Die Mütze wenden, das überstehende Ende der sandfarbenen Borte ca. 1,5 cm über das andere Ende legen und festnähen. Ein paar Kreuzstiche in braunlila als Deko stricken.

Größen und Maße

Größen: 1 (2) 4 (6) Jahre
Mütze Kopfumfang: 41 (42) 44 (46) cm
Schal Gesamtlänge: 85 (90) 95 (100) cm
Stulpen Länge: 18 (20) 22 (24) cm

Material und Verbrauch

Tynn Alpakka von du store alpakka,
100 % Alpaka
Mütze: 100 (100) 100 (100) g
Braunlila Nr. 112
50 (50) 50 (50) g Sand Nr. 161
für die Borten und Pompons
Schal: 100 (100) 100 (100) g
Braunlila Nr. 112
50 (50 (50 (50) g Sand Nr. 161 für Bommel
Stulpen: 100 (100) 100 (100) g
Braunlila Nr. 112
50 (50 (50 (50) g Sand Nr. 161 für Bündchen

Nadeln und Maschenprobe

Nadeln Nr. 4
18 Maschen kraus rechts mit Nadel Nr. 4
mit doppeltem Faden = 10 cm

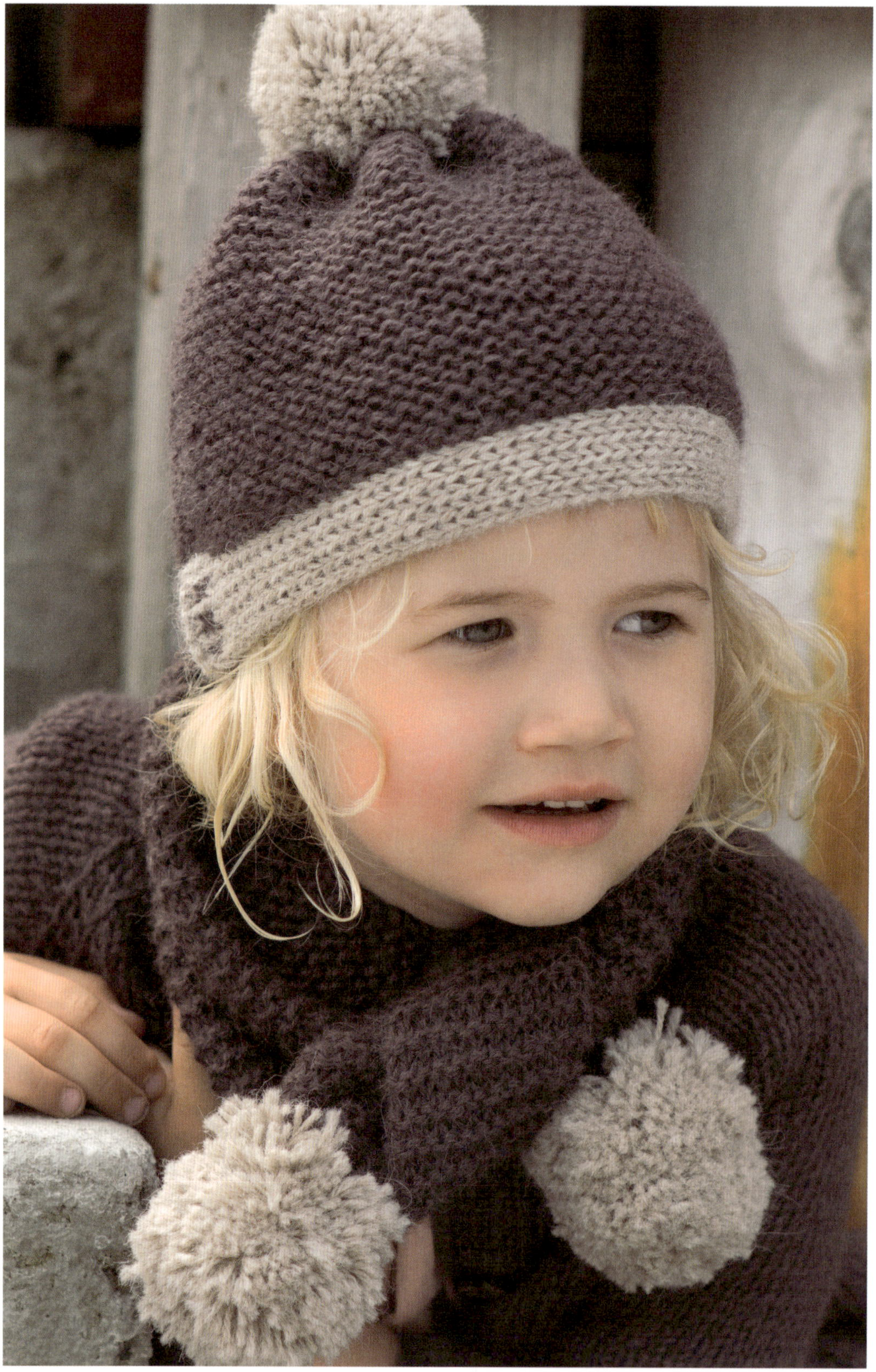

Schal

❶ Mit Nadelstärke 4 und doppeltem Faden Braunlila 25-30 Maschen anschlagen und Krausrippen stricken, bis der Schal 85-100 cm lang ist. Abketten.

❷ Zwei Pompons fertigen und an je einem Ende des Schals festnähen. Dabei die Enden der Pompons gut zusammenschnüren.

Stulpen

❶ **Oberes Bündchen:** Mit Nadelstärke 4 und doppeltem Faden Sand 12 Maschen anschlagen und im Bündchenmuster 1 rechts, 1 links stricken, bis die Borte 19 (20) 21 (22) cm misst. Abketten.

❷ An einer Längsseite der Randborte mit doppeltem Faden Braunlila 30 (34) 36 (38) Maschen aufnehmen, dabei die letzten 1,5 cm des einen Endes der Borte stehen lassen. Die werden anschließend über das andere Ende gelegt und mit ein paar Stichen in der gleichen Farbe zusammengenäht.

18 (20) 22 (24) cm Krausrippen hin und her stricken und locker abketten. Die zweite Stulpe genauso wie die erste stricken.

Zu guter Letzt: Die Stulpen mit der Außenseite nach innen falten und an der offenen Seite zusammennähen. Wenden und das überstehende Ende der sandfarbenen Borte ca. 1,5 cm über das andere Ende legen und festnähen. Ein paar Kreuzstiche mit Braunlila als Deko sticken.

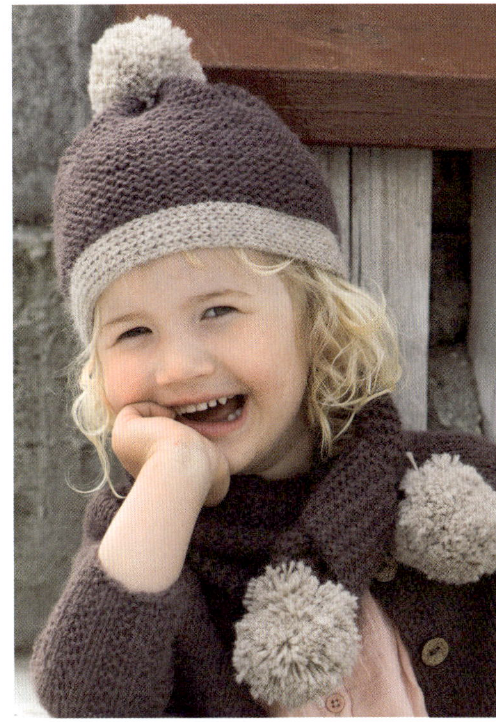

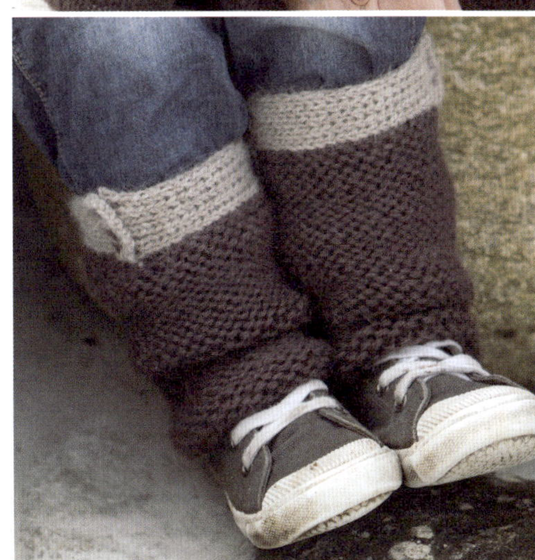

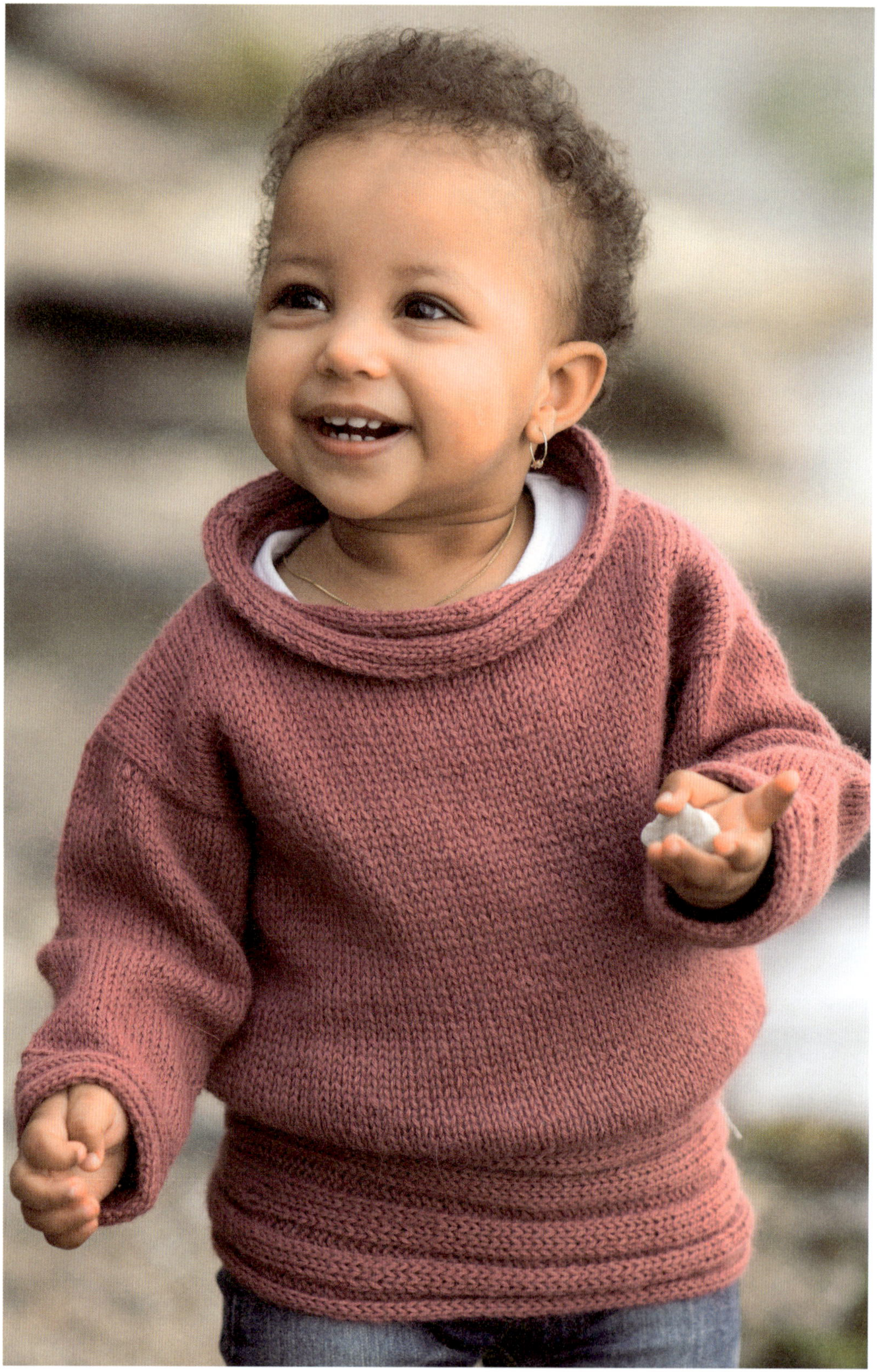

Bezaubernder Pullover

Ein kuschelig warmer Pullover, der fest über dem Po sitzt.
Die Bündchen werden quer vorgestrickt, danach werden die Maschen
für den restlichen Teil aufgenommen.

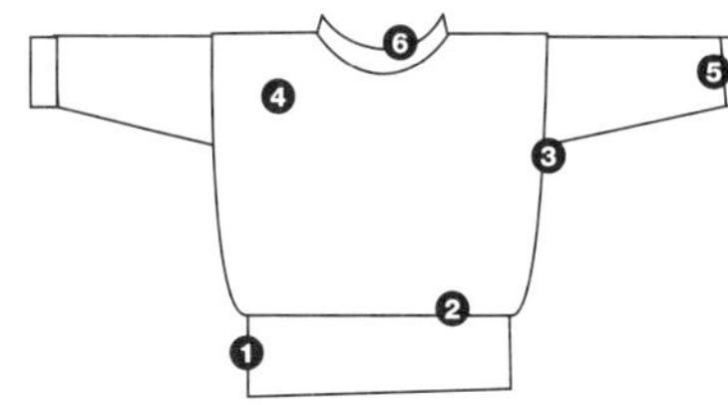

❶ 40 (40) 48 (48) Maschen auf Nadelspiel Nr. 3 anschlagen und 50 (55) 60 (65) cm Bündchen hin und her mit 4 rechten, 4 linken Maschen im Wechsel stricken. Messen Sie in Pohöhe, damit das Bündchen nicht zu stramm sitzt, aber auch nicht runterrutscht. Locker abketten und an den kurzen Enden zu einem Ring zusammennähen.
❷ **Rumpf:** Am Bündchenrand, der mit den linken Maschen abschließt auf der Rundstricknadel Nr. 3,5 124 (140) 156 (172) Maschen aufnehmen und bis zu einer Länge von 26 (30) 33 (36) cm glatt rechts stricken. (Beim Messen das Bündchen nicht strecken.) Die Maschen von der Rundstricknadel gleichmäßig auf zwei Nadeln verteilen (Vorder- und Rückenteil = 62 (70) 78 (86) Maschen).
❸ **Rückenteil:** Weiter glatt rechts stricken, bis das Rückenteil 38 (43) 50 (59) cm lang ist. Die mittleren 32 (34) 38 (40) Maschen abketten. Die restlichen 15 (18) 20 (23) Schultermaschen auf eine Hilfsnadel heben.
❹ **Vorderteil:** Glatt rechts bis 2 cm unter der Gesamtlänge stricken, dann die mittleren 24 (26) 30 (32) Maschen abketten. Die beiden Hälften getrennt bis zur Gesamtlänge weiterstricken (= 38 (43) 50 (59) cm), dabei 4 Mal in jeder 2. Reihe am Halsausschnitt 1 Masche abketten.
Die Schultern im Maschenstich zusammennähen (s. Strick-ABC im Anhang S. 186).
❺ **Ärmel:** 16 Maschen mit Strumpfnadel Nr. 3 anschlagen und hin und her 10 (11) 12 (13) cm Bündchen mit 4 Maschen rechts, 4 Maschen links im Wechsel stricken. Legen Sie das Bündchen zur Probe um den Arm des Kindes, damit es nicht zu stramm oder zu locker wird. Locker abketten und die kurzen Enden zu einem Ring zusammennähen.

Größen und Maße
Größen: 1 (2) 4 (6) Jahre
Brustumfang: 56 (63) 69 (76) cm
Länge: 38 (43) 50 (59) cm
Ärmellänge: 20 (24) 28 (32) cm

Material und Verbrauch
Mirasol von du store alpakka,
100 % Alpaka
200 (250) 300 (350) g
dunkles Altrosa Nr. 2043

Nadeln und Maschenprobe
Rundstricknadeln 60 und 40 cm Nr. 3,5
Nadelspiel Nr. 3 und 3,5
22 Maschen glatt rechts
mit Nadel Nr. 3.5 = 10 cm

Mit Nadelspiel Nr. 3,5 entlang des Bündchenrandes, der mit 2 linken Maschen abschließt, 40 (48) 56 (64) Maschen aufnehmen und glatt rechts rund weiterstricken. Dabei in jeder 6. Runde am Anfang und Ende einer Reihe je 1 Masche zunehmen, bis 54 (60) 74 (88) Maschen auf den Nadeln sind. Ohne weitere Zunahmen weiterstricken, bis der Ärmel 20 (24) 28 (32) cm misst. Locker abketten. Den zweiten Ärmel genauso stricken und beide Ärmel einnähen.

❻ Bündchenkragen Halsausschnitt: 16 Maschen mit Strumpfnadel Nr. 3 anschlagen und hin und her mit 4 Maschen rechts, 4 Maschen links im Wechsel stricken, bis das Bündchen so lang wie der Halsausschnitt weit ist. Locker abketten, an den kurzen Enden zu einem Ring zusammennähen und den Bündchenkragen an den Rand des Halsausschnittes nähen.

Zu guter Letzt: Alle Fäden vernähen und den Pullover leicht unter einem feuchten Tuch dämpfen.

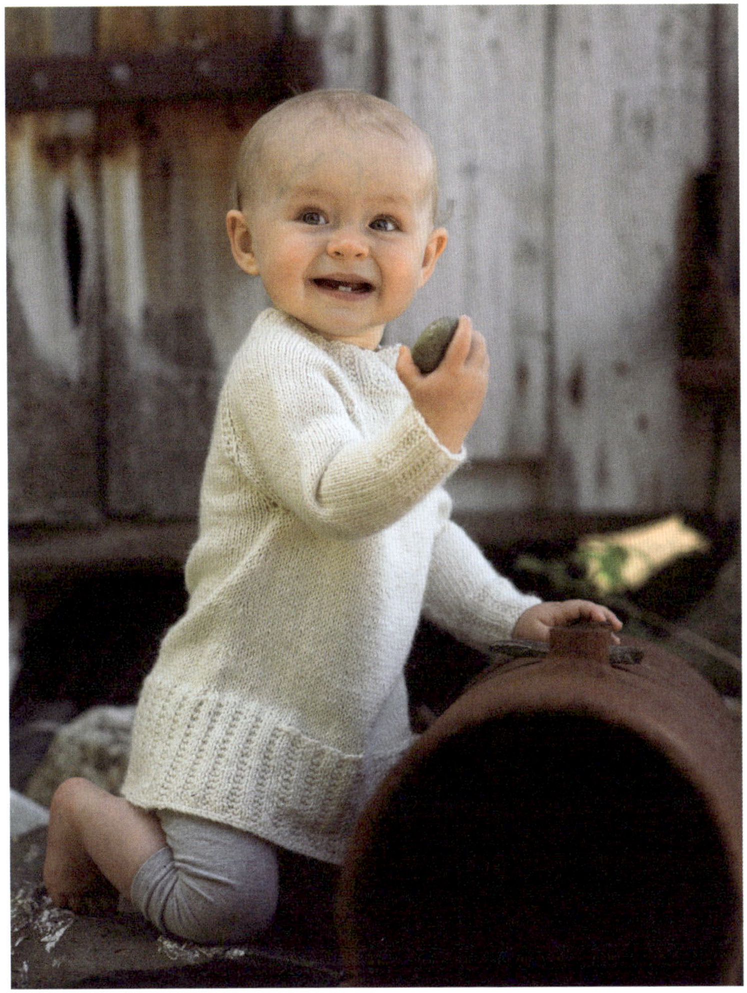

Tunika mit Geheimtaschen

Eine mädchenhafte Tunika mit zwei verborgenen Taschen im breiten Bündchen. Die Tunika wird in Raglanfasson von oben nach unten gearbeitet. So lässt sich die Länge von Ärmeln und Rumpfteil individuell anpassen.

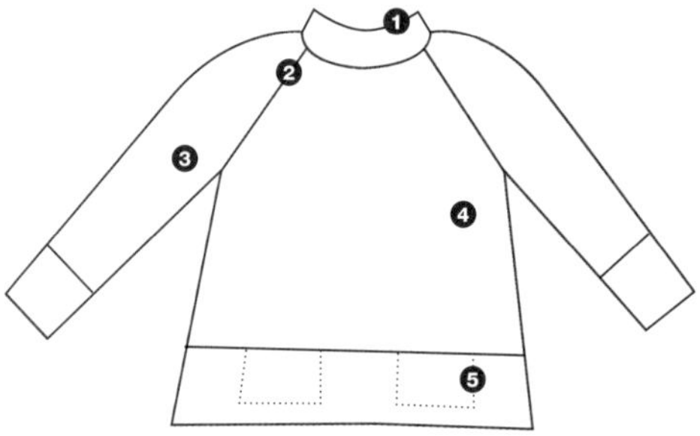

Größen und Maße
Größen: 1 (2) 4 (6) Jahre
Brustumfang: 55 (58) 65 (68) cm
Gesamtlänge: 42 (46) 50 (54) cm
Ärmellänge: 22 (24) 28 (32) cm

Material und Verbrauch
BabySilk von du store alpakka,
20 % Seide, 80 % Baby-Alpaka
150 (200) 300 (350) g Natur Nr. 301

Nadeln und Maschenprobe
Rundstricknadeln 40 und 60 cm
Nr. 3 und 3,5
Nadelspiel Nr. 3 und 3,5
24 Maschen glatt rechts
mit Nadel Nr. 3,5 = 10 cm

Strickschrift

4	3	2	1	
				4
●	●			3
				2
●	●			1

☐ Hinreihe rechts, Rückreihe links

⊡ Hinreihe links, Rückreihe rechts

❶ Für den Halsausschnitt, mit dem begonnen wird, auf der kurzen Rundstricknadel Nr. 3 locker 80 (80) 88 (88) Maschen anschlagen und 4 (4) 5 (5) cm Bündchenmuster nach Strickschrift stricken. Zu Rundnadel Nr. 3,5 wechseln und im Glattstrick weiterarbeiten. Vor dem Weiterstricken noch die Raglanlinien wie folgt markieren:
Die erste Markierung wird zu Beginn der Runde gesetzt, hinter der rechten Schulter. Die letzten 2 linken Maschen der Runde markieren, dann 22 (22) 26 (26) Maschen rechts stricken. Jetzt wieder vor und hinter den 2 linken Maschen eine Markierung setzen (= Rückenteil).
14 Maschen stricken und vor und hinter den folgenden 2 linken Maschen erneut eine Markierung setzen (= linker Ärmel).
22 (22) 26 (26) Maschen und eine Markierung vor und hinter den folgenden 2 linken Maschen setzen (= Vorderteil). Die restlichen 14 Maschen stricken (= rechter Ärmel).
❷ **Raglanzunahme:** In jeder 2. Runde an beiden Seiten der 4 markierten Raglanlinien jeweils 1 Masche zunehmen (8 Maschen pro Runde). Die Masche durch die jeweils unterliegende Masche vor und hinter den 2 linken Maschen zunehmen (s. Strick-ABC im Anhang S. 186). Diese werden in jeder 2. Runde wie beim Bündchenmuster links gestrickt.
Glatt rechts weiterstricken und 20 (22) 24 (26) Mal 8 Maschen zunehmen. Nach ca. 10 Zunahmen zur längeren Rundstricknadel Nr. 3,5 wechseln. Das Strickstück misst nun inklusive Halsbündchen ca. 17 (18) 20 (22) cm und es sollten 240 (256) 280 (296) Maschen auf der Nadel sein.
❸ **Ärmel:** Die 54 (58) 62 (66) Ärmelmaschen zwischen den 2 Raglanlinien auf Nadelspiel Nr. 3,5 (= ein Ärmel) nehmen. Die restlichen Maschen bleiben auf der Rundnadel.
Der Ärmel wird glatt rechts weitergearbeitet. Dabei werden alle 2 cm 7 (9) 9 (11) Mal die erste und letzte Masche einer Runde (auf der Unterseite des Ärmels) abgestrickt (übrig bleiben 40 (40) 44 (44) Maschen). Weiterstricken, bis der Ärmel 14 (16) 20 (24) cm lang ist und den Ärmel mit 8 cm Bündchen und Nadelspiel Nr. 3

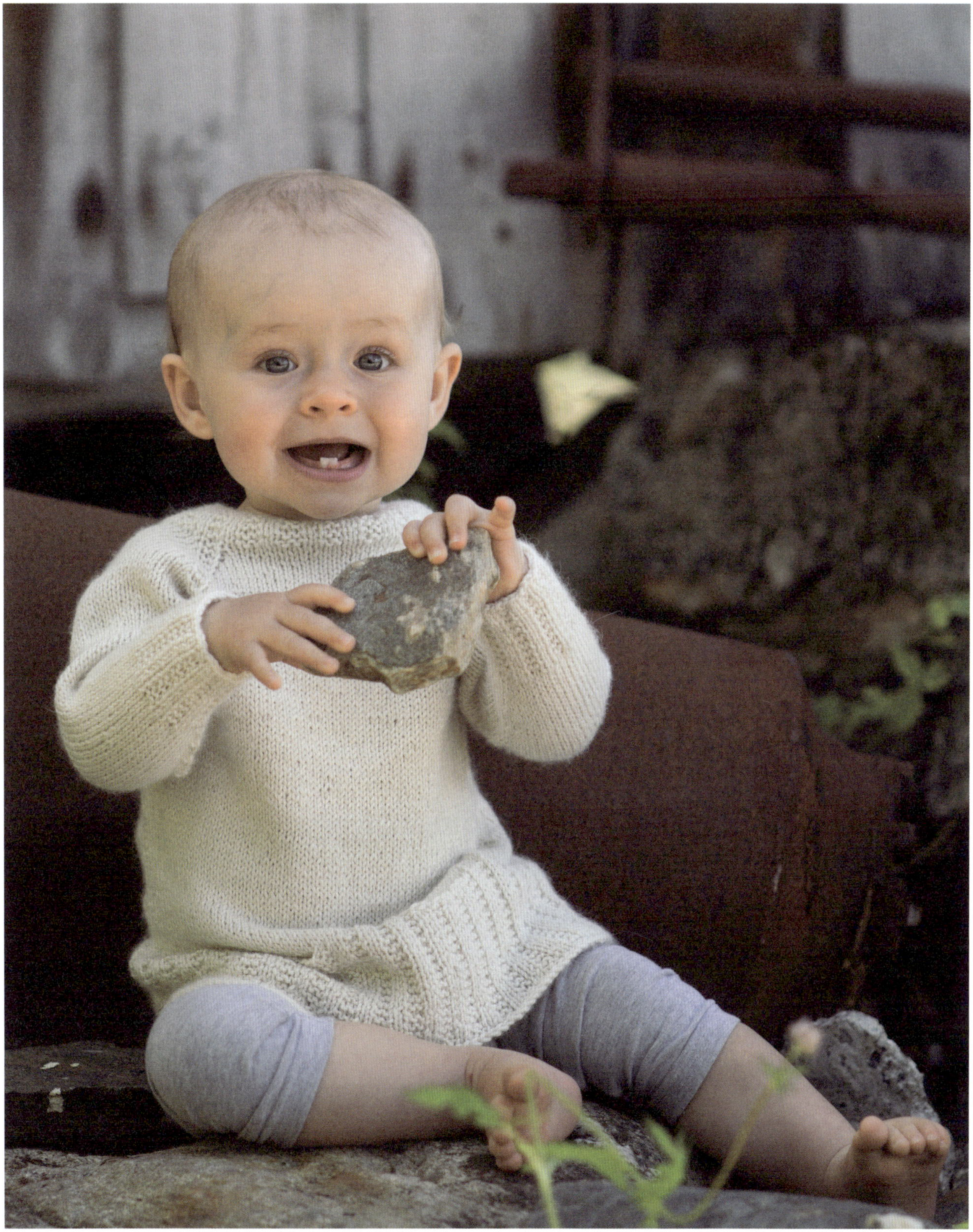

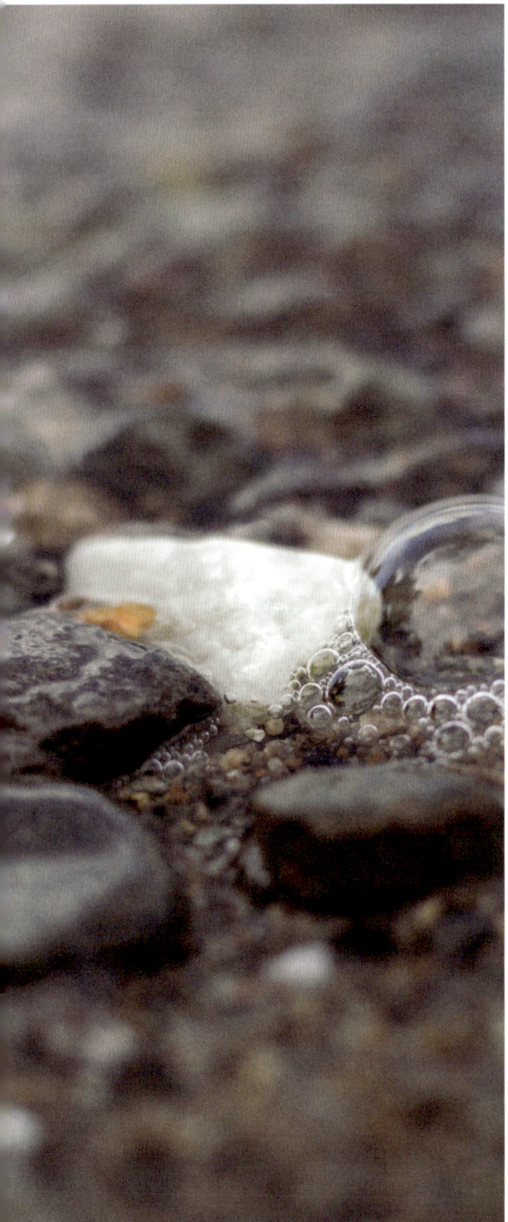

wie in der Strickschrift angegeben abschließen. Der zweite Ärmel wird wie der erste Ärmel gestrickt.

❹ **Rumpf:** Die 132 (140) 156 (164) verbliebenen Maschen auf der Rundnadel glatt rechts weiterstricken und alle 5 cm vor und hinter den seitlichen Markierungen unter den Achseln 4 (5) 6 (7) Mal je 1 Masche zunehmen (= 148 (160) 180 (192) Maschen).

Wenn das Rumpfteil inklusiv Kragenbündchen 32 (36) 40 (44) cm lang ist, zu Rundstricknadel Nr. 3 wechseln und 10 cm Bündchenmuster wie in der Strickschrift angegeben stricken. Dabei die Taschen wie folgt einarbeiten: Bis zur Seitenmarkierung stricken, hinter der die rechte Vorderseite beginnt. 16 Maschen von den Seitenmarkierungen (auf beiden Seiten) auf der Vorderseite 18 (18) 20 (20) Maschen auf eine Hilfsnadel legen und jeweils 18 (18) 20 (20) Maschen aufnehmen und in das Bündchen einarbeiten. Nach 10 cm locker abketten.

❺ **Taschen:** Die stillgelegten 18 (18) 20 (20) Maschen auf Strumpfnadel Nr. 3,5 nehmen, 9 cm glatt rechts hin und her stricken und abketten. Die Taschenlasche so an der Rückseite festnähen, dass die Tasche auf der Vorderseite mehr oder weniger unsichtbar ist.

Zu guter Letzt: Alle Fäden vernähen und mit ein paar Stichen die Löcher unter den Achseln vernähen. Dann die Tunika unter einem feuchten Tuch vorsichtig dämpfen.

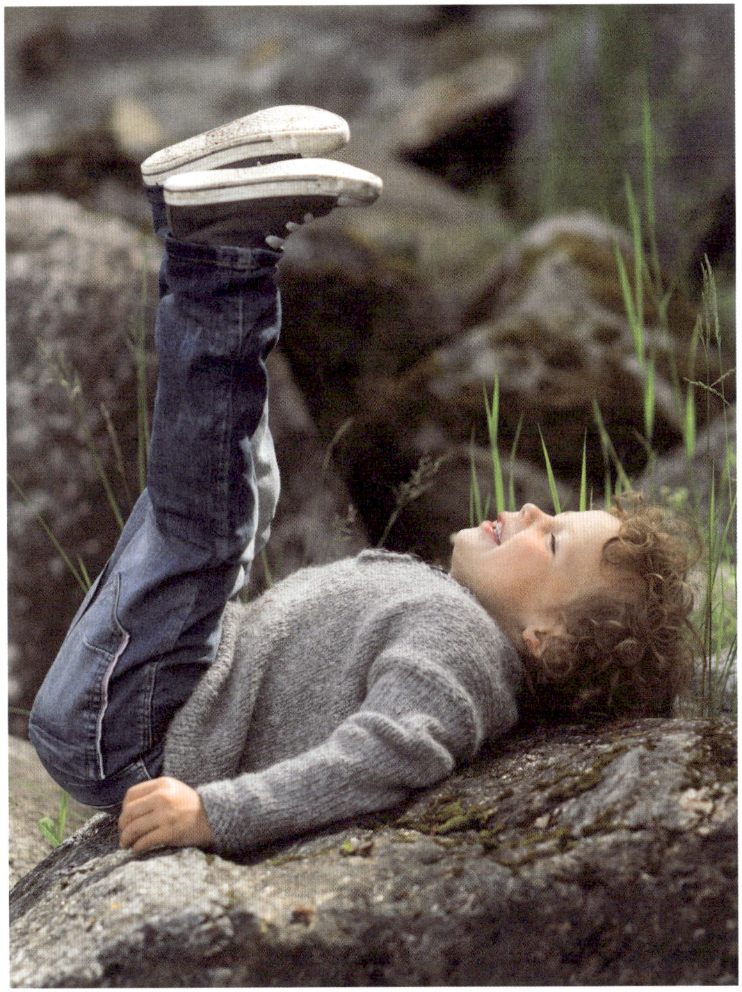

Seemannspullover

Ein gemütlicher und warmer Pullover, ein echtes Lieblingsstück. So gestrickt, dass man am Ende keine Arbeit mit dem zusammennähen hat. Sobald der zweite Ärmel abgekettet ist, ist der Pullover fertig!

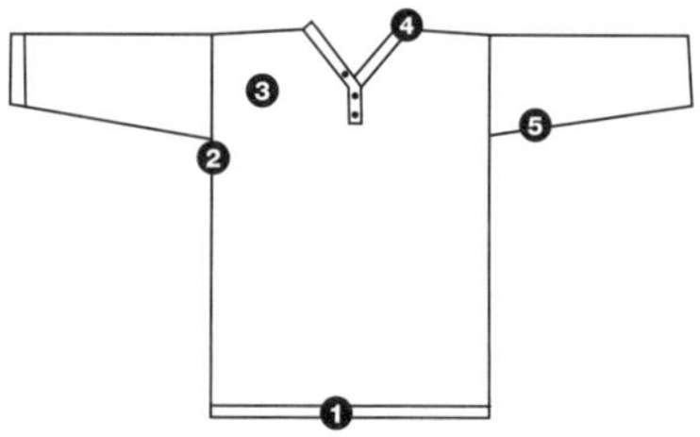

Größen und Maße
Größen: 1 (2) 4 (6) Jahre
Brustumfang: 65 (71) 77 (85) cm
Gesamtlänge: 32 (36) 40 (44) cm
Ärmellänge: 22 (24) 28 (32) cm

Material und Verbrauch
Hexa von du store alpakka,
100 % Alpaka
200 (200) 250 (300) g
Mittelgrau Nr. 916

Zubehör:
3 Knöpfe, ca. 18 mm Durchmesser

Nadeln und Maschenprobe
Rundstricknadel 60 cm Nr. 6 und Nr. 5,5 für die Ränder, Nadelspiel Nr. 6 und Nr. 5,5 für die Ränder
14 Maschen glatt rechts
mit Nadel Nr. 6 = 10 cm

Der Seemannspullover ist mit dicken Nadeln flott gestrickt.

❶ **Rumpf:** 92 (100) 108 (120) Maschen auf der Rundstricknadel Nr. 5,5 anschlagen und 4 Krausrippen stricken (eine Krausrippe besteht aus einer Runde rechter Maschen und einer Runde linker Maschen). Zur Rundnadel Nr. 6 wechseln und glatt rechts bis 22 (25) 28 (30) cm stricken. Auf beiden Seiten mittig Markierungen setzen, sodass für Vorder- und Rückenteil noch jeweils 46 (50) 54 (60) Maschen auf der Nadel sind.
❷ **Rückenteil:** Ab hier glatt rechts in Hin- und Rückreihen weiter bis zu einer Länge von 32 (36) 40 (44) cm arbeiten. Die Arbeit stilllegen, während das Vorderteil gestrickt wird.
❸ **Vorderteil in zwei Hälften:** 21 (23) 25 (28) Maschen stricken, 4 Maschen abketten, 21 (23) 25 (28) Maschen stricken. Rechte und linke Hälfte werden nacheinander gestrickt.
4 (4) 5 (5) cm glatt rechts stricken, danach in jeder 2. Reihe 5 (5) 6 (6) Mal 1 Masche am Halsrand abnehmen, bis die Arbeit 32 (36) 40 (44) cm misst. Die Maschen stilllegen. Die andere Seite genauso, nur spiegelbildlich stricken. Vorder- und Rückenteil an den Schultern im Maschenstich zusammennähen und die verbleibenden Maschen im Nacken für die Kragenborte auf der Nadel belassen.
❹ **Kragenleiste:** Mit der Rundnadel Nr. 5,5 rechts unten am Halsausschnitt beginnend ca. 21 (23) 25 (27) Maschen aufnehmen, die Nackenmaschen übernehmen und wieder ca. 21 (23) 25 (27) Maschen an der linken Kante aufnehmen. In Hin- und Rückreihe 2 Krausrippen stricken. Dann am unteren Ende einer der beiden Kragenleisten zwei Knopflöcher einarbeiten (1 Umschlag und 2 Maschen zusammenstricken, in der nächsten Reihe den Umschlag als gewöhnliche Masche stricken). Nach vier Krausrippen abketten. (Abketten in der linken Rückreihe ergibt nach vorne den saubersten Rand.) Das untere Ende der Knopflochleiste über die Knopfleiste legen und den unteren schmalen Rand mit der Kante der 4 abgeketteten Maschen vernähen.

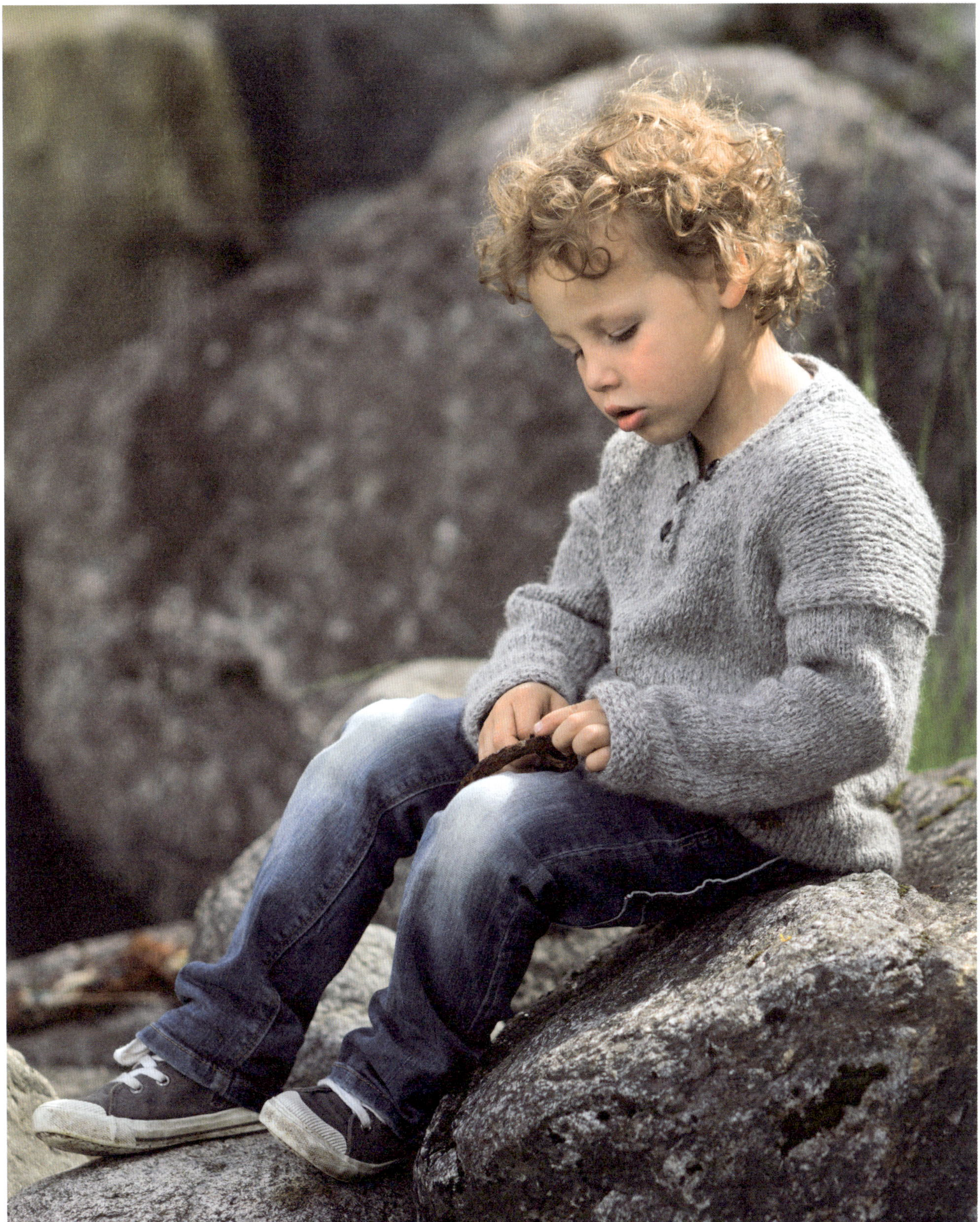

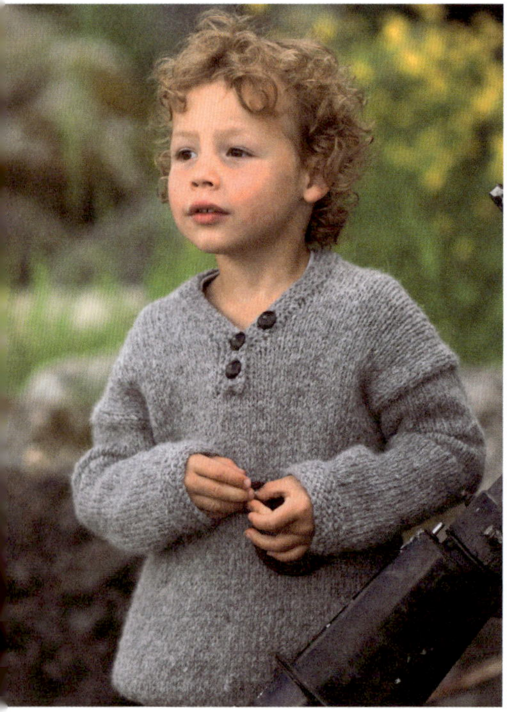

❺ **Ärmel:** Mit Nadelspiel Nr. 6 um den Armausschnitt 32 (36) 40 (44) Maschen aufnehmen und glatt rechts stricken. Alle 2,5 cm 6 (6) 7 (8) Mal am Anfang und Ende der Runde (Ärmelunterseite) je 1 Masche abnehmen. Bei 20 (22) 26 (30) cm Ärmellänge zu Nadelspiel Nr. 5,5 wechseln, 5 Krausrippen stricken und in einer linken Reihe abketten.

Zu guter Letzt: Die Knöpfe annähen, dabei gerne etwas höher an der Knopfleiste einen dritten Zierknopf anbringen. Sobald die Fäden vernäht sind, kann der Pullover zum Einsatz kommen! Strickarbeiten aus der Wolle Hexa bitte nicht dämpfen, sie verliert sonst ihre lockere Textur.

Granny-Square-Decke

Eine Kuscheldecke, wie von Oma gehäkelt und zugleich ein hervorragendes Einstiegsprojekt für Häkelunerfahrene. Nach dieser kleinen Flickendecke schafft man alle Häkelhürden ...

Diese Decke ist in fünf Farben gehäkelt (man kann sie aber natürlich auch einfarbig arbeiten). Von vier Farben je 5 Quadrate häkeln, von einer Farbe nur 4 Quadrate.

Die Quadrate werden von der Mitte her gearbeitet. Dafür 4 Luftmaschen anschlagen und mit 1 Kettmasche in der 1. Luftmasche zu einem Ring schließen.

1. Runde: 3 Luftmaschen, 2 durch den Ring gehäkelte Stäbchen, 3 Luftmaschen, * 3 Stäbchen in den Ring, 3 Luftmaschen, ab * 2 Mal wiederholen. Die Runde mit 1 Kettmasche in der oberen der 3 Luftmaschen zu Beginn der Runde schließen.

2. Runde: Mit 3 Luftmaschen beginnen, dann 2 Stäbchen in die erste Ecke (Start der Runde in der Mitte der Ecke). Weiter geht es mit * 1 Luftmasche (3 Stäbchen, 3 Luftmaschen, 3 Stäbchen) in der nächsten Ecke. Ab * in den nächsten zwei Ecken wiederholen. Mit 1 Luftmasche, 3 Stäbchen in der letzten Ecke die Runde beenden und mit 3 Luftmaschen und 1 Kettmasche in der oberen der 3 Luftmaschen des Rundenanfangs schließen.

3. Runde: Beginnt wie die 2. Runde mit 3 Luftmaschen und 2 Stäbchen in der ersten Ecke. Weiter geht es mit * 1 Luftmasche, 3 Stäbchen in den Luftmaschenbogen der ersten Seite, 1 Luftmasche (3 Stäbchen, 3 Luftmaschen, 3 Stäbchen) in der nächsten Ecke. Ab * 2 Mal wiederholen. Die Runde mit 1 Luftmasche, 3 Stäbchen im Luftmaschenbogen, 1 Luftmasche, 3 Stäbchen in der Ecke, 3 Luftmaschen und 1 Kettmasche in der oberen Luftmasche des Rundenanfangs abschließen.

Maße

Die Quadrate sind ca. 11 x 11 cm groß. Die Decke setzt sich aus 4 x 6 Quadraten zusammen = 24 und misst fertig zusammengesetzt ca. 66 x 44 cm.

Material und Verbrauch

BabySilk von du store alpakka,
20 % Seide, 80 % Baby-Alpaka
50 g von jeder Farbe: Natur Nr. 301,
Sand Nr. 324, Braun Nr. 332,
Hellgrau Nr. 323, Graublau Nr. 333

Häkelnadel Nr. 4

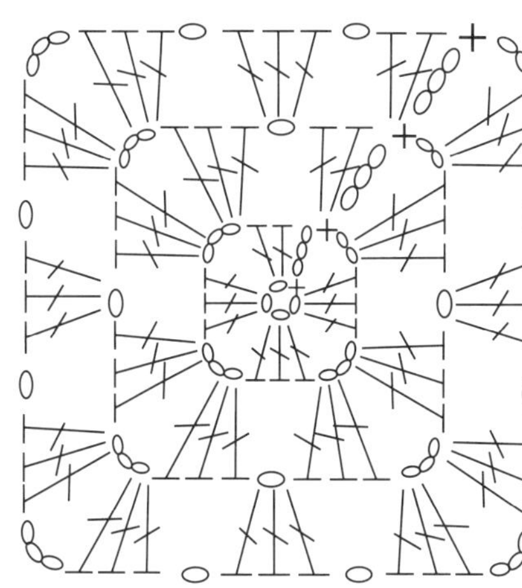

⬭ Luftmasche
+ Kettmasche
Ŧ Stäbchen

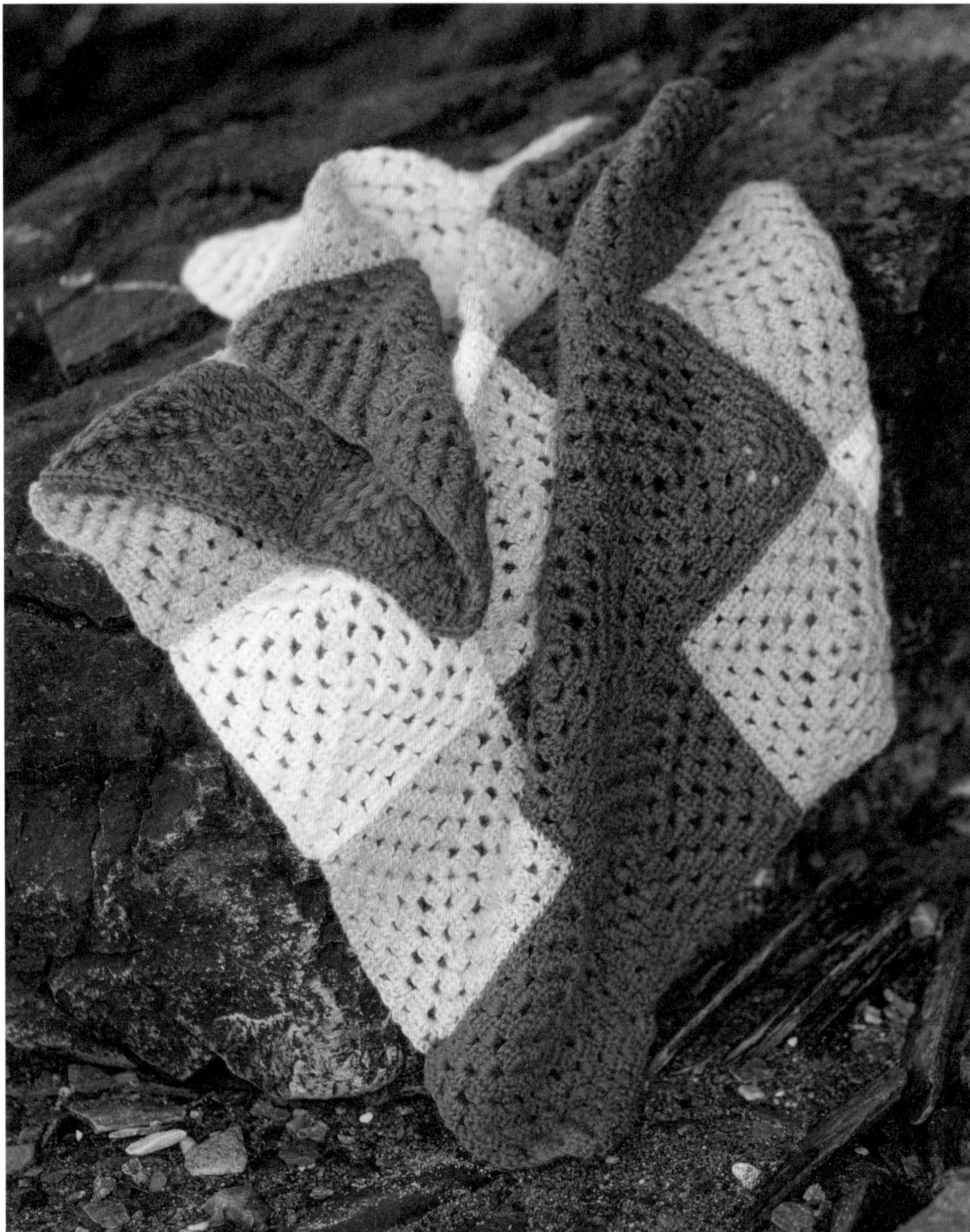

So wird bis zur 6. Runde weitergearbeitet. Dabei kommt in jeder Runde an den vier Seiten eine Stäbchendreiergruppe dazu. Wenn das Quadrat fertig ist, die Fäden so lang abschneiden, dass sie später zum Zusammennähen der Quadrate reichen.

Zu guter Letzt: Wenn alle Quadrate fertig sind, werden sie Rand an Rand zusammengelegt und mit einem Faden in der Farbe eines der beiden Quadrate zusammengenäht. Alle losen Fadenenden vernähen und die Decke vorsichtig unter einem feuchten Tuch dämpfen.

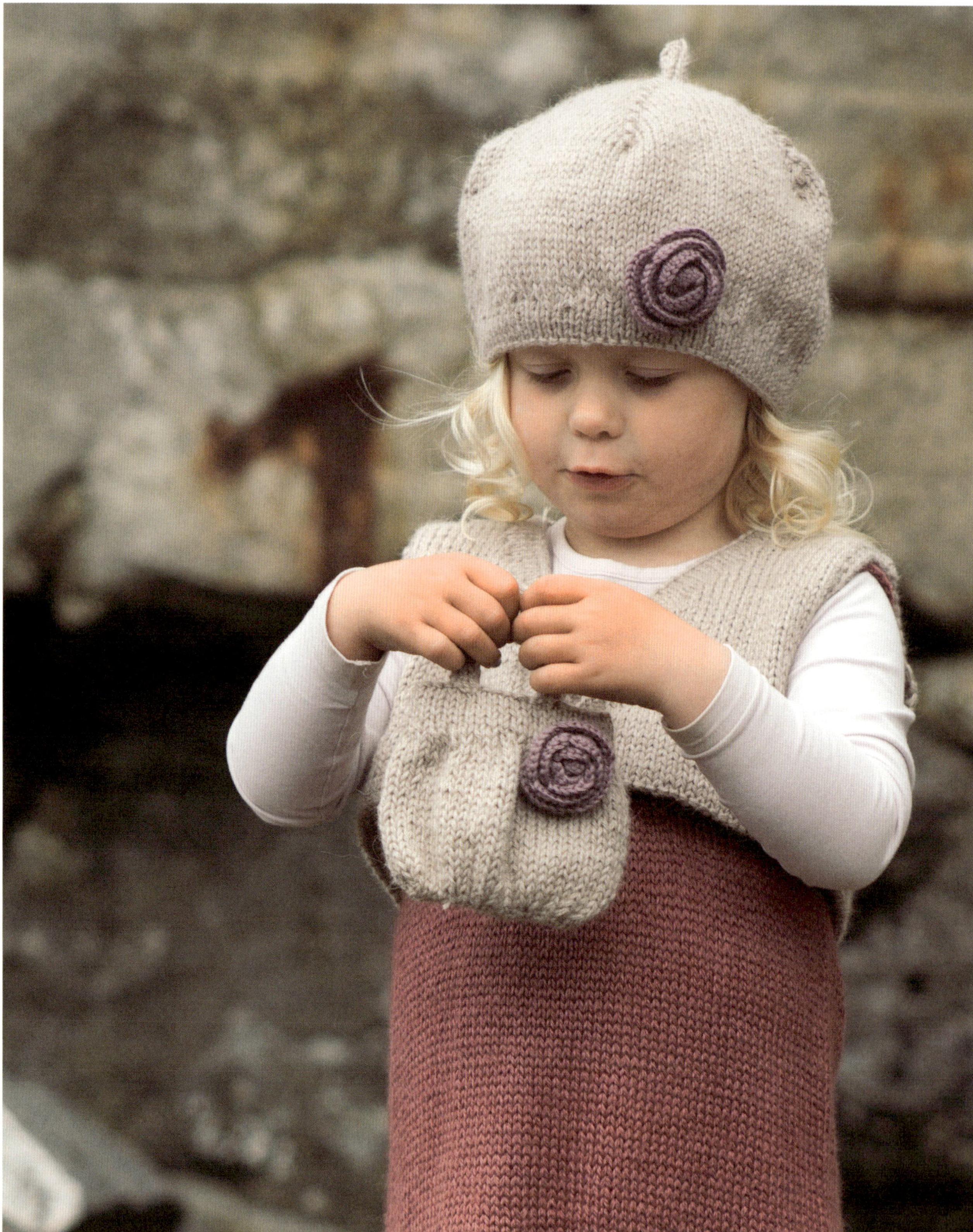

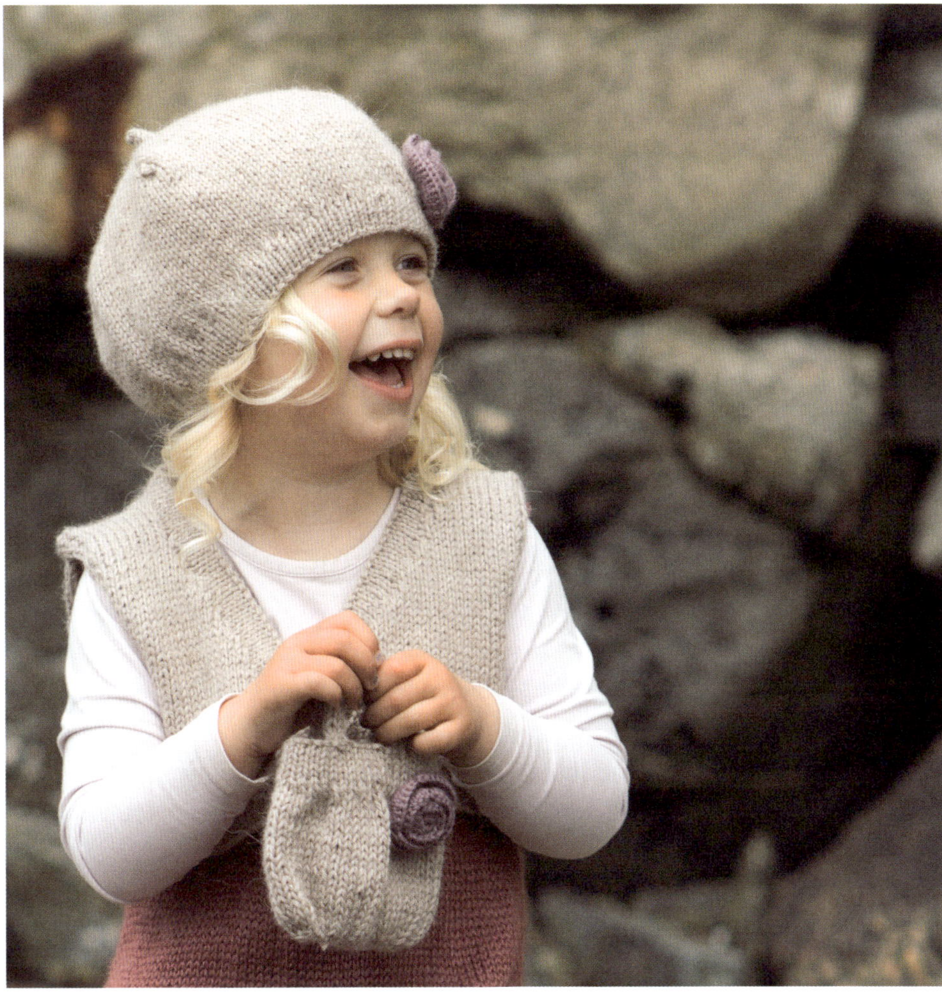

Baskenmütze und Tasche mit Blüte

Eine süße Baskenmütze für Mädchen. Mit einer Häkelblüte dekoriert und in Kombination mit einer passenden Häkeltasche ein absoluter Hit.

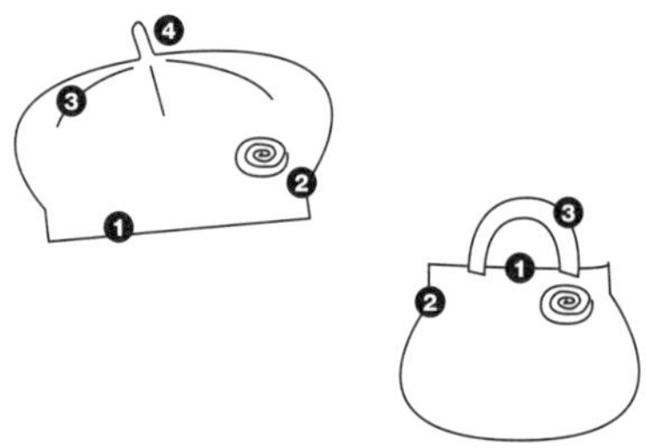

Größe und Maße
Mütze
Größen: 1 (2) 4 (6) Jahre
Kopfumfang: 47 (49) 51 (53) cm
Tasche
ca. 10 x 15 cm ohne Henkel

Material und Verbrauch
BabySilk von du store alpakka,
20 % Seide, 80 % Baby-Alpaka
Mütze: 100 (100) 100 (100) g Sand Nr. 324
50 (50) 50 (50) g Lavendel Nr. 343
für die Blüte
Tasche: 50 g Sand Nr. 324, 50 g Lavendel
Nr. 343 für die Blüte

Nadeln und Maschenprobe
Rundstricknadeln 40 cm Nr. 4 und 5
Nadelspiel Nr. 4 und 5
Häkelnadel Nr. 3
20 Maschen glatt rechts auf Nadel Nr. 5
mit doppeltem Faden = 10 cm breit

Baskenmütze mit Blüte

Die Mütze wird rund auf der Rundstricknadel gestrickt.

❶ **Rand:** Auf der Rundstricknadel Nr. 4 mit doppeltem Faden 65 (70) 75 (80) Maschen anschlagen und 2 cm glatt rechts stricken. Nun für die Faltkante 1 Runde linke Maschen stricken, danach wieder 2 cm glatt rechts.

❷ Zur Rundstricknadel Nr. 5 wechseln und gleichmäßig über die Runde verteilt 25 (30) 35 (40) Maschen zunehmen (= 90 (100) 110 (120) Maschen).

Glatt rechts weiterstricken, bis die Arbeit 9 (10) 11 (12) cm von der Faltkante misst. Danach an 5 Stellen jede 18. (20.) 22. (24.) Masche mit einem Faden markieren.

❸ **Abnehmen:** Ab jetzt in jeder 2. Runde an jeder Markierung 3 Maschen wie folgt zusammenstricken: bis zur Masche vor der Markierung stricken, 1 Masche ungestrickt abnehmen, die nächsten 2 Maschen zusammenstricken und die ungestrickte Masche über die zusammengestrickten Maschen ziehen. In jeder Abnahmerunde sind das 10 Maschen weniger. Wenn die Rundnadel zu lang wird, zu Nadelspiel Nr. 5 wechseln. Weiterstricken, bis noch 10 Maschen übrig sind und immer 2 Maschen zu einer zusammenstricken.

❹ **Spitze:** Die 5 restlichen Maschen rechts weiterstricken, und das immer nur von rechts (s. Strick-ABC im Anhang, «Strickband»). Den Faden hinter der Arbeit rechts zum Anfang der Nadel ziehen, die Maschen wieder ans rechte Nadelende schieben, ohne die Arbeit zu drehen. Die erste Masche gut stramm stricken und so fortfahren, bis der «Wollschnurschlauch» 2,5 cm lang ist.

Nach dem Abketten den Faden in dem Schnurschlauch vernähen.

Zu guter Letzt: Den unteren Rand an der Krausreihe nach innen falten und an der Innenseite der Mütze festnähen. Nicht zu stramm nähen, sonst verliert das Bündchen seine Elastizität und wird womöglich zu eng.

Tasche mit Blüte

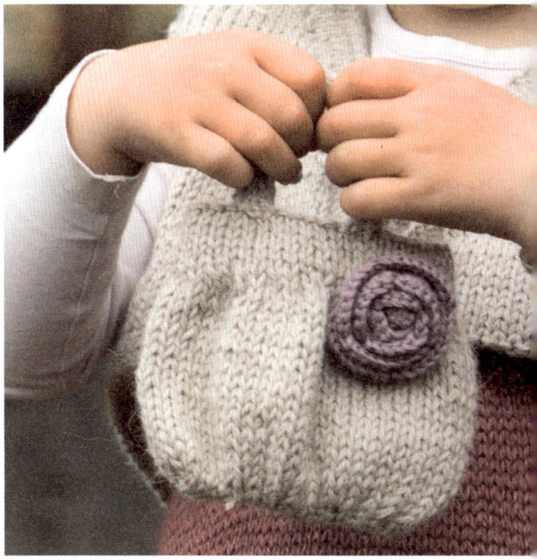

❶ Die Tasche wird von oben nach unten gestrickt.
Mit doppeltem Faden und Nadelspiel Nr. 4 40 Maschen anschlagen und 2 cm glatt rechts stricken. Nun für die Faltkante 1 Runde linke Maschen stricken, danach wieder 2 cm glatt rechts.
❷ Zu Rundstricknadel Nr. 5 wechseln und gleichmäßig verteilt in der Runde 20 Maschen (= 60 Maschen) zunehmen. Glatt rechts bis 10 cm Länge weiterstricken und eine Runde immer 2 Maschen zu einer zusammenstricken. Den Boden mit Maschenstich zusammennähen oder abketten und die offenen Seiten zusammennähen.
❸ **Henkel:** 5 Maschen mit doppeltem Faden auf Nadelspiel Nr. 4 anschlagen und rechts stricken. Den Faden hinter der Arbeit rechts zum Anfang der Nadel ziehen, die Maschen wieder ans rechte Nadelende schieben, ohne die Arbeit zu drehen. Die erste Masche gut stramm stricken und so fortfahren, bis der Henkel 11 cm lang ist. Abketten. Einen zweiten Henkel nach dem gleichen Muster stricken.
Zu guter Letzt: Den oberen Rand an der Krausreihe nach innen klappen und an der Innenseite festnähen. Dann die Henkel und als Letztes die Häkelblüte annähen.

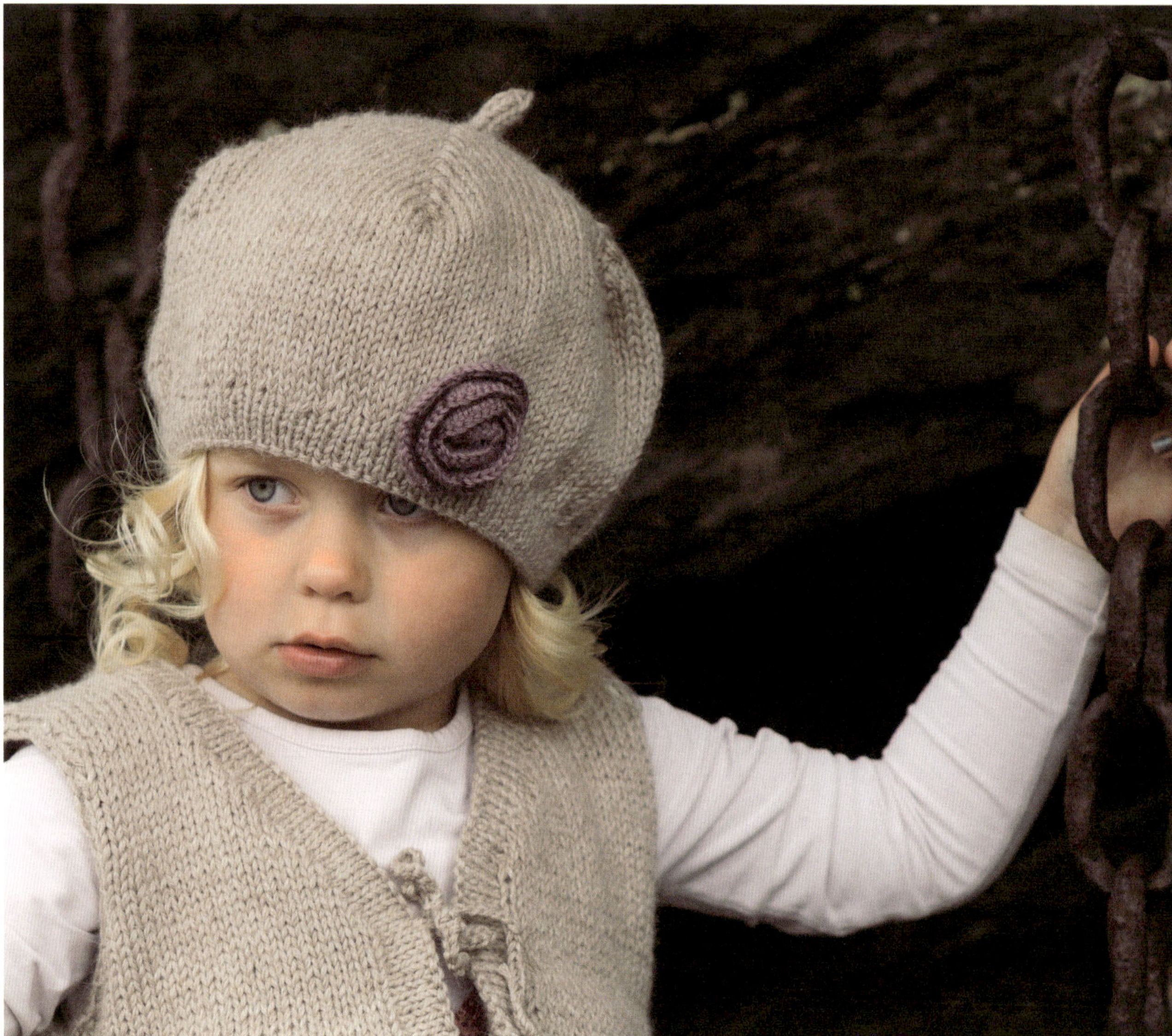

Häkelblüte

50 Luftmaschen anschlagen.
1. Reihe: Die Nadel in die 3. Luftmasche vor der Nadel stechen und 4 halbe Stäbchen häkeln, 2 Stäbchen in die nächste Luftmasche, 2 Stäbchen in je 1 Luftmasche, 2 Stäbchen in 1 Luftmasche, * 1 Stäbchen, 2 Stäbchen in 1 Luftmasche, ab * bis zum Ende der Reihe wiederholen.
2. Reihe: 3 Luftmaschen (= 1. Stäbchen), 2 Stäbchen in das unterliegende Stäbchen (links von den 2 Stäbchen, die in der gleichen Masche gehäkelt sind). 1 Stäbchen in das unterliegende Stäbchen, * 2 halbe Stäbchen in 1 Stäbchen (rechts von den 2 Stäbchen, die in der gleichen Masche gehäkelt sind), 2 Stäbchen in 1 Stäbchen (links von den 2 Stäbchen, die in der gleichen Masche gehäkelt sind), 2 Stäbchen in 1 Stäbchen, 1 Stäbchen (rechts von den 2 Stäbchen, die in der gleichen Masche gehäkelt sind), 2 Stäbchen in 1 Stäbchen (links von den 2 Stäbchen, die in der gleichen Masche gehäkelt sind), 1 Stäbchen in das unterliegende Stäbchen, 2 halbe Stäbchen in 1 Stäbchen (rechts von den 2 Stäbchen, die in der gleichen Masche gehäkelt sind), 1 Kettmasche (in das Stäbchen links von den 2 Stäbchen, die in der gleichen Masche gehäkelt sind), 2 halbe Stäbchen in das unterliegende Stäbchen, 1 Stäbchen in das unterliegende Stäbchen (rechts von den 2 Stäbchen, die in der gleichen Masche gehäkelt sind). Von * bis zum Ende der Reihe wiederholen.
Zu guter Letzt: Das Häkelband mit dem schmaleren Ende in der Mitte zu einer Rosenblüte aufwickeln, mit ein paar Stichen zusammenheften und an die Mütze nähen.

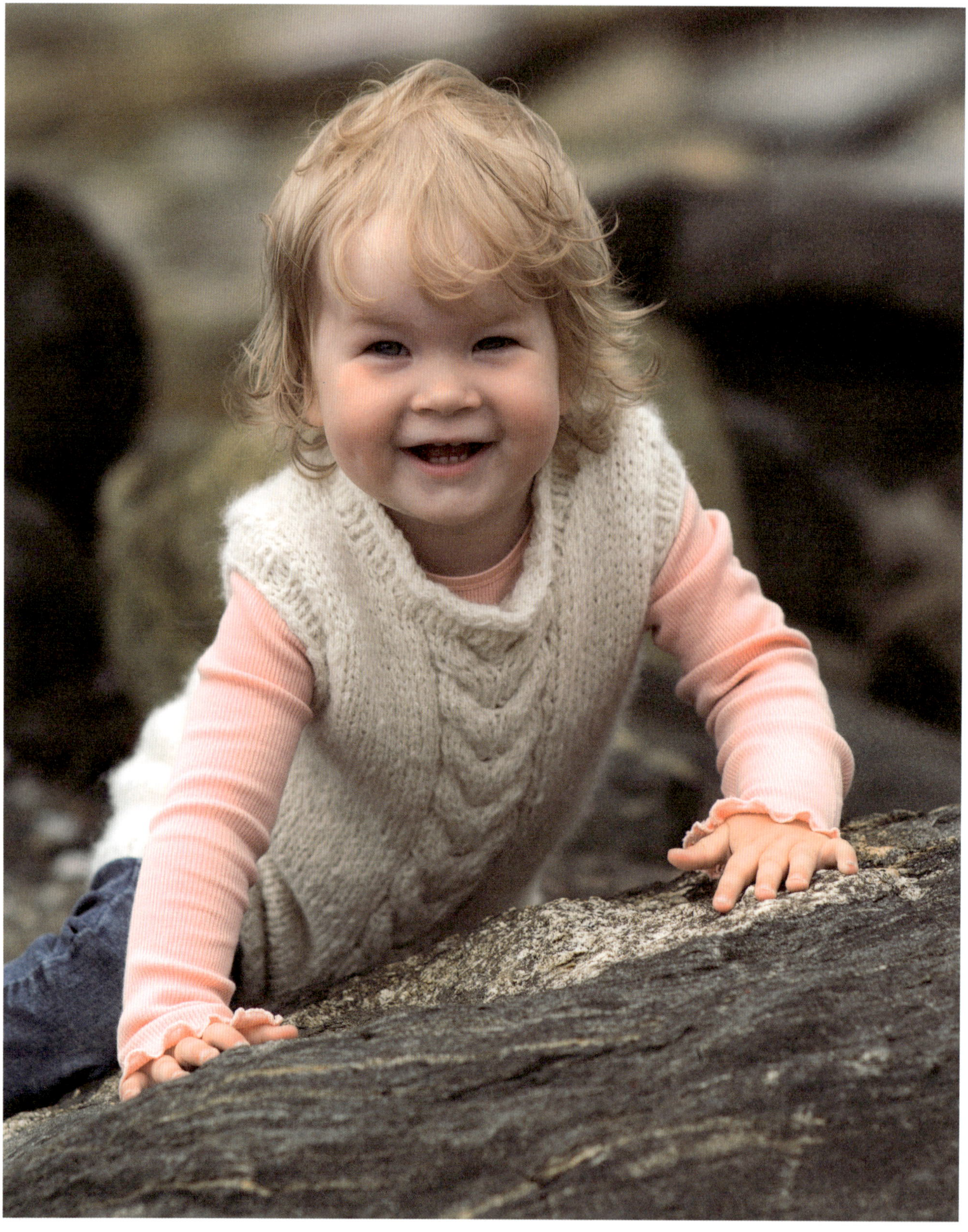

Langer Herbstpullunder

Ein warmer Herbstpullunder mit Hufeisenzopf, der sich in einer kurzen und langen Variante in diesem Buch wiederfindet, dazu ein Paar passende Stulpen.

Der Pullunder wird von unten nach oben gestrickt.

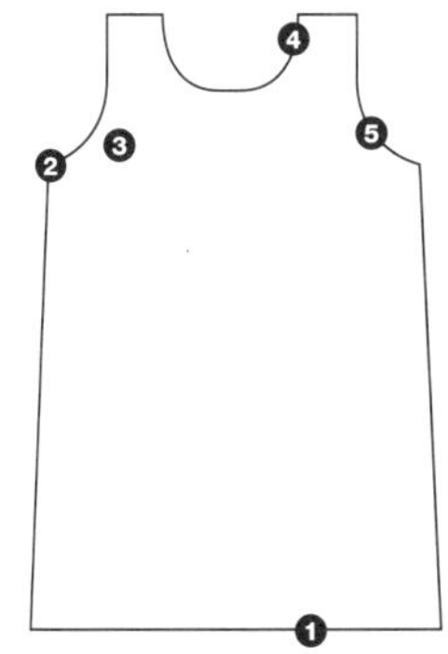

Größen und Maße
Größen: 1 (2) 4 (6) Jahre
Brustumfang: 55 (60) 65 (70) cm
Länge: 42 (47) 52 (57) cm

Material und Verbrauch
Hexa von du store alpakka,
100 % Alpaka
150 (200) 250 (300) g Natur Nr. 910

Nadeln und Maschenprobe
Rundnadel 60 cm Nr. 5 und 6
Nadelspiel Nr. 5
15 Maschen glatt rechts
mit Nadel Nr. 6 = 10 cm

❶ Auf der Rundstricknadel Nr. 5 112 (120) 128 (136) Maschen anschlagen und 2 cm Bündchen * 1 linke Masche, 3 rechte Maschen, ab * bis zum Ende der Runde wiederholen, stricken.
Danach zu Nadel Nr. 6 wechseln und mittig an beiden Seiten und um den Zopf auf der Vorderseite Markierungen setzen wie folgt: Vor der 1. Masche der Runde eine Seitenmarkierung setzen. Nach 22 (24) 26 (28) Maschen wieder eine Markierung setzen (= vor Zopf). 1 linke Masche stricken, 6 rechte Maschen, 1 Masche zunehmen, 5 rechte Maschen stricken (= 12 rechte Maschen), 1 linke Masche, danach Markierung setzen (= Ende Zopf). 22 (24) 26 (28) Maschen stricken und die zweite Seitenmarkierung setzen. Die 54 (58) 62 (66) Maschen des Rückenteils glatt rechts bis zur anderen Seitenmarkierung stricken. Für das Vorderteil liegen 58 (62) 66 (70) Maschen auf der Nadel.
So glatt rechts weiterstricken mit dem Zopf in der Mitte des Vorderteils (s. Strick-ABC im Anhang S. 186). Die beiden linken Maschen sind die erste und letzte Masche der Strickschrift.
In jeder 16. Runde wird 3 (3) 4 (5) Mal an beiden Seiten vor und hinter der Markierung je 1 Masche abgestrickt (= 4 Maschen pro Runde). Nach insgesamt 32 (35) 38 (41) cm an beiden Seiten je 12 (12) 14 (14) Maschen abnehmen, 6 (6) 7 (7) vor und genauso viele hinter der Seitenmarkierung. Vorder- und Rückenteil werden getrennt weitergestrickt.

Strickschrift

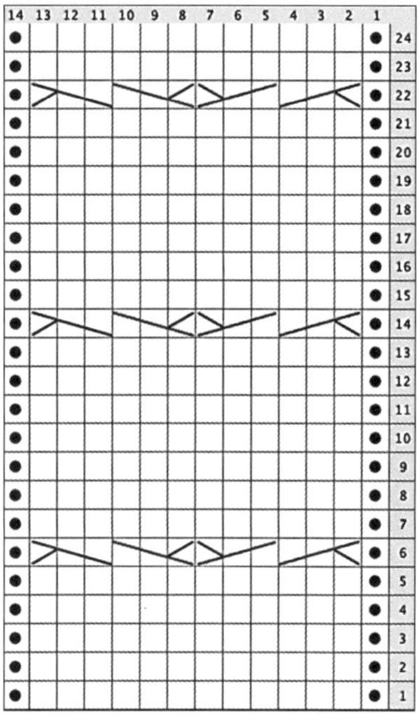

☐ Hinreihe rechts, Rückreihe links

⊡ Hinreihe links, Rückreihe rechts

Nach rechts gedrehter Zopf mit 6 Maschen. 3 Maschen auf eine Hilfsnadel hinter die Arbeit legen. 3 Maschen rechts stricken, dann die 3 Maschen von der Hilfsnadel ebenfalls rechts.

Nach links gedrehter Zopf mit 6 Maschen. 3 Maschen auf eine Hilfsnadel vor die Arbeit legen. 3 Maschen rechts stricken, dann die 3 Maschen von der Hilfsnadel ebenfalls rechts.

❷ **Rückenteil:** Glatt rechts hin und her stricken und für die Armausschnitte 2 Mal in jeder 2. Reihe 1 Masche abketten. Die restlichen Maschen weiterstricken, bis der Pullunder 41 (46) 51 (56) cm lang ist. Die mittleren 10 (12) 14 (16) Maschen abketten und auf zwei Nadeln die Schulterstücke zu Ende stricken.

❸ **Vorderteil:** An den Rändern für die Armausschnitte 2 Mal in jeder 2. Reihe 1 Masche abketten, ansonsten glatt rechts mit dem Zopf in der Mitte bis 37 (42) 47 (52) cm Länge weiterstricken. Die mittleren 10 (12) 14 (16) Maschen abketten und die Schulterstücke auf zwei Nadeln weiterarbeiten. Dafür an den Rändern für den Halsausschnitt 2 Mal in jeder 2. Reihe 1 Masche abketten. Wenn Vorder- und Rückenteil gleich lang sind, werden sie über den Schultern zusammengenäht.

❹ **Kragenbündchen:** Auf dem Nadelspiel Nr. 5 um den Halsausschnitt 52 (56) 60 (64) Maschen aufnehmen und 2 cm Bündchenmuster (3 rechte Maschen, 1 linke Masche im Wechsel) stricken. Locker abketten.

❺ **Ärmelbündchen:** Auf dem Nadelspiel Nr. 5 um die Armausschnitte 40 (44) 48 (52) Maschen aufnehmen und 2 cm Bündchenmuster (3 rechte Maschen, 1 linke Masche im Wechsel) stricken. Locker abketten.

Zu guter Letzt: Alle Fäden vernähen. Hexa-Wolle bitte nicht dämpfen, dabei verliert sie ihre Luftigkeit.

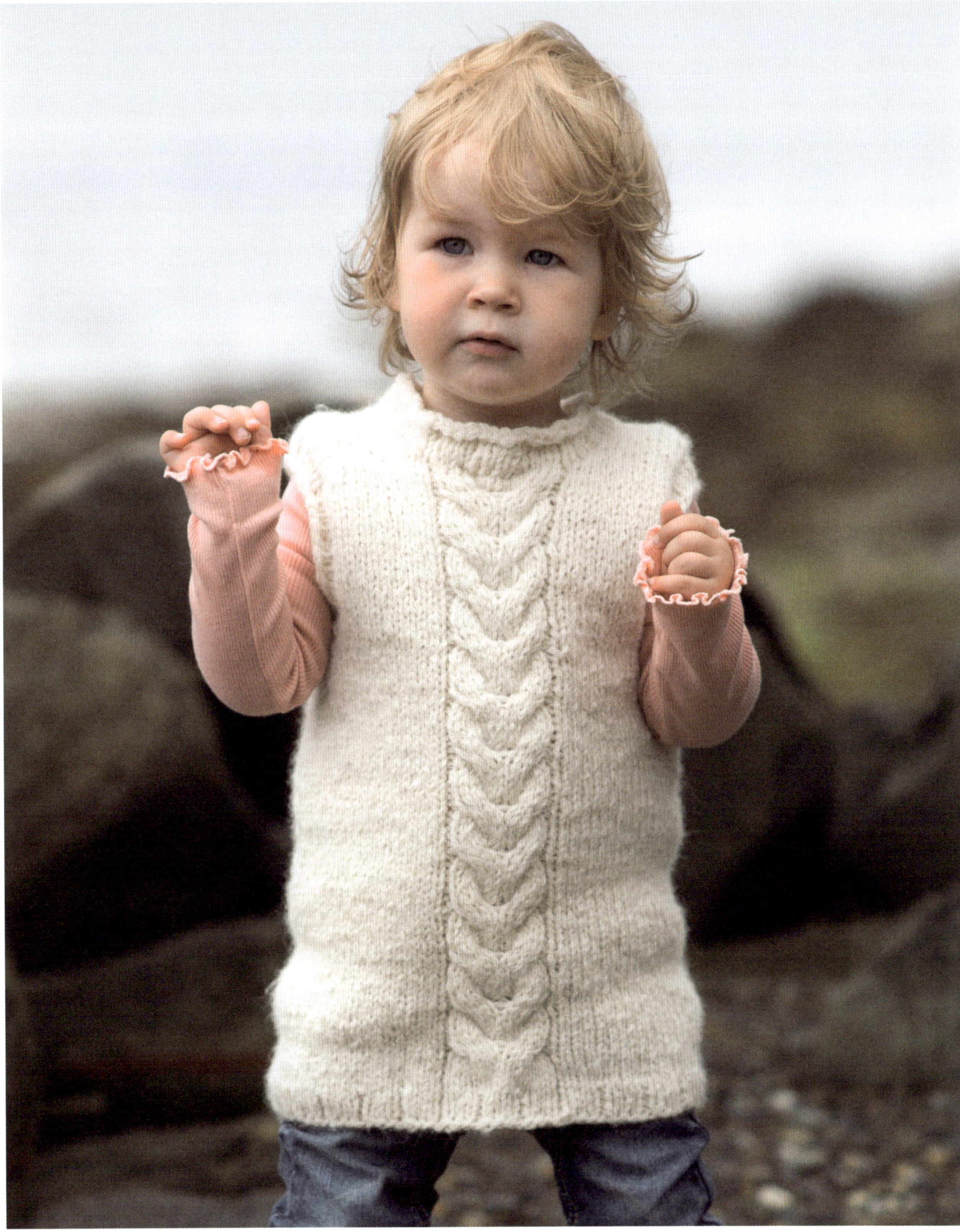

Stulpen

Mollig warme Stulpen für den Herbst, die man sowohl über den Schuhen als auch in den Stiefeln tragen kann.

Größen und Maße
Größen: 1 (2) 4 (6) Jahre
Länge: 15 (16) 18 (20) cm

Material und Verbrauch
Hexa von du store alpakka,
100 % Alpaka
(50 (50) 50 (50) g Natur Nr. 910

Nadeln und Maschenprobe
Nadelspiel Nr. 6
15 Maschen Bündchenmuster locker gestrickt mit Nadelstärke 6 = 10 cm

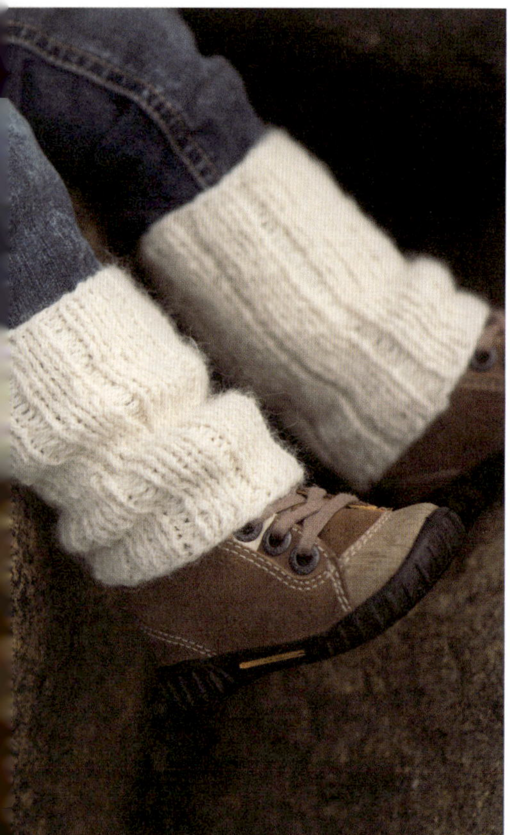

32 (32) 36 (36) Maschen anschlagen und im Bündchenmuster * 3 Maschen rechts, 1 Masche links, ab * bis zum Ende der Runde wiederholen bis zu einer Länge von 15 (16) 18 (20) cm stricken und locker abketten.

Zu guter Letzt: Alle Fäden vernähen. Hexa-Wolle bitte nicht dämpfen, weil sie sonst ihre Luftigkeit verliert.

Kurzer Herbstpullunder

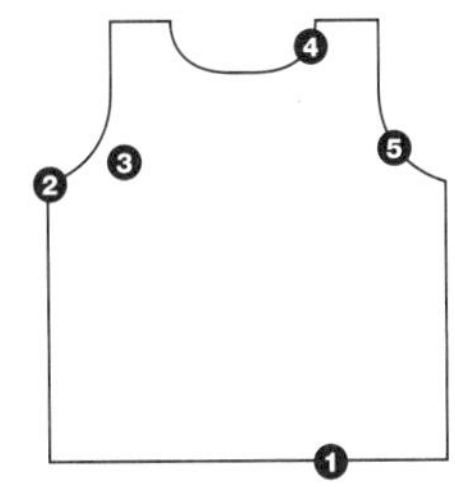

Der Pullunder wird von unten nach oben gestrickt.

❶ Auf der Rundstricknadel Nr. 5 100 (108) 116 (124) Maschen anschlagen und 2 cm Bündchen * 1 linke Masche, 3 rechte Maschen, ab * bis zum Ende der Runde wiederholen, stricken.
Danach zu Nadel Nr. 6 wechseln und mittig an beiden Seiten und um den Zopf auf der Vorderseite Markierungen setzen wie folgt: Die 1. Runde beginnt vor der Strickschrift des Zopfes vorne in der Mitte des Vorderteils (1. Masche der Runde = Masche 1 in der Strickschrift). 1 linke Masche stricken, 6 rechte Maschen, 1 Masche zunehmen, 5 rechte Maschen stricken (= 12 rechte Maschen), 1 linke Masche. Die beiden linken Maschen sind die erste und letzte Masche der Strickschrift. Nach 17 (19) 21 (23) Maschen eine Seitenmarkierung setzen. 53 (57) 61 (65) Maschen des Rückenteils glatt rechts bis zur zweiten Seitenmarkierung stricken. Für das Vorderteil mit dem Zopf in der Mitte sollten nun zwischen den beiden Seitenmarkierungen 48 (52) 56 (60) Maschen auf der Nadel liegen. Glatt rechts weiterstricken mit dem Zopf in der Mitte des Vorderteils bis der Pullunder 20 (22) 24 (26) cm lang ist. Nun an beiden Seiten je 12 (12) 14 (14) Maschen abnehmen, 6 (6) 7 (7) vor und genauso viele hinter der Seitenmarkierung. Vorder- und Rückenteil werden getrennt weitergestrickt.
❷ **Rückenteil:** Glatt rechts hin und her stricken und für die Armausschnitte 2 Mal in jeder 2. Reihe 1 Masche abketten. Die restlichen Maschen weiterstricken, bis der Pullunder 29 (35) 39 (43) cm lang ist. Die mittleren 15 (17) 19 (21) Maschen abketten und auf zwei Nadeln die Schulterstücke zu Ende stricken.

Größen und Maße
Größen: 1 (2) 4 (6) Jahre
Brustumfang: 55 (60) 65 (70) cm
Länge: 30 (36) 40 (44) cm

Material und Verbrauch
Hexa von du store alpakka,
100 % Alpaka
150 (200) 250 (300) g
Anthrazitgrau Nr. 915

Nadeln und Maschenprobe
Rundnadel 60 cm Nr. 5 und 6
Nadelspiel Nr. 5
15 Maschen glatt rechts
mit Nadel Nr. 6 = 10 cm

Strickschrift

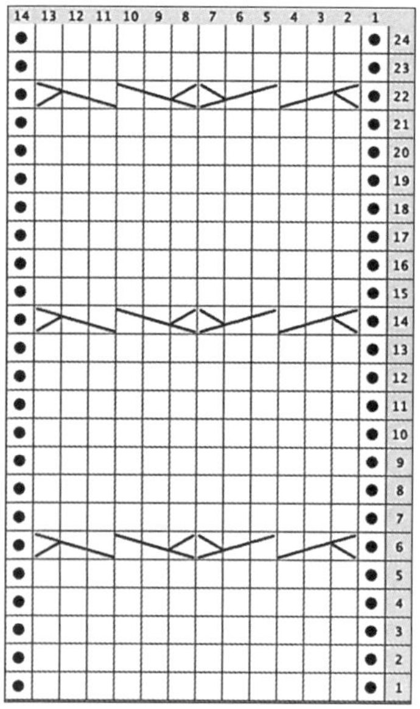

☐ Hinreihe rechts, Rückreihe links

⊡ Hinreihe links, Rückreihe rechts

Nach rechts gedrehter Zopf mit 6 Maschen. 3 Maschen auf eine Hilfsnadel hinter die Arbeit legen. 3 Maschen rechts stricken, dann die 3 Maschen von der Hilfsnadel ebenfalls rechts.

Nach links gedrehter Zopf mit 6 Maschen. 3 Maschen auf eine Hilfsnadel vor die Arbeit legen. 3 Maschen rechts stricken, dann die 3 Maschen von der Hilfsnadel ebenfalls rechts.

❸ **Vorderteil:** An den Rändern für die Armausschnitte 2 Mal in jeder 2. Reihe 1 Masche abketten, ansonsten glatt rechts mit dem Zopf in der Mitte bis 25 (31) 35 (39) cm Länge weiterstricken. Die mittleren 10 (12) 14 (16) Maschen abketten und die Schulterstücke auf zwei Nadeln weiterarbeiten. Dabei an den Rändern für den Halsausschnitt 2 Mal in jeder 2. Reihe 1 Masche abketten. Wenn Vorder- und Rückenteil gleich lang sind, werden sie über den Schultern zusammengenäht.

❹ **Kragenbündchen:** Auf dem Nadelspiel Nr. 5 um den Halsausschnitt 52 (56) 60 (64) Maschen aufnehmen und 2 cm Bündchenmuster (3 rechte Maschen, 1 linke Masche im Wechsel) stricken. Locker abketten.

❺ **Ärmelbündchen:** Auf dem Nadelspiel Nr. 5 um die Armausschnitte 40 (44) 48 (52) Maschen aufnehmen und 2 cm Bündchenmuster (3 rechte Maschen, 1 linke Masche im Wechsel) stricken. Locker abketten.

Zu guter Letzt: Alle Fäden vernähen. Hexa-Wolle bitte nicht dämpfen, dabei verliert sie ihre Luftigkeit.

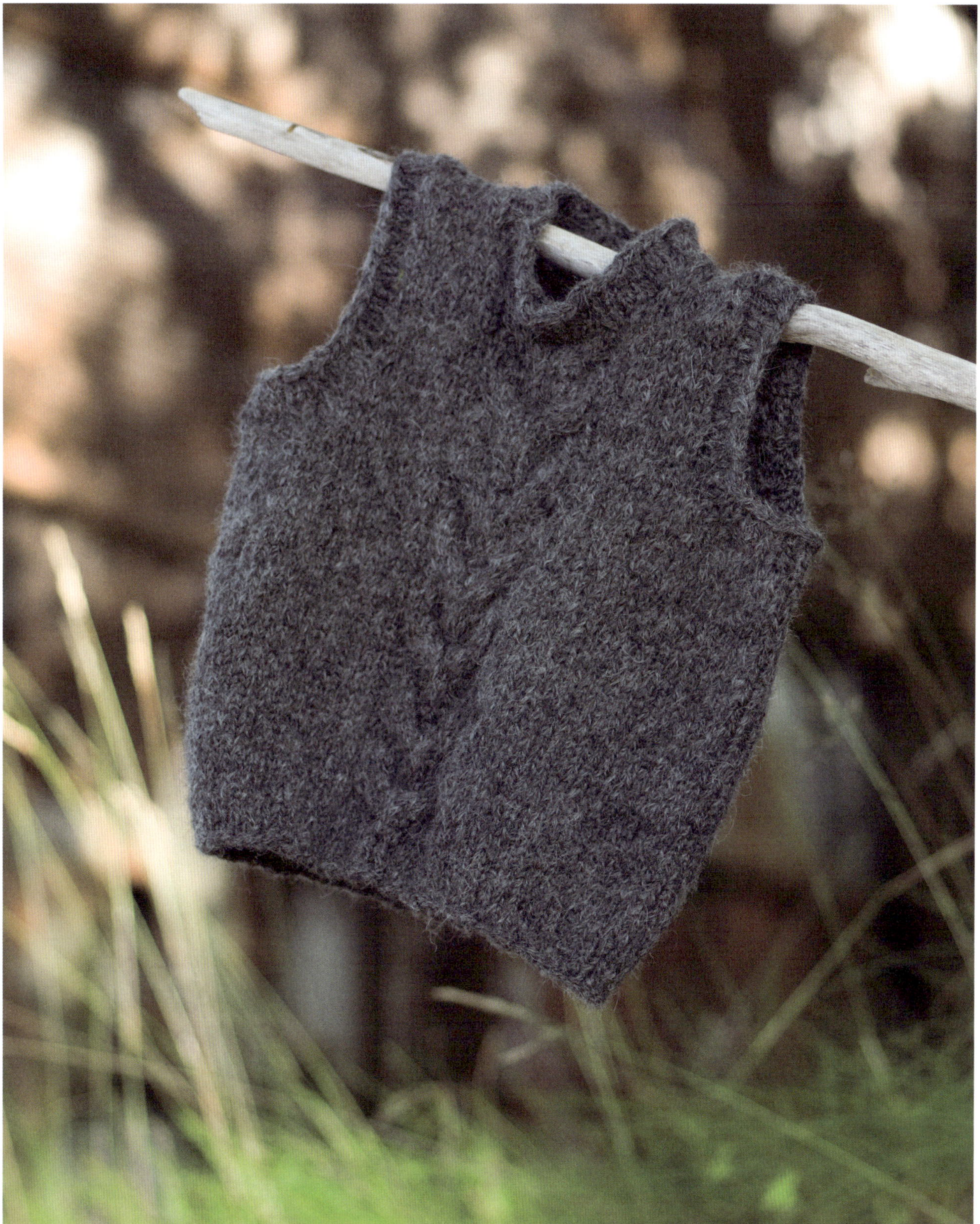

Natur und Neon

Ich finde es spannend, Farben miteinander zu kombinieren, die nuancierte Kontraste ergeben. Ein kleiner Kleckser Neonfarbe auf einem ansonsten farblich eher zurückhaltenden Stück peppt das Ganze auf und macht es verspielt.
Kinder lassen sich für das Tragen von Stricksachen noch mehr begeistern, wenn sie kleine Details mitbestimmen dürfen. Schnell werden die Stricksachen so zu Lieblingsstücken, denn oft sind es diese feinen Details, die ein Kleidungstück besonders und einzigartig machen.

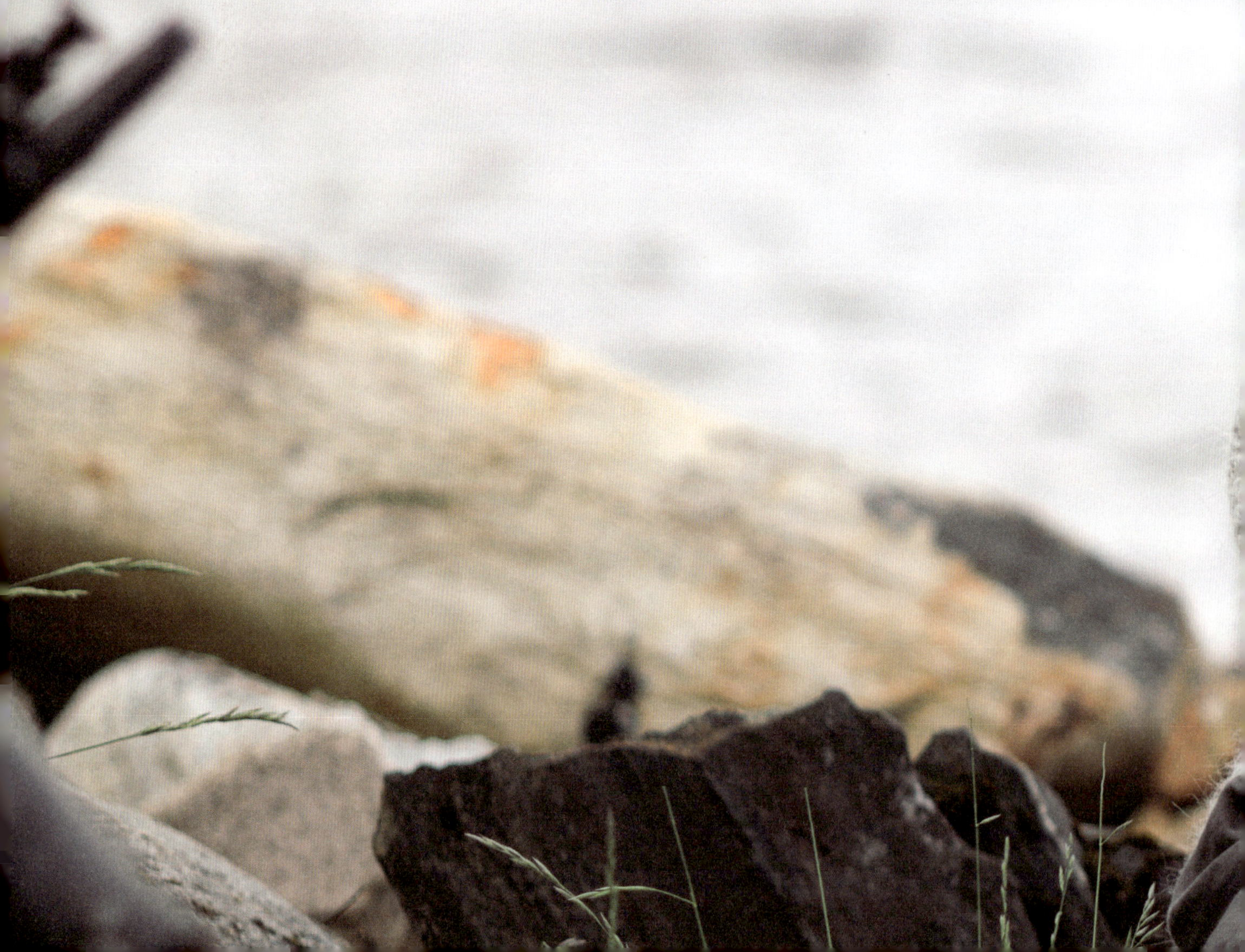

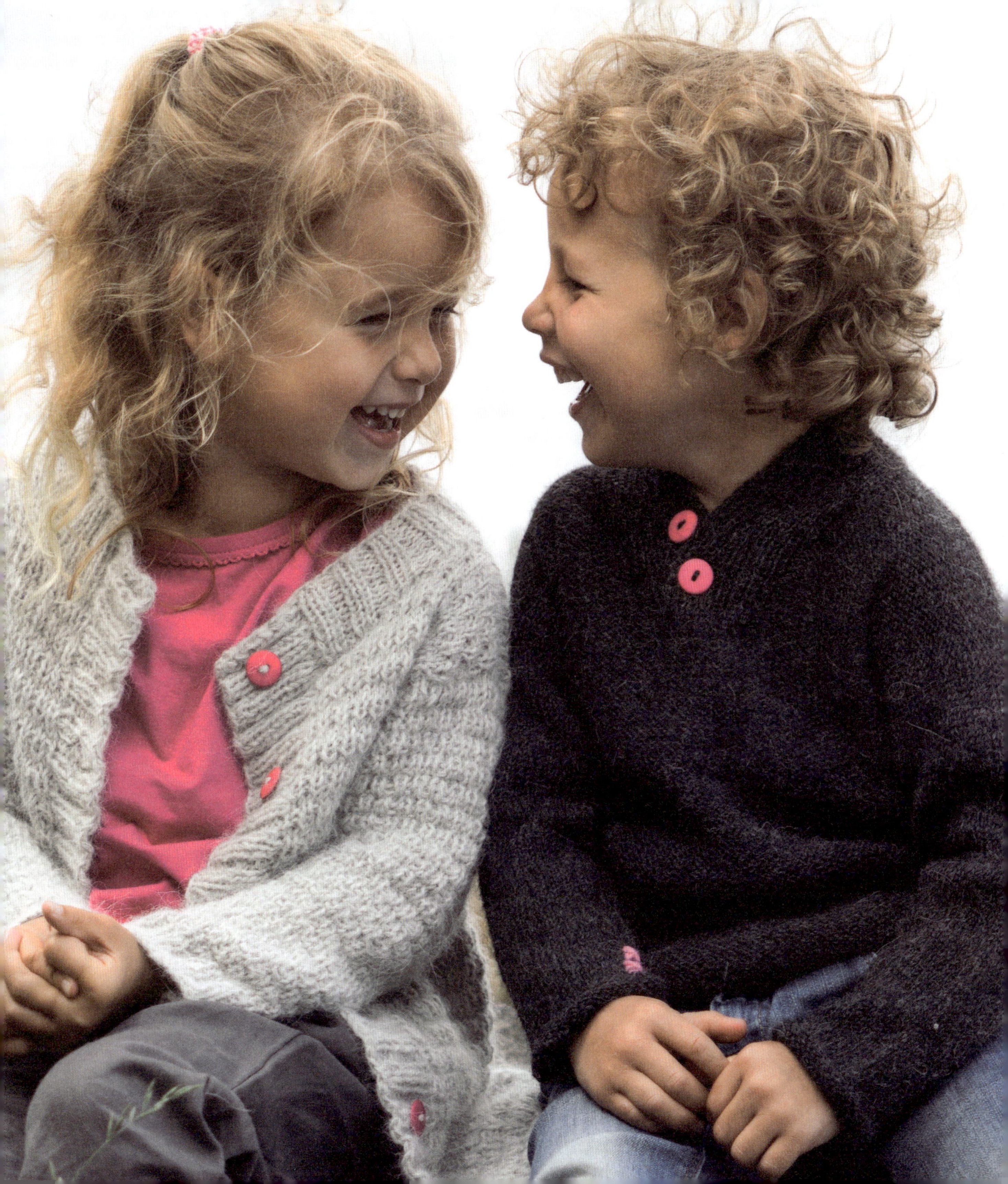

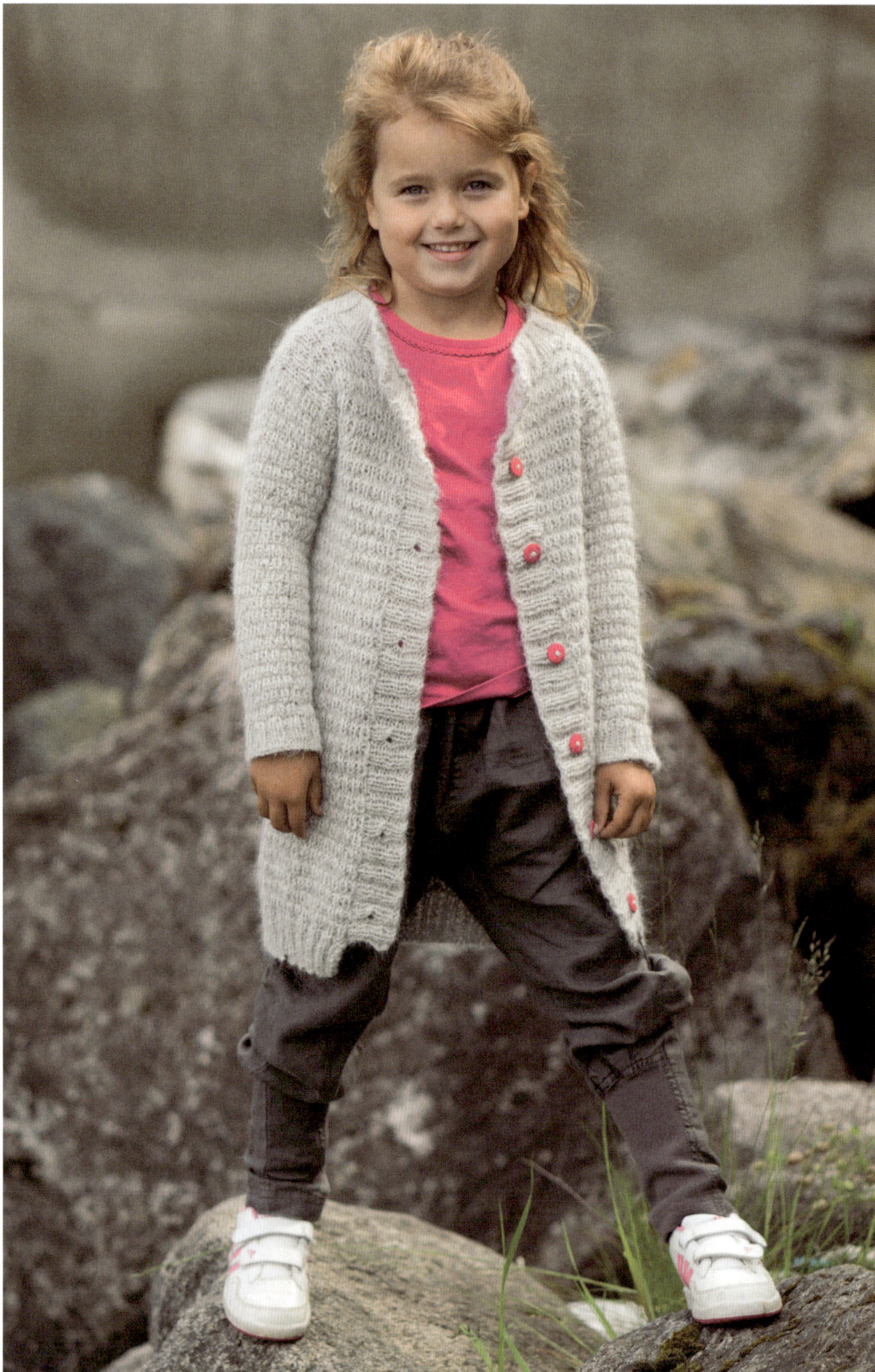

Lange Jacke

Eine warme Jacke mit knallrosa Knöpfen. Variieren Sie Knopfformen und Farben und finden Sie Ihre persönlichen Favoriten. Mir gefällt besonders die Farbkombination zwischen Naturfarbe und frischen Farbklecksern.

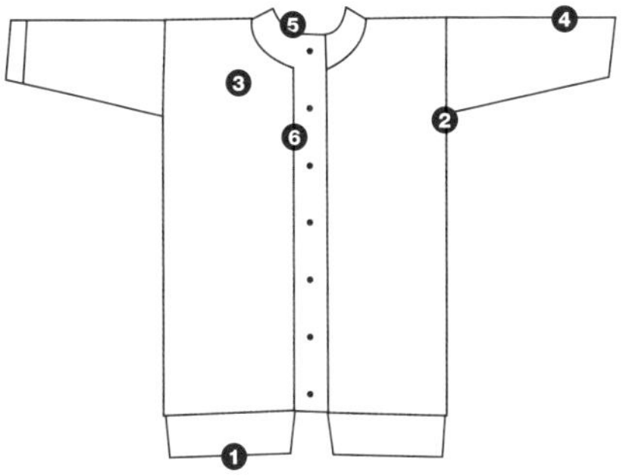

❶ Mit je 1 Faden von jeder Wolle 104 (112) 120 (128) Maschen auf der Rundnadel Nr. 4 anschlagen und 4 cm Bündchenmuster hin und her stricken (2 rechts, 2 links im Wechsel). Danach zur Rundnadel Nr. 4,5 wechseln und den Rest der Jacke nach Strickschrift stricken. Nach 26 (30) 36 (44) cm werden Vorder- und Rückenteil getrennt voneinander weitergearbeitet. Die ersten 24 (26) 28 (30) Maschen gehören zum rechten Vorderteil. Die 56 (60) 64 (68) folgenden Maschen machen das Rückenteil aus und die verbleibenden 24 (26) 28 (30) Maschen das linke Vorderteil.

❷ **Rückenteil:** Nach Strickschrift weiterstricken, bis die Jacke 36 (42) 50 (60) cm lang ist. Locker abketten.

❸ **Vorderteile:** Die Vorderteile bis 5 cm unter der Gesamtlänge nach Strickschrift weiterarbeiten und 6 (7) 8 (8) Maschen für den Halsausschnitt abketten. Danach in jeder 2. Reihe 1 Mal 2 Maschen und 2 Mal 1 Masche abketten. Die restlichen 14 (15) 16 (18) Maschen werden bis auf die gleiche Länge des Rückenteils weitergestrickt. Locker abketten und die Schulterstücke zusammennähen.

❹ **Ärmel:** Um den Armausschnitt mit Nadelspiel Nr. 4,5 40 (48) 56 (64) Maschen aufnehmen und rund nach Strickschrift weiterstricken. Dabei alle 2 cm am Anfang und Ende der Runde (Ärmelunterseite) je 1 Masche abnehmen, bis noch 28 (32) 36 (40) Maschen auf den Nadeln sind. Bis zu einer Ärmellänge von 17 (21) 25 (29) cm weiterstricken und mit 3 cm Bündchen (2 rechts, 2 links im Wechsel) auf Nadelspiel Nr. 4 abschließen. Locker abketten. Den zweiten Ärmel wie den ersten stricken.

Größen und Maße
Größen: 1 (2) 4 (6) Jahre
Brustumfang: 54 (58) 62 (66) cm
Länge: 36 (42) 50 (60) cm
Ärmellänge: 20 (24) 28 (32) cm

Material und Verbrauch
Mirasol von du store alpakka,
100 % Alpaka
Air von du store alpakka,
78 % Suri-Alpaka, 22 % Nylon
150 (150) 200 (200) g Mirasol Grau 2009
100 (125) 150 (175) g Air Naturweiß 101

Zubehör
6 bis 8 rosa Knöpfe,
ca. 15 mm Durchmesser

Nadeln und Maschenprobe
Rundnadel 60 cm Nr. 4 und 4,5
Nadelspiel Nr. 4 und 4,5
20 Maschen glatt rechts mit
Nadel Nr. 4,5 mit doppeltem Faden
(1 Faden Mirasol und 1 Faden Air) = 10 cm

Strickschrift

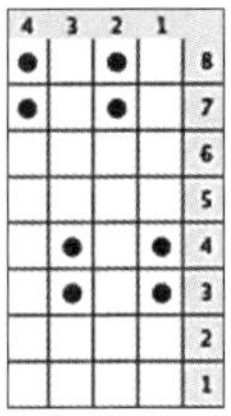

☐ Hinreihe rechts, Rückreihe links

⊡ Hinreihe links, Rückreihe rechts

❺ **Kragenbündchen:** Um den Halsausschnitt mit Rundstricknadel Nr. 4 58 (62) 66 (70) Maschen aufnehmen, 4 cm Bündchenmuster (2 rechts, 2 links im Wechsel) stricken und locker abketten.

❻ **Knopfleiste:** Vom unteren linken Jackenrand (dort wo über dem Bündchen das Muster beginnt) mit der Rundstricknadel Nr. 4 ca. 56 (68) 80 (96) Maschen aufnehmen und 4 cm Bündchenmuster stricken (2 links, 2 rechts im Wechsel), locker abketten. Nun in gleichmäßigen Abständen die gewünschte Anzahl Knöpfe annähen. Am rechten Rand dieselbe Anzahl Maschen aufnehmen und nach 2 cm in zur Knopfleiste passenden Abständen Knopflöcher einarbeiten. Für ein Knopfloch nimmt man einen Umschlag auf die Nadel und strickt die 2 folgenden Maschen zusammen. In der Rückreihe wird der Umschlag wie eine gewöhnliche Masche gestrickt. Nach 4 cm Bündchenmuster locker abketten.

Zu guter Letzt: Alle Fäden vernähen. Die Jacke bitte nicht dämpfen.

Links gestrickter Troyer

Der Rumpfteil dieses Pullovers ist kraus links gestrickt, die Ärmel glatt rechts. Der einfache Schalkragen eignet sich bestens für Kinderkleidung. Dieser Pulli ist für Mädchen und Jungen.

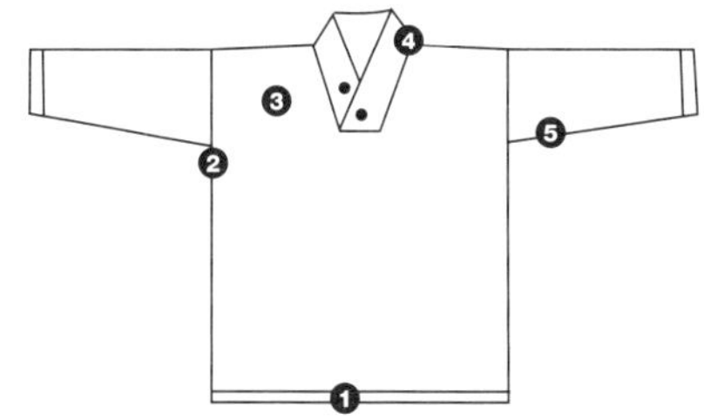

Um nicht die ganze Zeit links stricken zu müssen, wird der Rumpfteil einfach glatt rechts gearbeitet und gewendet, bevor die Ärmel angestrickt werden.

❶ 132 (140) 148 (160) Maschen auf der Rundstricknadel Nr. 3,5 anschlagen und 1,5 cm glatt rechts stricken. Das Gestrick umdrehen (der untere Rand erscheint jetzt links gestrickt) und glatt rechts bis 23 (25) 27 (29) cm weiterstricken. Die Seitenmitten markieren und den Rumpfteil mit gleicher Maschenzahl für Vorder- und Rückenteil auf getrennte Nadeln verteilen, weil sie getrennt weitergearbeitet werden.

❷ **Rückenteil:** Hin und her glatt rechts weiterstricken, bis der Pullover 32 (36) 40 (44) cm lang ist. Locker abketten.

❸ **Vorderteil:** 2 cm hin und her glatt rechts weiterstricken, dann vor und hinter den mittleren 16 Maschen eine Markierung setzen.

Linkes Vorderteil: Glatt rechts weiterstricken wie gehabt, aber die 16 Maschen zwischen den Markierungen 1 rechte, 1 linke Masche im Wechsel (das wird der Schalkragen). Alle 3 cm werden 2 (2) 3 (3) Mal 2 Maschen aus dem Glattstrickbereich in den Kragen übernommen. Dabei 8 Maschen vom Rand 2 Knopflöcher einarbeiten, das erste nach 3 cm, das zweite nach 6 cm. Wenn das Vorderteil so lang wie das Rückenteil ist, die Schultermaschen abketten. Die Kragenmaschen auf der Nadel belassen und stilllegen, während das rechte Vorderteil gestrickt wird.

Größen und Maße

Größen: 1 (2) 4 (6) Jahre
Brustumfang: 55 (60) 65 (70) cm
Länge: 32 (36) 40 (44) cm
Ärmellänge: 22 (24) 28 (32) cm

Material und Verbrauch

Mirasol von du store alpakka,
100 % Alpaka
150 (200) 200 (250) g Mirasol
Anthrazitgrau Nr. 2007
Ein Rest Neonrosa von Viking Superwash,
100% Wolle, Nr. 175, für Kreuzstiche

Zubehör

2 rosa Knöpfe, ca. 15 mm Durchmesser

Nadeln und Maschenprobe

Rundnadel 60 cm Nr. 3,5
Nadelspiel Nr. 3,5
22 Maschen glatt rechts
mit Nadel Nr. 3,5 = 10 cm

Rechtes Vorderteil: 16 Maschen für den Schalkragen anschlagen, 1 Masche links, 1 Masche rechts im Wechsel stricken und zu guter Letzt hinter der linken Kragenleiste am unteren Rand mit dieser zusammennähen. Die restlichen Maschen glatt rechts weiterstricken wie das linke Vorderteil, nur spiegelbildlich und ohne Knopflöcher. Die Schulterstücke zusammennähen und den Pullover wenden, damit die Nähte innen liegen.

❹ **Schalkragen:** Von beiden Seiten der Vorderteile den Schalkragen hin und her je bis zur halben Breite des Nackenausschnittes vom Rückenteil weiterstricken. Die Enden abketten, zusammennähen und den Kragen im Nacken mit dem Pullover vernähen.

❺ **Ärmel:** Die kraus gestrickte Seite des Rumpfteiles ist außen. Unten im Armausschnitt beginnen und auf dem Nadelspiel Nr. 3,5 um die Ärmelöffnung herum 46 (52) 60 (66) Maschen aufnehmen. Glatt rechts mit der rechten Seite außen stricken und alle 2 cm am Anfang und Ende der Runde (Ärmelinnenseite) je 1 Masche abnehmen, bis noch 30 (32) 36 (40) Maschen auf der Nadel sind. Bis zur Ärmellänge 19 (23) 27 (31) cm weiterstricken. Den Ärmel mit 1,5 cm Glattstrick mit der krausen Seite außen abschließen und locker abketten. Den anderen Ärmel auf dieselbe Weise stricken.

Zu guter Letzt: Alle Fäden vernähen und die Knöpfe annähen. Den Pullover leicht unter einem feuchten Tuch dämpfen und an einem Ärmelbündchen mit doppeltem Faden in einer Kontrastfarbe drei Kreuzstiche sticken.

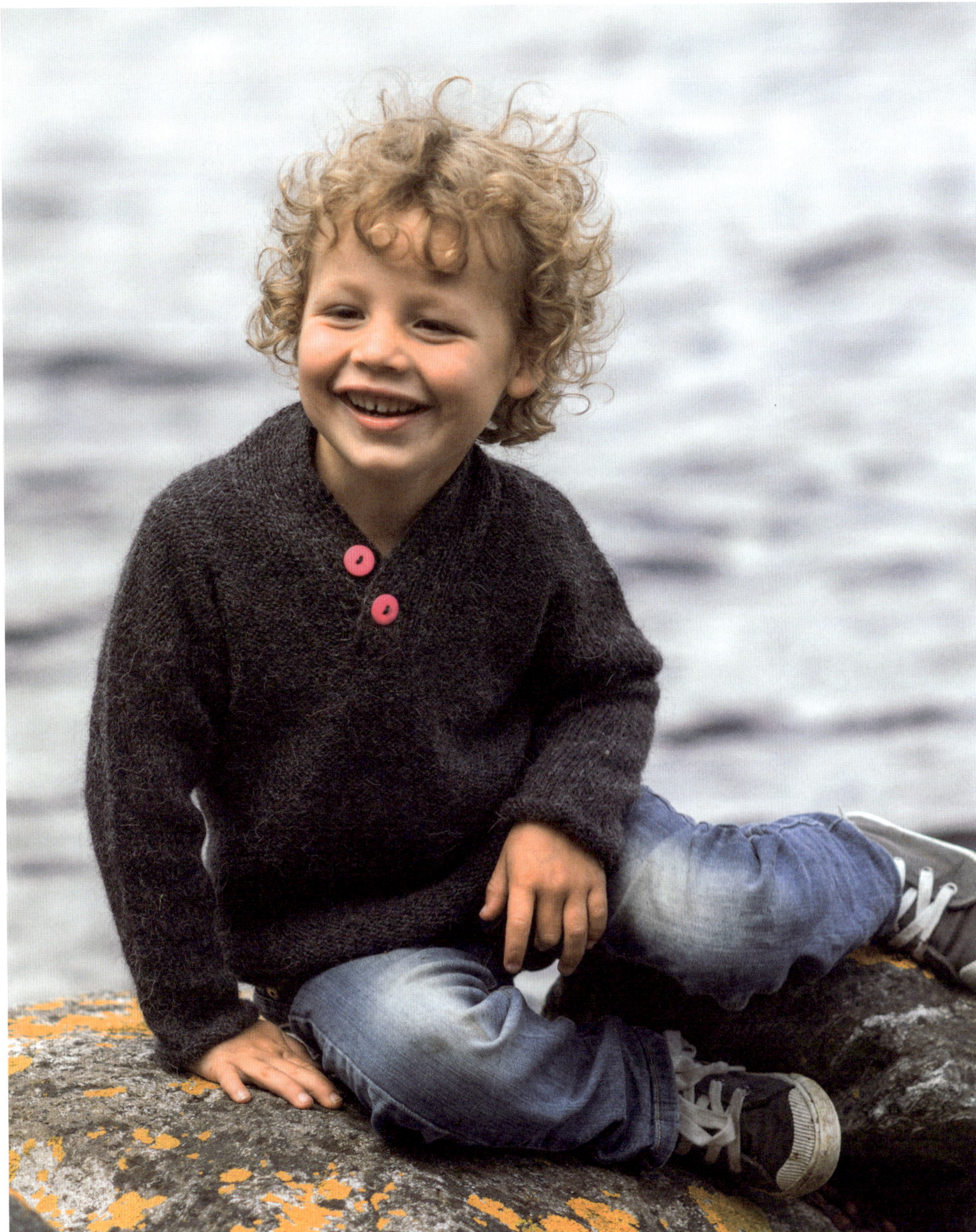

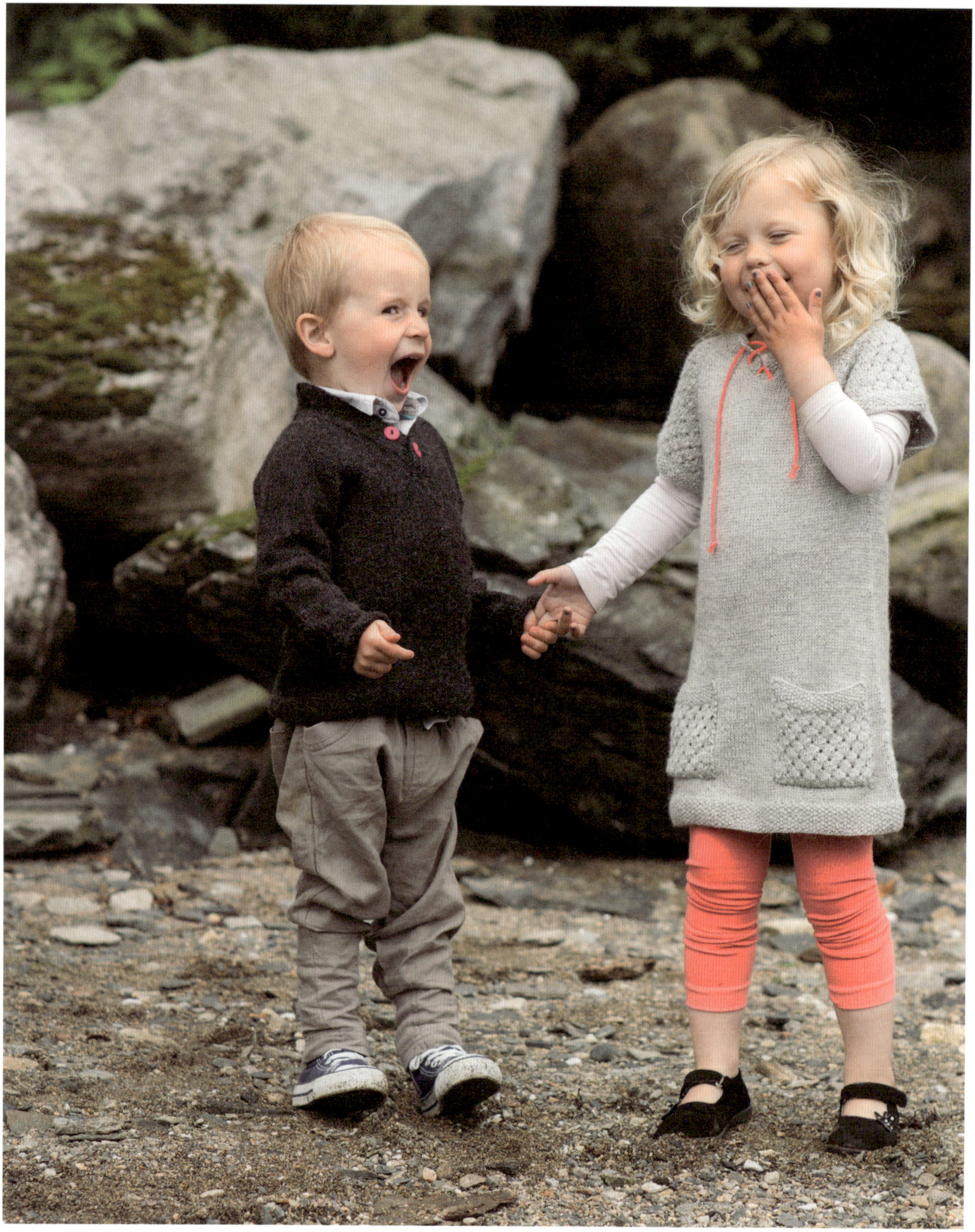

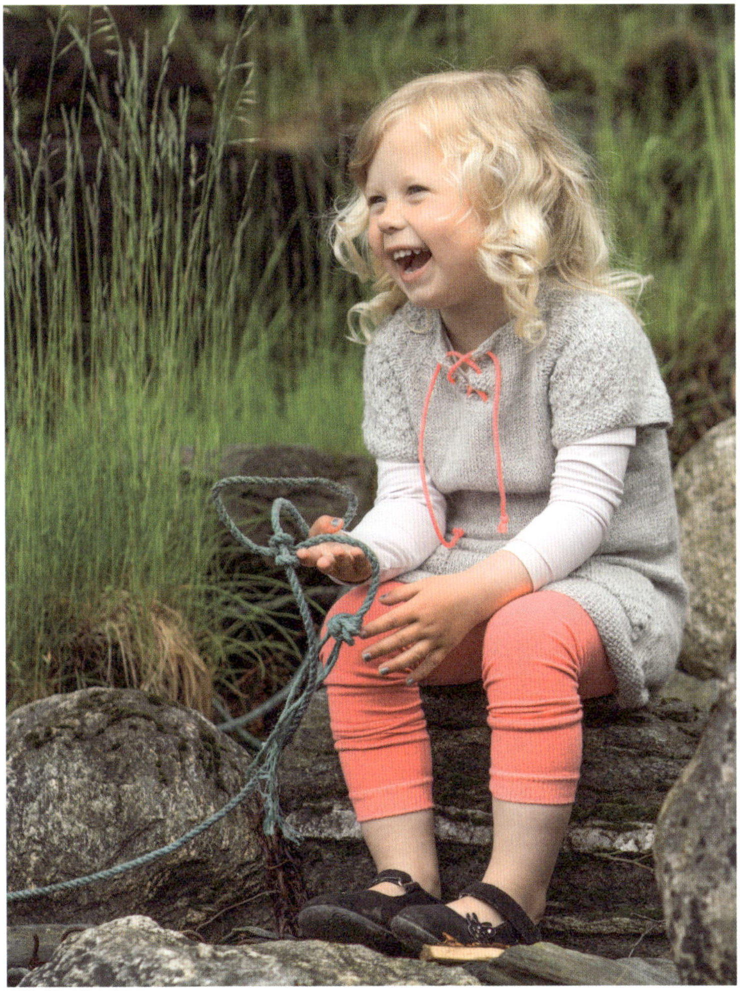

Kleid mit Lochmustertaschen

Mit einer neonfarbenen Schnur am Halsausschnitt
ein echter Hingucker.

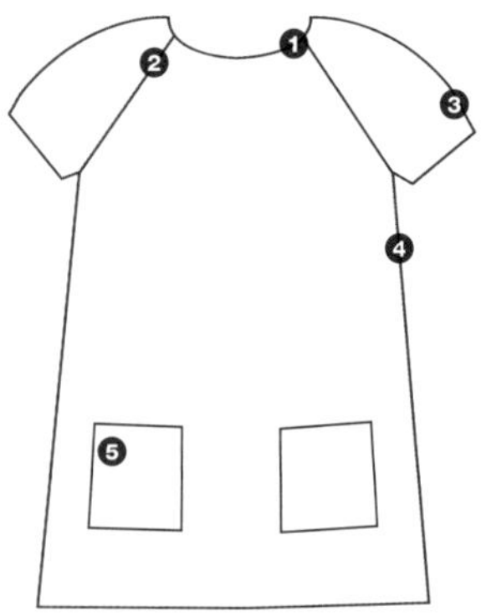

Größen und Maße
Größen: 1 (2) 4 (6) Jahre
Brustumfang: 50 (54) 58 (63) cm
Länge: 40 (45) 50 (60) cm
Ärmellänge: 3 (4) 5 (5) cm

Material und Verbrauch
Fin von du store alpakka,
50 % Seide, 50 % Baby-Alpaka
100 (150) 150 (200) g Hellgrau Nr. 213

Zubehör
ca. 75 cm neonfarbene Schnur

Nadeln und Maschenprobe
Rundnadeln 60 cm Nr. 2,5 und 3
Nadelspiel Nr. 2,5
25 Maschen glatt rechts
mit Nadel Nr. 3 = 10 cm

Man beginnt oben mit einem Stück Hin- und Rückreihen, ehe der Rest bis zum unteren Saum auf der Rundstricknadel weitergearbeitet wird.

❶ Kragenbündchen: 68 (72) 76 (80) Maschen mit Rundnadel 2,5 anschlagen und 8 Reihen Perlmuster arbeiten (s. Strickschrift 1). Danach folgen mehrere Dinge parallel, aber mit ein paar Reihen arbeitet man sich rasch ein. Die ersten und letzten 5 Maschen auf der Nadel werden weiter im Perlmuster gearbeitet, das werden die vorderen Kragenleisten. (Man muss keine Knopflöcher einarbeiten, da sich die Schnur problemlos durch das Gestrick ziehen lässt.) In der nächsten Reihe, die rechts gestrickt wird, müssen wie folgt Markierungen gesetzt werden:
Die erste Markierung nach 13 (14) 14 (15) Maschen (rechtes Vorderteil, 1 Masche stricken, zweite Markierung (= Raglanlinie). 9 (9) 11 (11) Maschen stricken (= rechter Ärmel, ab hier nach Strickschrift 2 arbeiten). Eine Markierung setzen, 1 Masche stricken, Markierung (= zweite Raglanlinie). Nach 20 (22) 22 (24) Maschen (= Rückenteil) vor und hinter der nächsten gestrickten Masche Markierungen setzen (= Raglanlinie), 9 (9) 11 (11) Maschen stricken (= linker Ärmel, der weiter im Lochmuster wie in Strickschrift 2 angegeben gestrickt wird), vor und hinter der nächsten Masche eine Markierung setzen (= Raglanlinie). Danach sollten bis zum Ende der Reihe noch 13 (14) 14 (15) Maschen auf der Nadel sein (= linkes Vorderteil). Die Rückreihe links stricken, ehe zu Nadel Nr. 3 gewechselt wird, um die Ärmel im Lochmuster nach Strickschrift 2 zu arbeiten und Maschen zuzunehmen.
❷ Raglanzunahmen: Vor und hinter den 4 markierten Raglanlinien in jeder 2. Reihe je 1 Masche durch die unterliegende Masche zunehmen (s. Strick-ABC im Anhang S. 186). Wenn die Arbeit 7 (7) 8 (8) cm lang ist, die 5 ersten und letzten Kragenleisten-Maschen auf der Nadel überlappend zusammenstricken. Dazu 5 Maschen auf eine Hilfsnadel nehmen und die Maschen abwechselnd wie folgt auf eine Nadel nehmen:

Die 5. letzte Masche der einen neben die 1. Masche der anderen Nadel legen, die 4. letzte der einen neben die 2. der anderen usw. und dann 5 Mal 2 Maschen zusammenstricken. Danach rund weiterstricken, bis das Gestrick 12 (13) 14 (15) cm misst. Die Maschenzunahmen in jeder 2. Reihe an den Raglanlinien 20 (22) 24 (26) Mal wiederholen (= 223 (243) 263 (283) Maschen).

❸ **Ärmel:** Die 49 (53) 59 (63) Maschen zwischen den Raglanlinien des ersten Ärmels auf das Nadelspiel nehmen, 8 Runden Perlmuster stricken und abketten. Genauso mit dem zweiten Ärmel verfahren.

❹ **Kleidteil:** Für Vorder- und Rückenteil sind jetzt noch 125 (137) 145 (157) Maschen auf der Nadel. An beiden Seiten eine Markierung setzen, glatt rechts weiterstricken und alle 5 cm vor und hinter den Seitenmarkierungen je 1 Masche zunehmen, bis das Kleid 37 (42) 47 (57) cm lang ist. Als Saum 3 cm Perlmuster mit Rundnadel Nr. 2,5 stricken und abketten.

❹ **Taschen:** 30 Maschen auf Nadel Nr. 2,5 anschlagen und 8 Reihen Perlmuster nach Strickschrift 1 stricken. Zu Nadel Nr. 3 wechseln und mit Lochmuster laut Strickschrift 2 fortfahren. Nach 12 cm abketten und die zweite Tasche nach dem gleichen Muster arbeiten.

Zu guter Letzt: Alle Fäden vernähen. Die Taschen mit dem Perlmusterbündchen nach oben 6 cm vom unteren Kleidsaum aufnähen und das Kleid leicht unter einem feuchten Tuch dämpfen.

Strickschrift 1

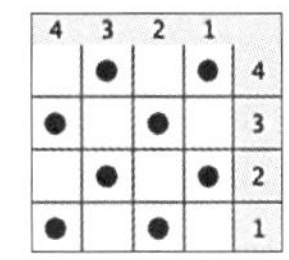

☐ Hinreihe rechts, Rückreihe links

⊡ Hinreihe links, Rückreihe rechts

Strickschrift 2

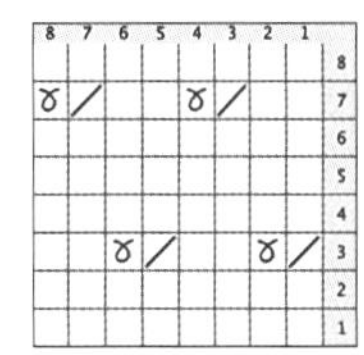

☐ Hinreihe rechts, Rückreihe links

⧄ 2 Maschen rechts zusammenstricken

ᴕ 1 Umschlag

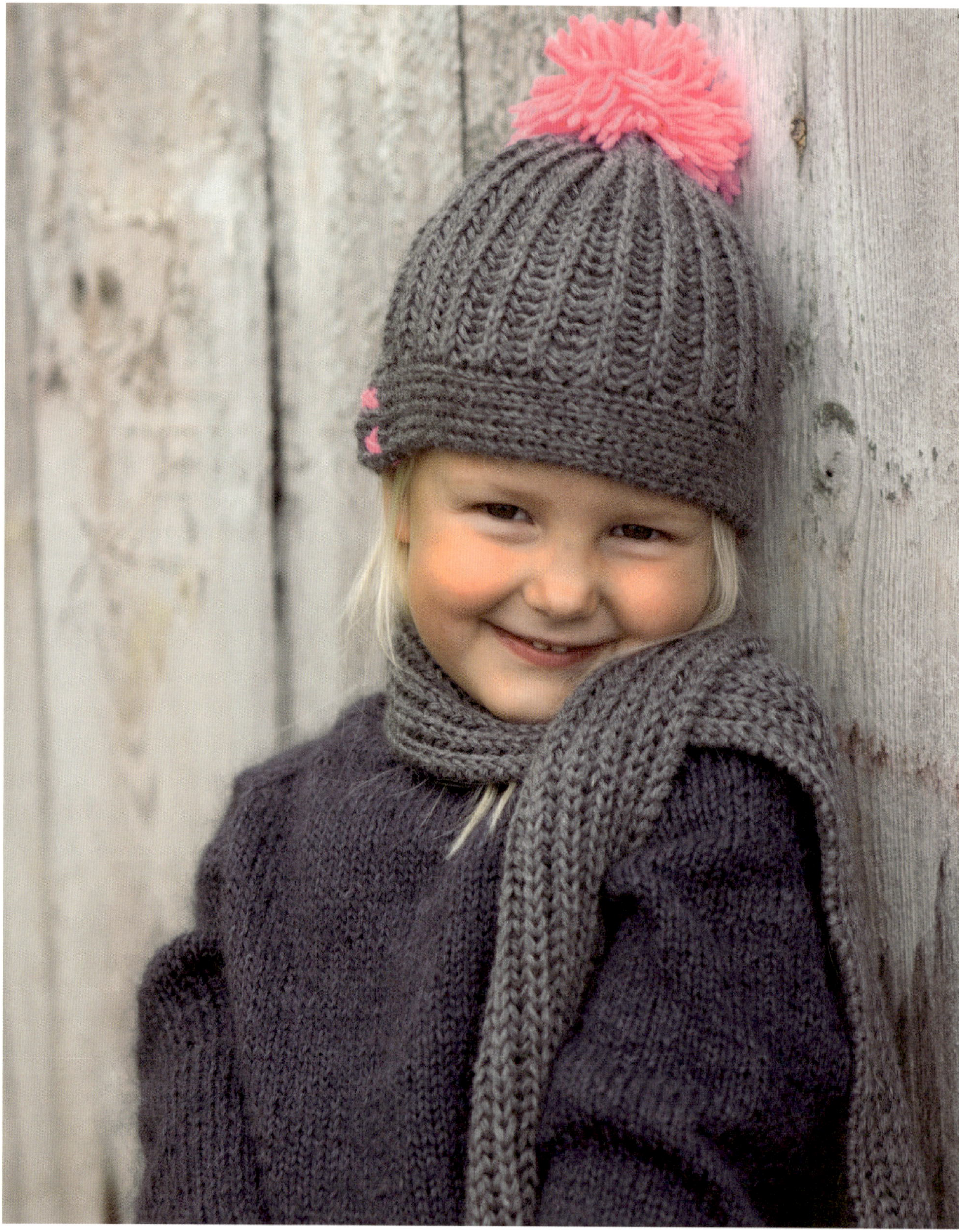

Neonmütze und Schal

Die mit doppeltem Faden in Halbpatent gestrickte Mütze hält die Ohren schön warm, und der Schal hält die Kälte von außen ab. Mit dem Neon-Bommel an der Mütze ist man weithin immer gut zu erkennen!

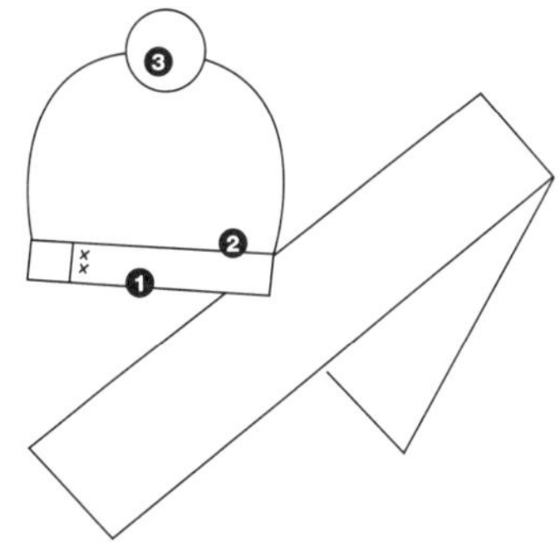

Die Mütze darf am Anfang ruhig etwas eng sitzen, weil sie sich bei täglichem Gebrauch mit der Zeit weitet. Viel Spaß bei meiner Variante des Halbpatents, die wirklich einfach ist!

Mütze im Halbpatent

❶ **Rand:** Mit doppeltem Faden 12 Maschen anschlagen und im Bündchenmuster 1 rechts, 1 links stricken, bis die Borte 40 (42) 44 (46) cm misst. Abketten.

❷ **Mütze:** An einer Längsseite der Randborte mit doppeltem Faden 42 (46) 50 (54) Maschen aufnehmen, dabei die letzten 1,5 cm des einen Endes der Borte stehen lassen. Das wird anschließend über das andere Ende gelegt und mit ein paar Stichen in der Farbe des Pompons zusammengenäht. 14 (16) 17 (18) cm Halbpatent hin und her stricken und abketten.

❸ **Zu guter Letzt:** Alle Fäden vernähen und den Rand leicht unter einem feuchten Tuch dämpfen. Die Mütze mit der Außenseite nach innen falten und an der offenen Seite zusammennähen, dann wenden und die obere Spitze zusammenschnüren und den Faden vernähen. Mit dem neonrosa Garn einen Pompon machen (s. Strick-ABC im Anhang S. 186) und an die Mützenspitze nähen. Nun noch das 1,5 cm überstehende Ende der Borte über das andere Ende legen und festnähen und mit ein paar Kreuzstichen in Neonrosa als Deko besticken oder Knöpfe annähen.

Schal in Halbpatent

❶ Mit doppeltem Faden 16 Maschen anschlagen und im Halbpatent stricken, bis der Schal etwa 1 Meter lang ist. Abketten.

Größen und Maße
Größen: 1 (2) 4 (6) Jahre
Kopfumfang: 41 (42) 44 (46) cm

Material und Verbrauch
BabySilk von du store alpakka,
20% Seide, 80% Baby-Alpaka,
Viking Superwash, 100 % Wolle
Mütze: 100 (100) 100 (100) g
BabySilk Mittelgrau Nr. 322
50 (50) 50 (50) g Neonrosa Viking Superwash Nr. 175 für Pompon.
Schal: 200 g BabySilk
Mittelgrau Nr. 322

Nadeln und Maschenprobe
Gerade Nadeln Nr. 4,5
12 Maschen Halbpatent leicht gedehnt auf Nadeln Nr. 4,5 mit doppeltem Faden = 10 cm

Halbpatent:
1. Reihe: rechts stricken
2. Reihe: 1 Masche ungestrickt abnehmen, * 1 rechte Masche rechts durch die unterliegende Masche, 1 rechte Masche, ab * wiederholen. Die Reihe mit 2 rechten Maschen beenden.
Die 2. Reihe in den folgenden Hin- und Rückreihen wiederholen. Es braucht ein paar Reihen, bis die Struktur vom Halbpatent erkennbar ist.

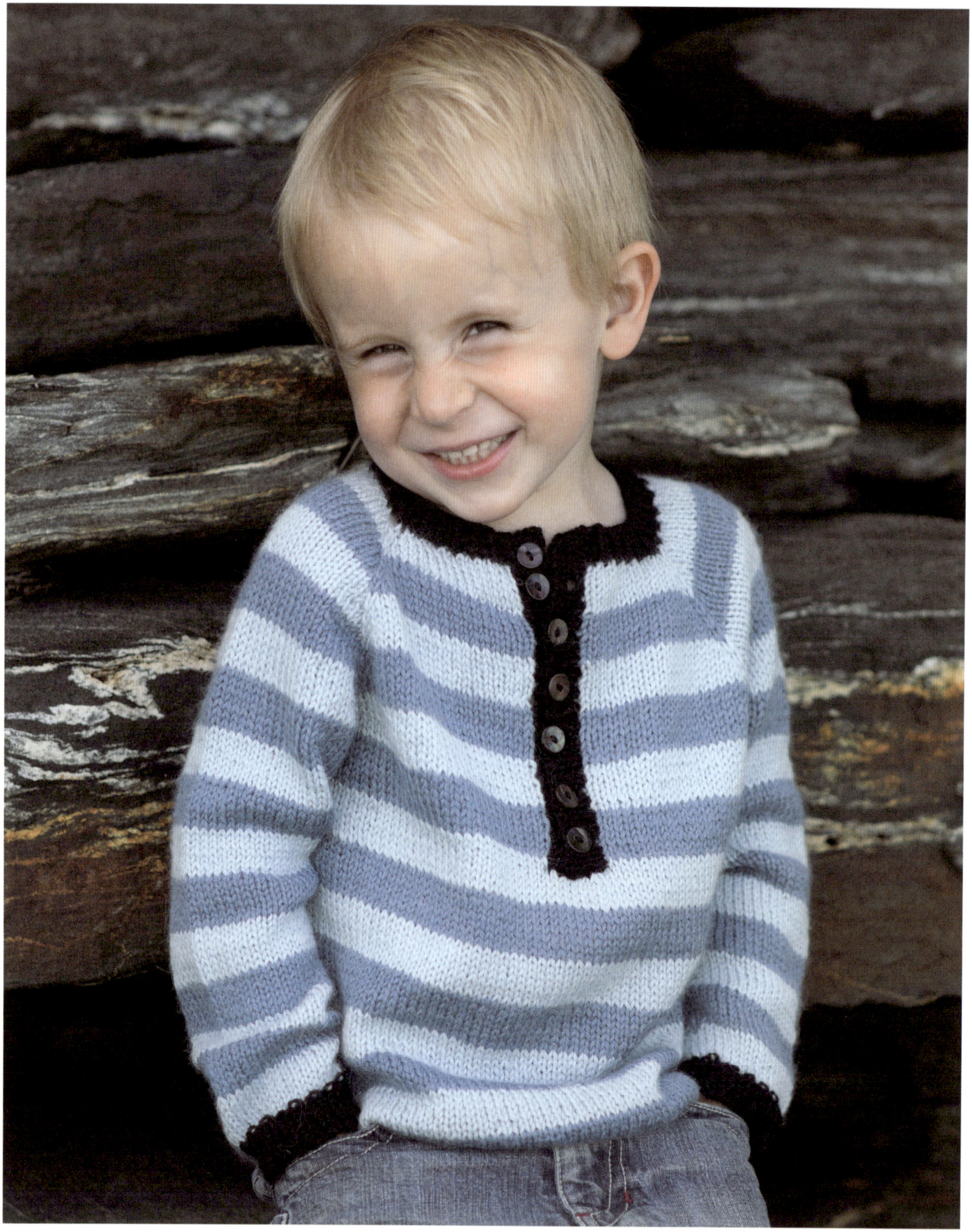

Ringelpullover

Ich liebe Streifen, da kann man wunderbar mit schönen Farbkombinationen spielen, ohne dass es zu wild und unruhig wird. Experimentieren Sie mit Streifen, Farben, Knöpfen und entdecken Sie Ihren persönlichen Favoriten!

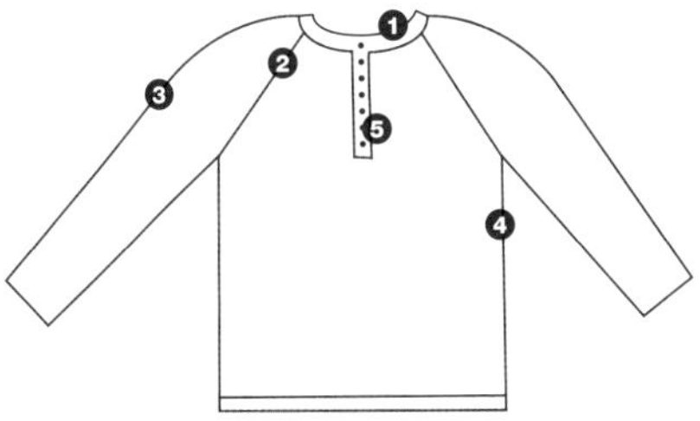

Der erste Teil des Pullovers wird bis unter die Ärmel in Hin- und Rückreihen gestrickt, dann gehts rund weiter. Pro Streifen 7 Reihen/Runden stricken, ehe man die Farbe wechselt.

❶ Mit dem schwarzen Garn 60 (68) 76 (84) Maschen mit der Rundnadel Nr. 3 anschlagen und 2,5 cm Bündchenmuster stricken wie folgt: 1. Reihe: * 1 Masche verschränkt rechts, 1 links, ab * bis zum Ende der Reihe wiederholen. 2. Reihe: * 1 Masche rechts, 1 links verschränkt, ab * bis zum Ende der Reihe wiederholen. Zu Nadel Nr. 3,5 und Eisblau wechseln. In der nächsten Reihe, die rechts gestrickt wird, werden wie folgt Markierungen für die Raglanzunahmen gesetzt:
Die erste Markierung nach 9 (10) 11 (12) Maschen (= linkes Vorderteil), 2 Maschen rechts, zweite Markierung (= erste Raglanlinie). Nach 8 (10) 12 (14) Maschen (= linker Ärmel) eine Markierung, 2 Maschen, neue Markierung (= zweite Raglanlinie). Nach weiteren 18 (20) 22 (24) Maschen (= Rückenteil) eine Markierung, 2 Maschen, 1 Markierung (= dritte Raglanlinie), 8 (10) 12 (14) Maschen stricken (= rechter Ärmel), eine Markierung, 2 Maschen, eine Markierung (= vierte Raglanlinie). Nach dieser letzten Markierung sollten noch 9 (10) 11 (12) Maschen (= rechtes Vorderteil) auf der Nadel sein.

Größen und Maße
Größen: 1 (2) 4 (6) Jahre
Brustumfang: 45 (52) 58 (64) cm
Länge: 32 (36) 40 (44) cm
Ärmellänge: 22 (24) 28 (32) cm

Material und Verbrauch
BabySilk von du store alpakka,
20 % Seide, 80 % Baby-Alpaka
150 (150) 200 (250) g Petrol Nr. 336
150 (150) 200 (250) g Eisblau Nr. 337
50 (50) 50 (50) g Schwarz Nr. 302

Zubehör
6 bis 8 kleine Knöpfe,
ca. 11 mm Durchmesser

Nadeln und Maschenprobe
Rundnadeln 40 cm Nr. 3 und 3,5
Nadelspiel Nr. 3 und 3,5
24 Maschen glatt rechts
mit Nadel Nr. 3,5 = 10 cm

❷ **Raglanzunahmen:** Vor und hinter den 4 markierten Raglanlinien in jeder 2. Reihe je 1 Masche durch die unterliegende Masche zunehmen. Bis etwa 12 (13) 14 (15) cm Länge vom Halsausschnitt sollten 15 (18) 21 (24) Zunahmen stattgefunden haben (= 180 (212) 244 (276) Maschen auf der Nadel).

❸ **Ärmel:** Die 38 (46) 54 (62) Maschen zwischen den Raglanlinien des ersten Ärmels auf das Nadelspiel Nr. 3,5 nehmen, und alle 4 cm 4 (5) 6 (7) Mal am Anfang und Ende der Runde (Ärmelinnenseite) je 1 Masche abnehmen. Wenn der Ärmel 20 (22) 26 (33) cm lang ist, zu Nadelstärke 3 und schwarzem Garn wechseln. Eine rechte Runde stricken, ehe zum Bündchenmuster wie am Hals übergegangen wird. 2,5 cm Bündchen stricken und locker abketten. Den zweiten Ärmel genauso arbeiten.

❹ **Rumpfteil:** Für Vorder- und Rückenteil sind jetzt noch 104 (120) 136 (152) Maschen auf der Nadel. Verschieben Sie den Anfang der Runde unter einen Ärmel und stricken Sie bis zur Mitte vorne, wo die beiden Vorderteile aufeinanderstoßen. 4 neue Maschen zwischen den Vorderteilen anschlagen und über alle Maschen weiterstricken, bis der Pullover 30 (34) 38 (42) cm lang ist. Passen Sie die Länge an die Streifen an. Zu Nadelstärke 3 wechseln und mit schwarzem Garn eine Runde glatt rechts stricken, 3 cm Bündchenmuster wie an Hals und Ärmeln anschließen und locker abketten.

❺ **Knopfleisten:** Auf beiden Seiten der Spalte auf der Vorderseite mit schwarzem Garn und Nadel Nr. 3 je 36 (40) 44 (48) Maschen aufnehmen und 2,5 cm im Bündchenmuster stricken. Auf einer Seite werden gleichmäßig verteilt 6-8 Knopflöcher wie folgt eingearbeitet: 2 Maschen zusammenstricken, 1 Umschlag. In der Rückreihe wird der Umschlag wie eine gewöhnliche Masche gestrickt. Die Leisten am unteren Ende überlappend mit dem Rumpfteil vernähen. Dabei darauf achten, dass die Leiste mit den Knopflöchern zuoberst liegt. Knöpfe passend zu den Knopflöchern an die untere Leiste nähen.

Zu guter Letzt: Fäden vernähen und den Pulli unter feuchtem Tuch dämpfen.

Ringelkleid

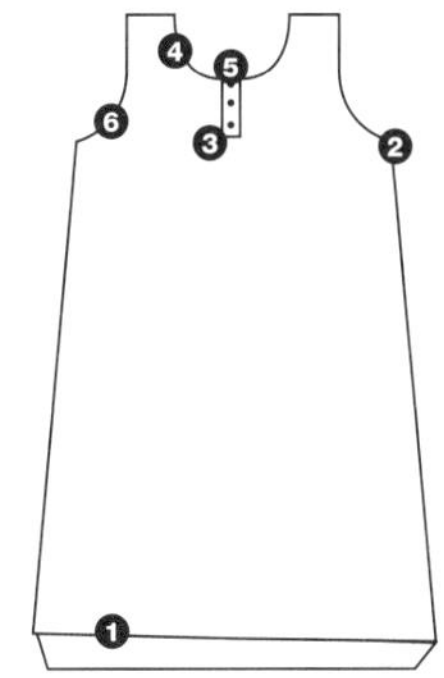

Das Kleid wird von unten nach oben gestrickt.

❶ Mit der Rundstricknadel Nr. 3 und schwarzem Garn 146 (160) 178 (196) Maschen anschlagen und 2 cm Bündchenmuster stricken: * 1 Masche rechts verschränkt, 1 linke Masche, ab* bis zum Ende der Runde wiederholen. Nach 2 cm zu Nadelstärke 3,5 wechseln und eine Runde mit schwarzem Garn glatt rechts stricken, ehe Sie zur anderen Farbe wechseln. Markieren Sie die Seitenmitten mit je 73 (80) 89 (98) Maschen für Vorder- und Rückenteil auf der Nadel. In jeder 14. Runde 4 (4) 5 (6) Mal vor und hinter den Seitenmarkierungen je 1 Masche abnehmen. Weiterstricken, bis das Kleidteil 32 (35) 38 (41) cm lang ist. Danach für die beiden Armausschnitte an den Seiten 14 (14) 16 (16) Maschen abketten, das heißt je 7 (7) 8 (8) vor und hinter den Seitenmarkierungen. Rücken- und Vorderteil werden getrennt weitergestrickt.

❷ Rückenteil: Im Streifenmuster weiterstricken und dabei an den Armausschnitten in jeder 2. Reihe 2 x 2 Maschen und 1 x 1 Masche abketten. Danach gerade bis 42 (47) 52 (57) cm Gesamtlänge weiterstricken. Die Maschen des Rückenteils auf einem Faden oder einer extra Nadel stilllegen, während die vorderen Brustteile gestrickt werden.

❸ Vorderteile: Die mittleren 5 Maschen für die Knopfleiste abketten und rechtes und linkes Vorderteil getrennt voneinander gleich, aber spiegelbildlich stricken. Mit dem Streifenmuster fortfahren und dabei an den Armausschnitten in jeder 2. Reihe 2 x 2 Maschen und 1 x 1 Masche abketten. Danach gerade bis 37 (42) 47 (52) cm Gesamtlänge weiterstricken.

Nun 7 (8) 9 (10) Maschen für den Halsausschnitt abketten und weiter in jeder 2. Reihe 1 x 2 Maschen und 3 (3) 4 (4) x 1 Masche abnehmen. Wenn die Vorderteile so lang sind wie das Rückenteil, die Schultern im Maschenstich zusammennähen und die mittleren Maschen im Nacken auf der Nadel stehenlassen.

Größen und Maße
Größen: 1 (2) 4 (6) Jahre
Brustumfang: 55 (60) 65 (70) cm
Länge: 42 (47) 52 (57) cm

Material und Verbrauch
BabySilk von du store alpakka,
20 % Seide, 80 % Baby-Alpaka
100 (100) 150 (200) g Lila Nr. 321
100 (100) 150 (200) g Dunkelrosa Nr. 311
50 (50) 50 (50) g Schwarz Nr. 302
für die Bündchen

Zubehör
3 kleine Knöpfe, ca. 11 mm Durchmesser

Nadeln und Maschenprobe
Rundnadeln 60 cm Nr. 3,5 und 3
Nadelspiel Nr. 3
24 Maschen glatt rechts
mit Nadel Nr. 3,5 = 10 cm

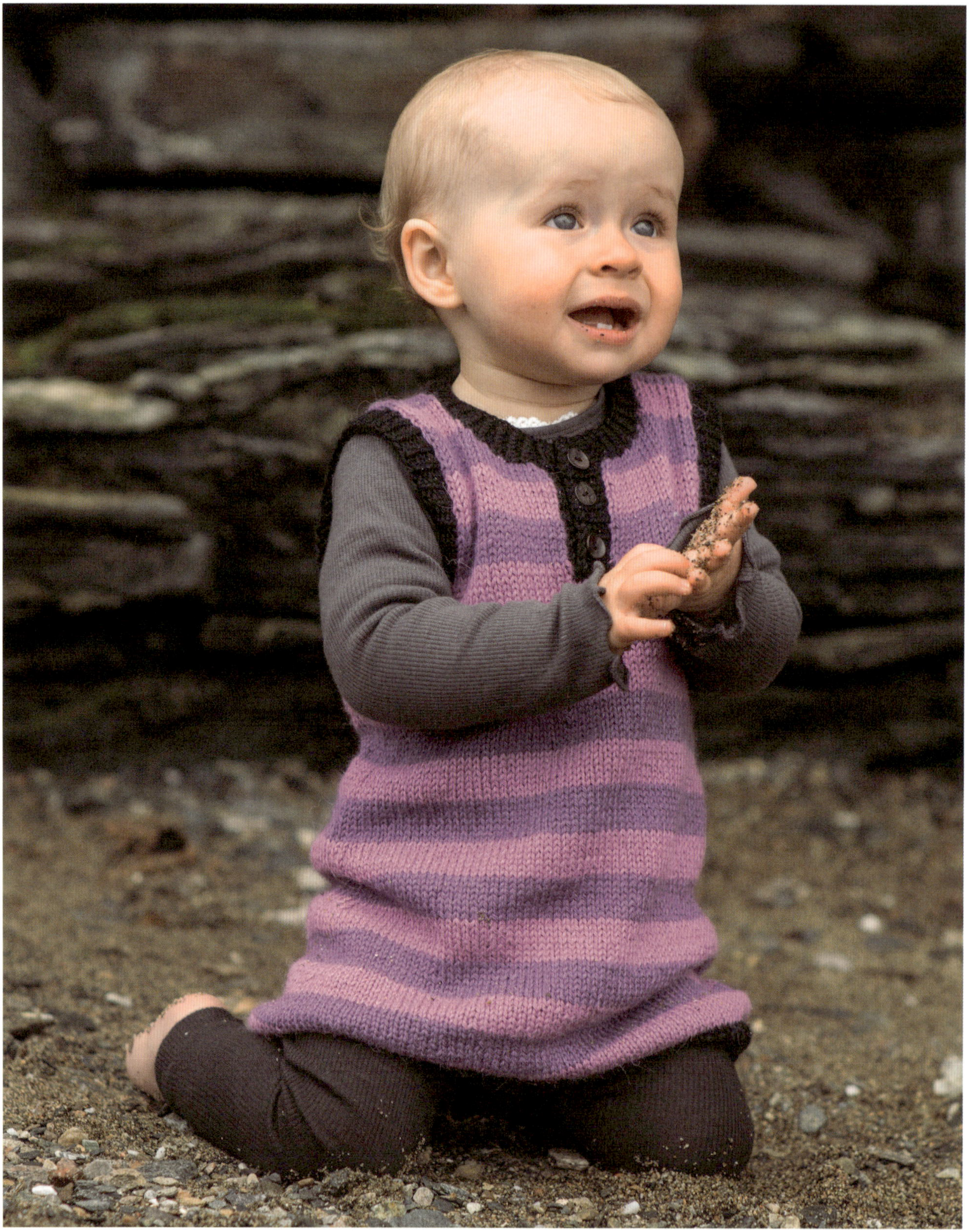

❹ **Halsauschnitt:** Auf der linken Seite des Halsausschnittes beginnend mit Rundnadel Nr. 3 pro Reihe 1 Masche aufstricken, die restlichen Nackenmaschen vom Rückenteil übernehmen, danach die gleiche Anzahl Maschen auf der rechten Halsausschnittseite aufstricken wie vorher links (ca. 70 (74) 78 (82) Maschen). Nun in Hin- und Rückreihen 2 cm im Bündchenmuster mit verschränkter rechter Masche stricken. In der Rückreihe wird die rechte Masche normal rechts und die linke Masche links verschränkt gestrickt. Locker abketten.

❺ **Knopfleiste:** Auf beiden Seiten der Spalte auf der Vorderseite mit Nadel Nr. 3 22 (24) 26 (28) Maschen aufnehmen und jede Seite 2 cm im Bündchenmuster stricken wie um den Halsausschnitt. Auf einer Seite werden gleichmäßig verteilt drei Knopflöcher eingearbeitet (s. Strick-ABC im Anhang S. 186). Die Leisten am unteren Ende überlappend mit dem Kleidteil vernähen. Dabei darauf achten, dass die Leiste mit den Knopflöchern zuoberst liegt. Die Knöpfe annähen.

❻ **Ärmelbündchen:** Um die Armausschnitte herum mit dem Nadelspiel Nr. 3 Maschen aufnehmen. Die passende Anzahl erhält man, indem man 3 x hintereinander pro Masche/Reihe 1 Masche aufnimmt, eine Masche überspringt und durch die nächsten 3 Maschen/Reihen Maschen aufnimmt usw. Mit anderen Worten, jede 4. Masche/Reihe 1 Masche/Reihe überspringen (= ca. 72 (86) 100 (114) Maschen). 2 cm Bündchenmuster mit verschränkter rechter Masche wie um den Halsausschnitt stricken und abketten.

Zu guter Letzt: Die Fäden vernähen und das Kleid leicht unter einem feuchten Tuch dämpfen.

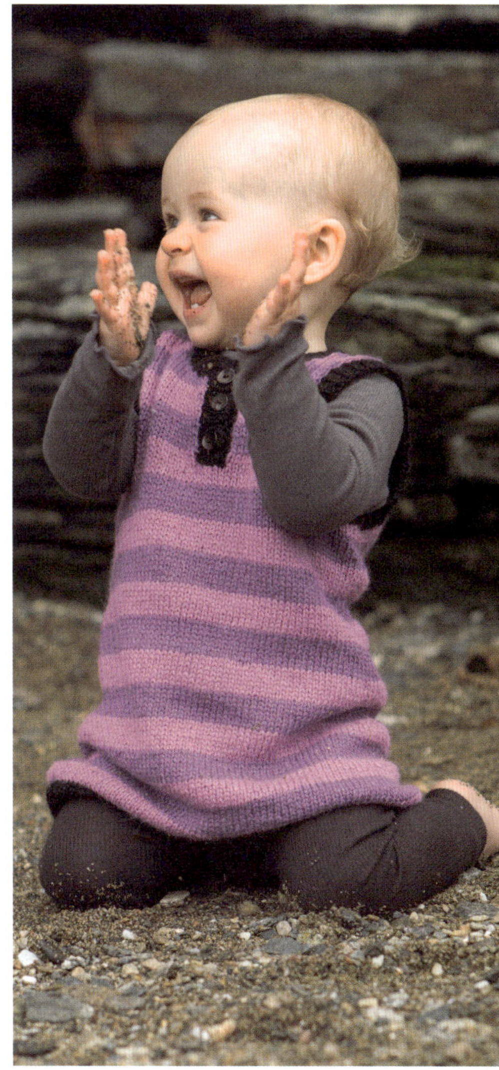

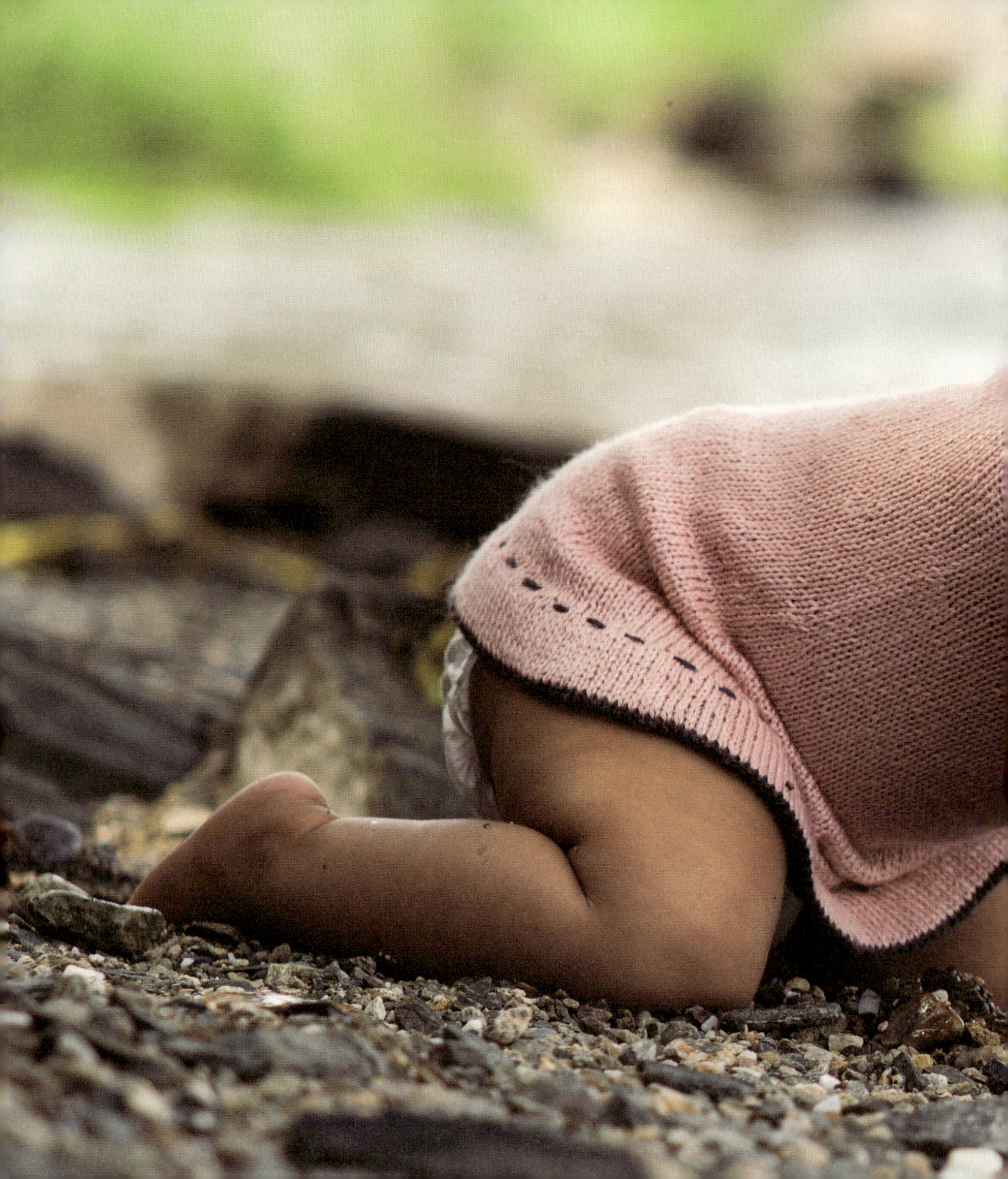

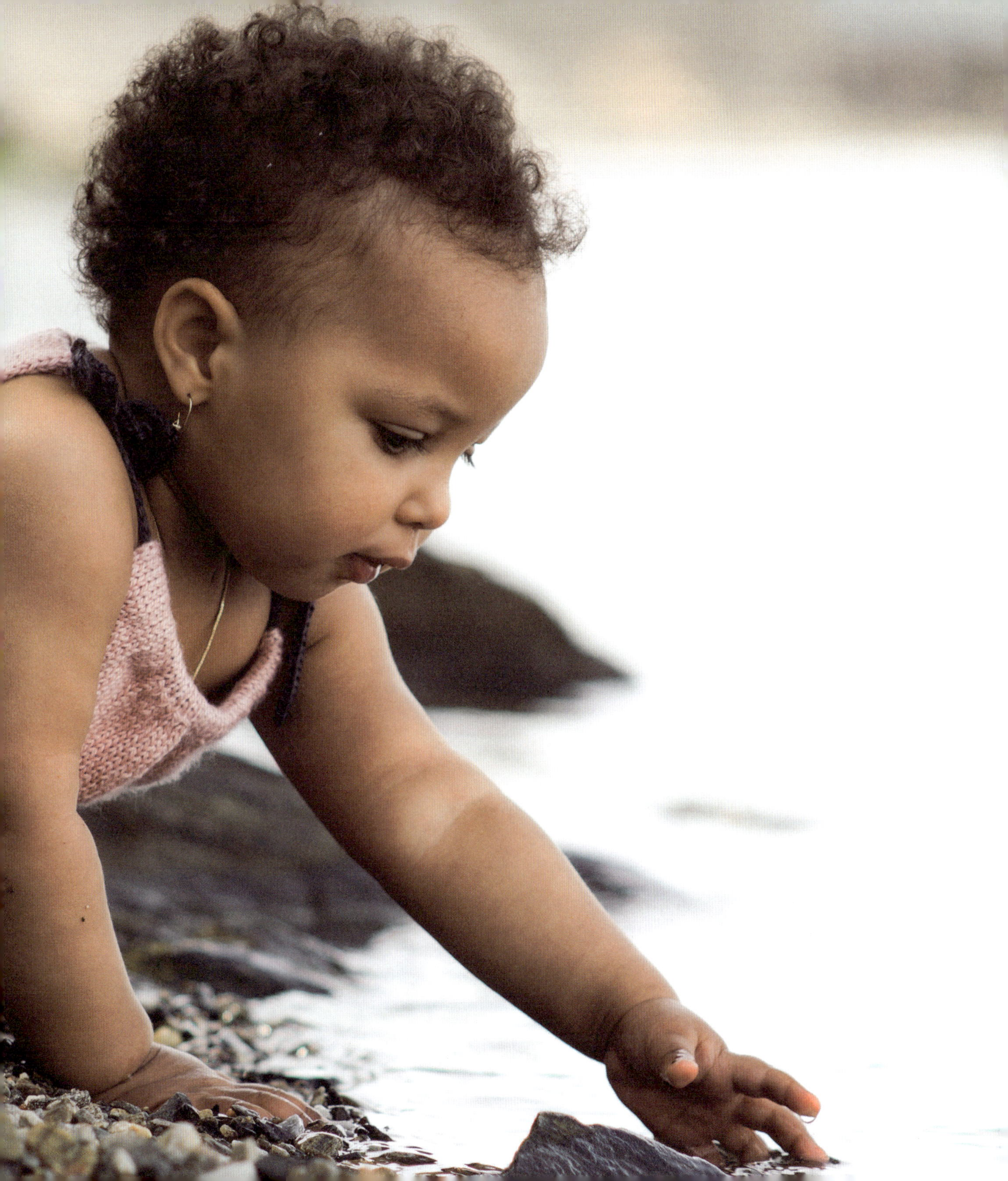

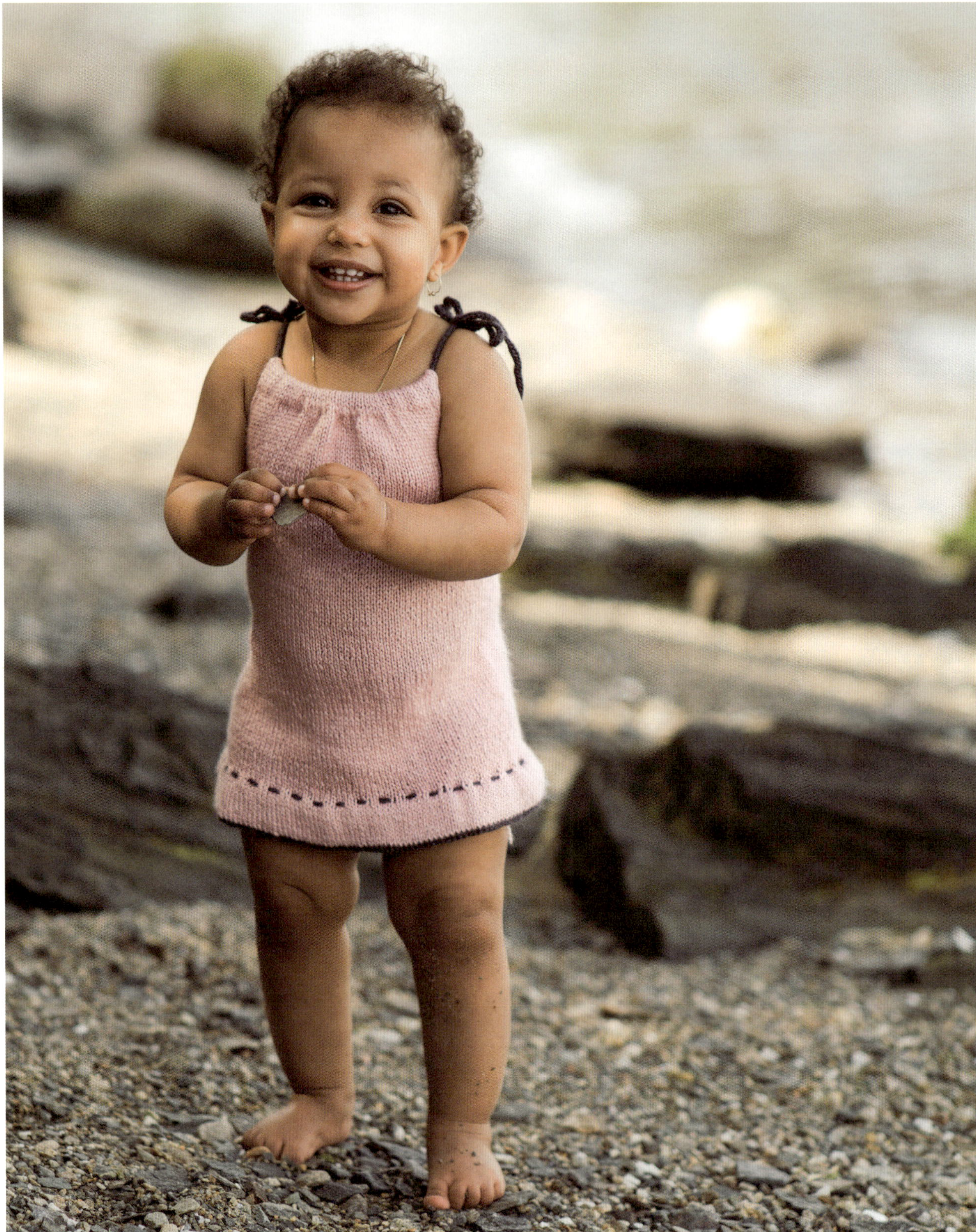

Strandkleid

Ein einfaches Strandkleid,
das an den Schultern geknotet wird.

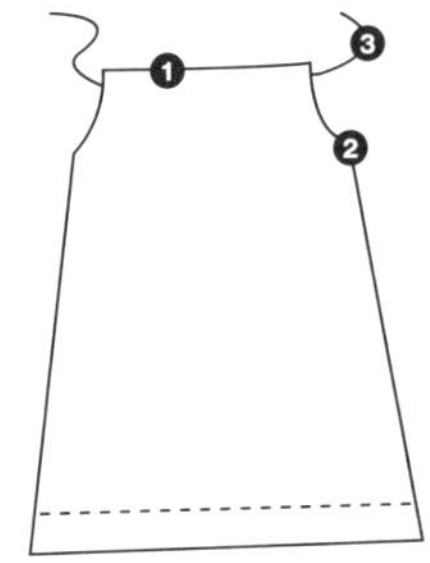

❶ Vorder- und Rückenteil: 44 (48) 52 (56) Maschen für das Vorderteil anschlagen. 4 cm glatt rechts hin und her stricken, dann die Maschenzahl auf 60 (66) 72 (78) Maschen erhöhen, indem durch die mittleren 16 (18) 20 (22) Maschen je 2 Maschen gestrickt werden. Im Glattstrick weiterarbeiten, bis das Vorderteil 12 (14) 16 (18) cm lang ist. Rückenteil wie Vorderteil stricken.
❷ Kleidteil: Die Maschen von Vorder- und Rückenteil auf eine Nadel nehmen und weiter rundstricken. Die Seitenmitten markieren (mit gleicher Maschenzahl für Vorder- und Rückenteil) und alle 5 cm vor und hinter den Seitenmarkierungen je 1 Masche zunehmen (4 Maschen pro Runde). Nach 39 (44) 54 (64) cm jede 5. Masche der nächsten Runde verdoppeln und 3 cm Glattstrick anschließen. Zum schwarzbraunen Garn wechseln und eine Runde rechts stricken, dann eine Runde links für die Faltkante. Danach wieder 3 cm Glattstrick für den Saumumschlag. Locker abketten.
❸ Strickband: Mit schwarzbraunem Faden 4 Maschen auf Nadel Nr. 2,5 anschlagen und rechts stricken. Die Maschen wieder ans vordere Nadelende schieben, ohne die Arbeit zu wenden und wieder rechts stricken. So fortfahren, ohne die Nadel zu wenden, dabei immer den Lauffaden hinter der Arbeit langführen und so stramm wie möglich an die nächste Reihe ziehen. Nach 55 (60) 65 (70) cm abketten und die Fäden vernähen. Ein zweites, gleich langes Band stricken.
Zu guter Letzt: Den oberen Rand von Vorder- und Rückenteil 2 cm nach innen umschlagen und sauber auf der linken Seite vernähen. Je eins der beiden Bänder durch den so entstandenen Tunnelsaum ziehen.
Den unteren Saum nach innen umschlagen und mit Heftstich mit schwarzbraunem Faden festnähen.

Größen und Maße
Größen: 1 (2) 4 (6) Jahre
Brustumfang: 54 (58) 62 (66) cm
Länge: 40 (45) 55 (65) cm

Material und Verbrauch
Fin von du store alpakka,
50 % Seide, 50 % Baby-Alpaka
100 (150) 200 (500) g Rosa Nr. 217
50 (50) 50 (50) g Schwarzbraun Nr. 230

Nadeln und Maschenprobe
Rundnadel 60 cm Nr. 3
Nadelspiel Nr. 2,5 für die Schnüre
27 Maschen glatt rechts
mit Nadel Nr. 3 = 10 cm

Bunte Wimpel

Eine simple Krausrippen-Wimpelkette fürs Kinderzimmer. Wählen Sie sanfte Pastelltöne oder Kraut und Rüben, was der Restekorb eben hergibt ...

Größen und Maße

Die Wimpel sind ca. 6,5 x 8 cm groß. 10 Wimpel ergeben eine 1 Meter lange Wimpelkette.

Material und Verbrauch

Eco Baby von Debbie Bliss, 100 % organische Baumwolle
1 Wimpel wiegt ca. 5 g. Für 10 Wimpel braucht man etwa 1 Knäuel à 50 g.
Auf dem Foto sind Wimpel in folgenden Farben zu sehen:
Hellgrün Nr. 14006, Gelb Nr. 14014, Puder Nr. 14011, Koralle Nr. 14013, Türkis Nr. 14005, Eisblau Nr. 14008, Lila Nr. 14010, Mauve Nr. 14009 und Grau Nr. 14002 für obere Kante und Schnur.

Nadeln und Maschenprobe

Gerade Nadeln Nr. 3,5
Häkelnadel Nr. 3,5
24 Maschen Krausrippe mit Nadelstärke 3,5 = 10 cm.
12 Krausrippen in der Höhe = 10 cm

20 Maschen anschlagen und in Hin- und Rückreihen rechts stricken. Beim Wenden der Nadel die 1. Masche (Faden vor der Arbeit) ungestrickt abnehmen, das gibt eine saubere Randkante auf beiden Seiten. 2 Reihen rechts stricken. In der nächsten Reihe 1 Masche abnehmen, indem die letzten beiden Maschen zusammengestrickt werden. Den Wimpel wenden, die 1. Masche (Faden vor der Arbeit) ungestrickt abnehmen und die Reihe rechts zu Ende stricken. Die letzten beiden Reihen 5 Mal wiederholen, bis noch 14 Maschen auf der Nadel sind.
Ab hier werden auf der gleichen Seite, wo sie abgenommen wurden, wieder Maschen zugenommen: Bis ans Ende der Reihe stricken, Strickarbeit wenden und die 1. Masche (Faden vor der Nadel) ungestrickt abheben, in der nächsten Masche 1 Masche zunehmen. Diese beiden Reihen 5 Mal wiederholen, bis wieder 20 Maschen auf der Nadel sind. Nach einer letzten rechten Reihe locker abketten.
Zu guter Letzt: Alle Fäden vernähen und die Wimpel unter einem feuchten Tuch leicht dämpfen.
Häkelrand: etwa 20 cm Luftmaschen anschlagen, dann mit festen Maschen an der Kurzseite eines Wimpels entlang häkeln. Es folgen 4 cm Luftmaschen, dann die nächste Wimpel-Kurzseite mit festen Maschen. Die Wimpelkette wird mit einer ca. 20 cm langen Luftmaschenkette beendet, ehe der Faden durch die letzte Maschenschlinge gezogen und vernäht wird.

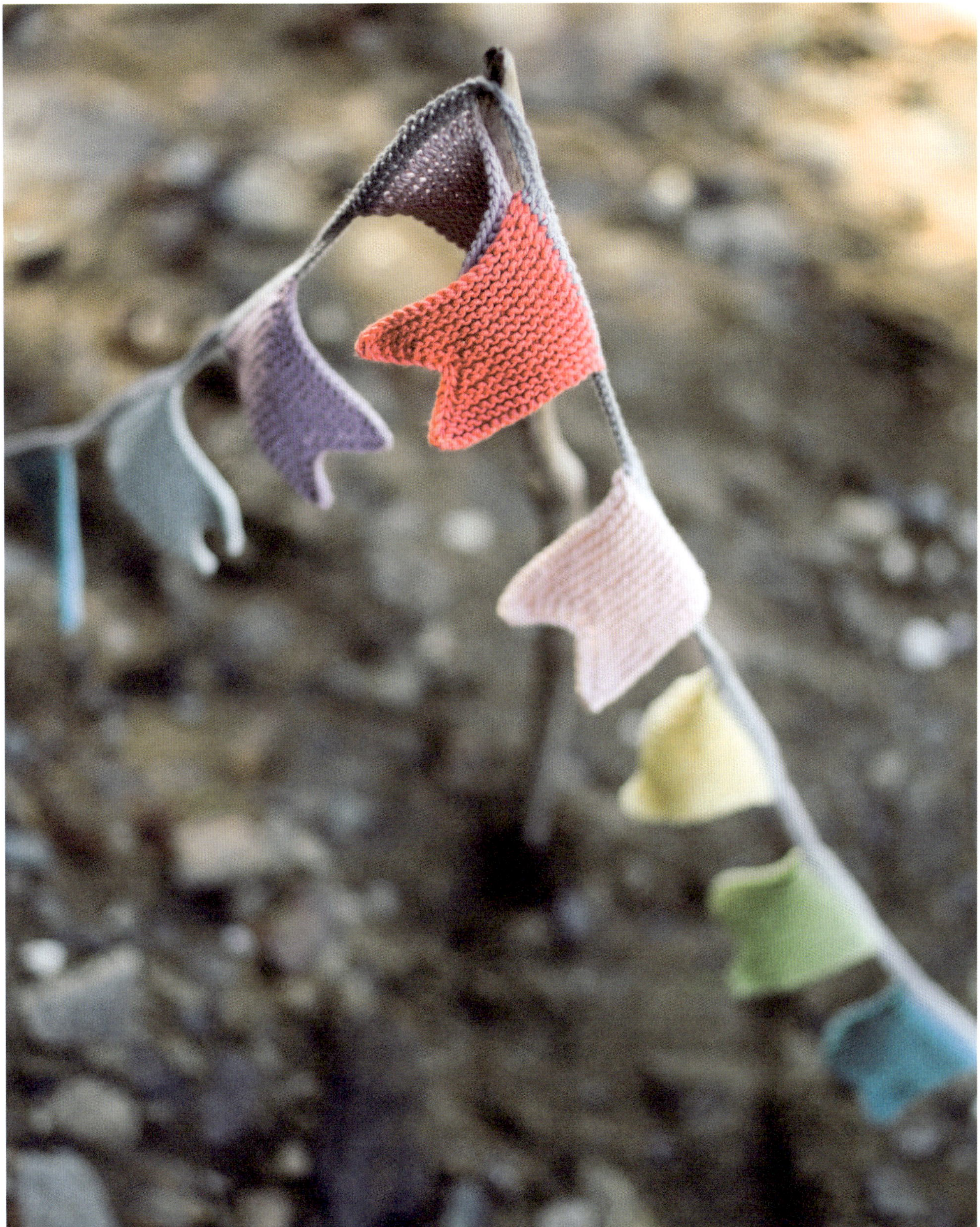

Fahr, fahr, kleines Segelboot

Erholsame Tage am Strand, an denen man Zeit hat, etwas mit den Kindern zu unternehmen. Ich habe ein einfaches Segel gestrickt und aus Treibholz ein Boot gebastelt. Puppenleicht zum Nachbasteln für Kinder.

Maße
Das Segel ist ca. 10 x 9 cm groß

Material und Verbrauch
Eco Baby von Debbie Bliss,
100 % organische Baumwolle
50 g Hellgrün Nr. 14006

Nadeln und Maschenprobe
Nadelspiel Nr. 3
24 Maschen Krausrippe (kraus rechts)
mit Nadelstärke 3 = 10 cm

24 Maschen anschlagen und in Hin- und Rückreihen Krausrippen stricken. Die 1. Masche jeder Reihe (mit dem Faden vor der Arbeit) ungestrickt abheben, das ergibt einen sauberen Rand.
Nach 2 Krausrippen ein Loch für den Segelmast einarbeiten: 11 Maschen stricken, 2 Maschen zusammenstricken und 1 Umschlag auf die Nadel nehmen. In der Rückreihe wird der Umschlag wie eine gewöhnliche Masche gestrickt. Wenn das Segel 8 cm hoch ist, ein zweites Loch wie das erste einarbeiten. Danach noch 2 Krausrippen stricken und abketten. Den Faden abschneiden und vernähen.

So basteln Sie ein Boot: Suchen Sie ein geeignetes Stück Treibholz und probieren Sie aus, wie es im Sand steht oder auf dem Wasser treibt. Ein kleines Loch für den Mast in das Deck bohren, einen passenden, kurzen Stock oder Zweig in das vorgebohrte Loch stecken und das Segel über den Stock ziehen. So schnell wird man zum Bootsbauer!

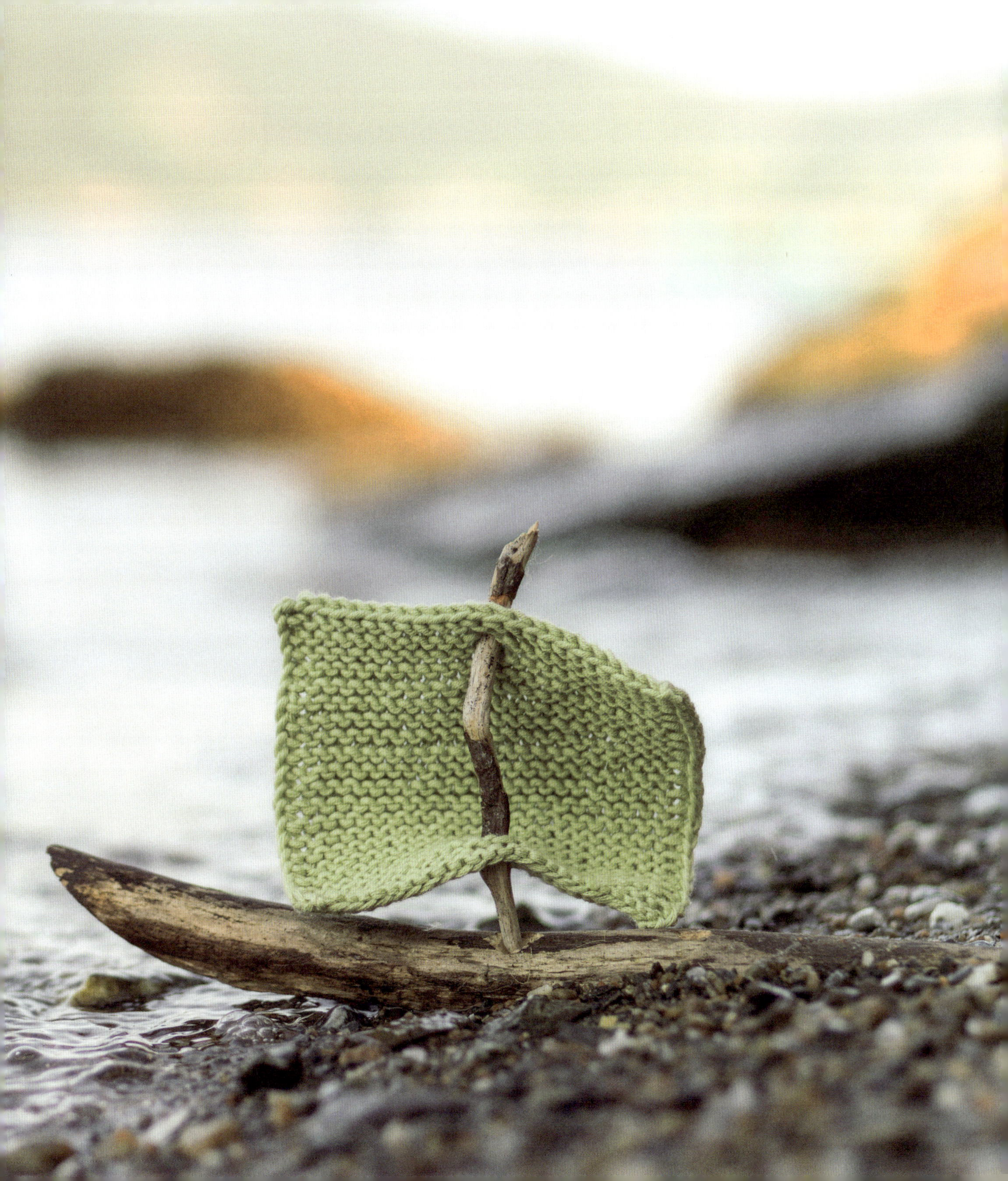

Strandtasche

Eine hübsche Tasche für alle Spielsachen, die mit an den Strand müssen. Die Größe lässt sich leicht ändern, wenn man zum Beispiel eine größere Tasche für Wechselkleidung im Kindergarten braucht.

Maße
23 x 22 cm

Material
Eco Baby von Debbie Bliss,
100 % organische Baumwolle
100 g Koralle Nr. 14013

Nadeln und Maschenprobe
Kurze Rundstricknadel Nr. 4
Häkelnadel Nr. 3,5
20 Maschen Lochmuster
mit Nadelstärke 4 = 10 cm

TIPP!
Ein senkrechter Hilfsfaden, der in jede neue Runde weitergezogen wird, erleichtert den Überblick darüber, wie sich das Muster verschiebt.

Die Tasche ist rundgestrickt und die Maschenzahl durch 3 teilbar. In jeder 2. Runde wird das Muster um 2 Maschen verschoben. Das Muster ist richtig gestrickt, wenn die 1. der 2 rechten Maschen in der Lochmusterrunde (Runde 1) direkt über dem unterliegenden Loch sitzt.
102 Maschen anschlagen und 1 rechte Runde stricken.
1. Runde: * 1 Umschlag, 1 Masche rechts ungestrickt abnehmen, 2 rechte Maschen, die ungestrickte Masche über die 2 rechten Maschen ziehen, ab * bis zum Ende der Runde wiederholen.
2. Runde: Rechts stricken und am Ende der Runde die ersten 2 Maschen der nächsten Runde mitstricken, bevor wieder mit dem Lochmuster weitergemacht wird.
Die 1. und 2. Runde wiederholen, bis die Tasche 19 cm misst. Mit einer rechten Runde abschließen, ehe abgekettet wird.
Zu guter Letzt: 6 Runden feste Maschen um den oberen Taschenrand häkeln (s. Häkel-ABC im Anhang S. 195). Für den Henkel in Hin- und Rückreihen über den ersten Maschen der Runde 30 cm feste Maschen häkeln. Den Faden durch die Maschen ziehen und das kurze Ende auf der gegenüberliegenden Seite am Rand festnähen.
Jetzt noch den Boden der Tasche zunähen und alle Fäden vernähen

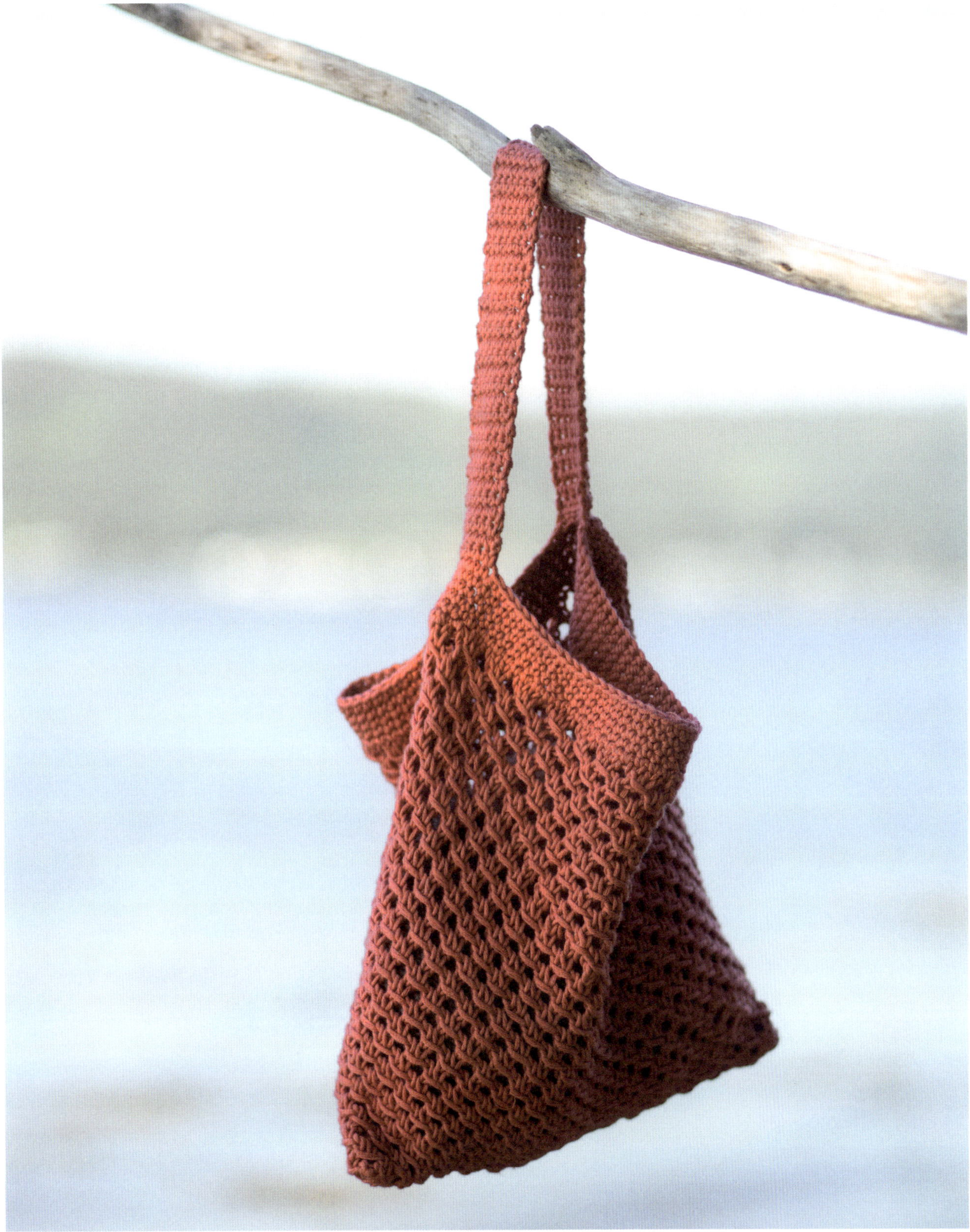

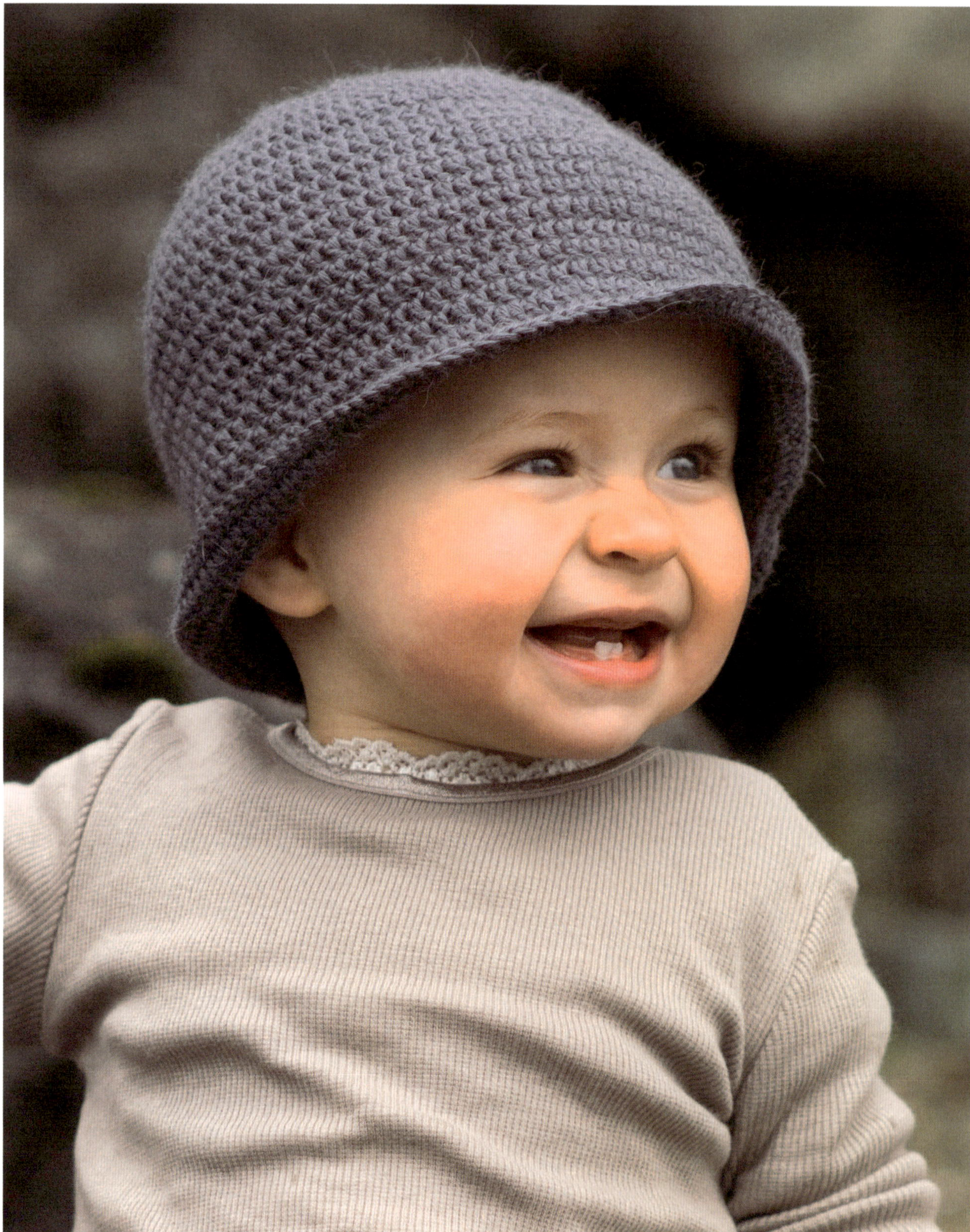

Häkelhut

Der Häkelhut passt Mädchen und Jungen. Wer möchte, kann für Jungs ein paar Flugzeugknöpfe aufnähen und für Mädchen eine Häkelblüte.

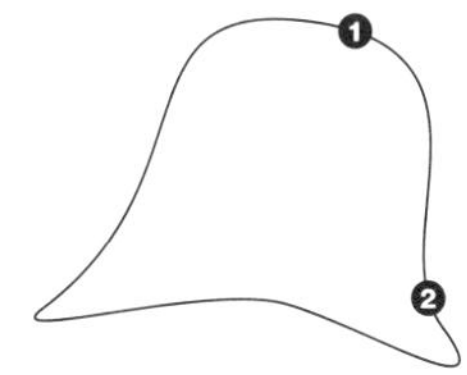

Größen und Maße
Größen: (6 Monate) 1 (2) 4 (6) Jahre
Umfang: (38) 40 (42) 44 (46) cm

Material und Verbrauch
BabySilk von du store alpakka,
20 % Seide, 80 % Baby-Alpaka
(100) 100 (100) 100 (100) g
Graublau Nr. 333

Häkelnadel Nr. 3

❶ Der Hut wird von der Spitze aus gehäkelt und mit einer Fadenschlaufe mit heraushängendem Fadenende begonnen (s. Häkel-ABC im Anhang S. 195). 3 Luftmaschen (für das 1. Stäbchen) häkeln, danach 11 Stäbchen in den Fadenring (insgesamt 12 Stäbchen). Die Runde mit einer Kettmasche in der oberen Luftmasche des 1. Stäbchens schließen. Ziehen Sie jetzt so weit an dem Fadenende der Anfangsschlaufe, bis das Loch in der Mitte zugezogen ist.

NB: Am Anfang jeder Runde 3 Luftmaschen (= 1. Stäbchen) häkeln und die Runde immer mit einer Kettmasche durch die 3. Luftmasche dieses 1. Luftmaschenstäbchens abschließen. Das wird in der Anleitung nicht mehr wiederholt.

2. Runde: In jedes Stäbchen 2 Stäbchen häkeln (= 24 Stäbchen).

3. Runde: * 1 Stäbchen in das 1. Stäbchen, 2 Stäbchen in das 2. Stäbchen, ab * bis zum Ende der Runde wiederholen (= 36 Stäbchen).

4. Runde: * 1 Stäbchen in das 1. Stäbchen, 1 Stäbchen in das 2. Stäbchen, 2 Stäbchen in das 3. Stäbchen, ab * bis zum Ende der Runde wiederholen (= 48 Stäbchen).

5. Runde: * je 1 Stäbchen in die ersten 3 Stäbchen, dann 2 Stäbchen in das 4. Stäbchen, ab * wiederholen (= 60 Stäbchen).

6. Runde: * je 1 Stäbchen in die ersten 4 Stäbchen, dann 2 Stäbchen in das 5. Stäbchen, ab * wiederholen (= 72 Stäbchen).

7. Runde: * je 1 Stäbchen in die ersten 5 Stäbchen, dann 2 Stäbchen in das 6. Stäbchen, ab * wiederholen (= 84 Stäbchen).

Für die Größe 6 Monate werden ab hier keine weiteren Stäbchen zugenommen.

Für die Größe 1 Jahr werden in der 8. Runde 6 Maschen zugenommen durch Häkeln von * 13 Stäbchen, danach 2 Stäbchen ins nächste Stäbchen, ab * wiederholen (= 90 Stäbchen).

8. Runde: (2, 4 und 6 Jahre): * je 1 Stäbchen in die ersten 6 Stäbchen häkeln, danach 2 Stäbchen in das 7. Stäbchen, ab * wiederholen (= 96 Stäbchen). Für die Größe 2 Jahre ab hier die Maschenzunahme beenden.

Für die Größe 4 Jahre in der 9. Runde 6 Maschen zunehmen durch Häkeln von * 15 Stäbchen und 2 Stäbchen im folgenden Stäbchen, ab * wiederholen (= 102 Stäbchen).

9. Runde (6 Jahre): * je 1 Stäbchen in die ersten 7 Stäbchen häkeln, danach 2 Stäbchen in das 8. Stäbchen, ab * wiederholen (= 108 Stäbchen). Hier endet die Maschenzunahme.

Ab da weiter in Runden häkeln, bis die Mütze 16 (17) 18 (19) cm oder die gewünschte Länge misst.

❷ **Unterer Hutrand:** * 1 Stäbchen in das 1., 1 Stäbchen in das 2., 2 Stäbchen in das 3. Stäbchen häkeln, ab * bis zum Ende der Runde wiederholen. Mit (2) 3 (3) 4 (5) Runden mit 1 Stäbchen pro Stäbchen abschließen und mit 1 Kettmasche beenden. Den Faden abschneiden und gut vernähen.

Die Anleitung für eine Häkelblüte finden Sie auf S. 77.

Häkelweste

Diese kurze Häkelweste eignet sich für den Alltag oder für besondere Anlässe. Sie wird von unten nach oben gehäkelt.

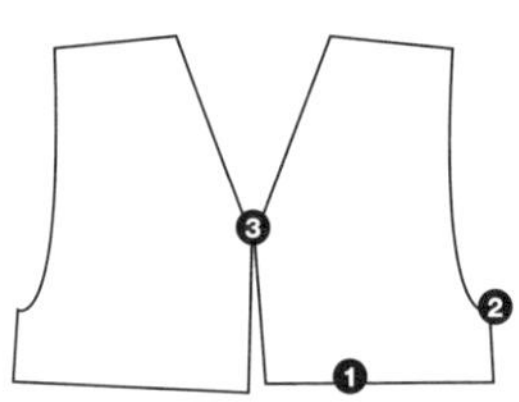

Größen und Maße

Größen: (6 Monate) 1 (2) 4 (6) Jahre
Brustumfang: (36) 40 (46) 52 (58) cm
Länge: (14) 15 (17) 19 (21) cm

Material und Verbrauch

BabySilk von du store alpakka,
20 % Seide, 80 % Baby-Alpaka
(50) 50 (50) 100 (100) g
Graublau Nr. 333

Häkelnadel Nr. 3

❶ (81) 93 (105) 117 (129) Luftmaschen anschlagen, umdrehen, Spitze in die 3. Masche von der Nadel stechen und bis ans Ende der Reihe in jede Luftmasche 1 Stäbchen häkeln (= (80) 92 (104) 116 (128) Stäbchen). So weiter hin und her häkeln, dabei jede Reihe mit 3 Luftmaschen (= 1. Stäbchen) beginnen.

Nach (3) 4 (5) 6 (7) Reihen wird die Arbeit geteilt:

(20) 23 (26) 29 (32) Stäbchen häkeln (= rechtes Vorderteil), (40) 46 (52) 58 (64) Stäbchen häkeln (= Rückenteil), (20) 23 (26) 29 (32) Stäbchen häkeln (= linkes Vorderteil).

❷**Rückenteil:** Die ganze Zeit weiter Stäbchen häkeln, dabei für die Armausschnitte 4 Mal an beiden Seiten je 1 Stäbchen weniger häkeln (= 8 Maschen weniger). Bis zu einer Gesamtlänge von (14) 15 (17) 19 (21) cm weiterarbeiten.

❸ **Vorderteile:** Weiter Stäbchen häkeln, dabei für die Armausschnitte 4 Mal an beiden Seiten je 1 Stäbchen weniger häkeln. Parallel (10) 11 (12) 14 (15) Mal in jeder Reihe am Halsausschnitt 1 Stäbchen abketten. Bis zu einer Gesamtlänge von (14) 15 (17) 19 (21) cm weiterhäkeln. Das zweite Vorderteil wie das erste häkeln, nur spiegelbildlich.

Zu guter Letzt: Die Weste an den Schultern zusammennähen oder -häkeln. Eine Runde feste Maschen um alle Ränder häkeln. An der Stelle, wo die Vorderteile sich zum Hals hin weiten (s. Abb. Punkt 3), eine 20 cm lange Luftmaschenkette häkeln und mit festen Maschen zurück zum Anfang. Am anderen Vorderteil ebenso verfahren. Alle Fäden vernähen und leicht unter einem feuchten Tuch dämpfen.

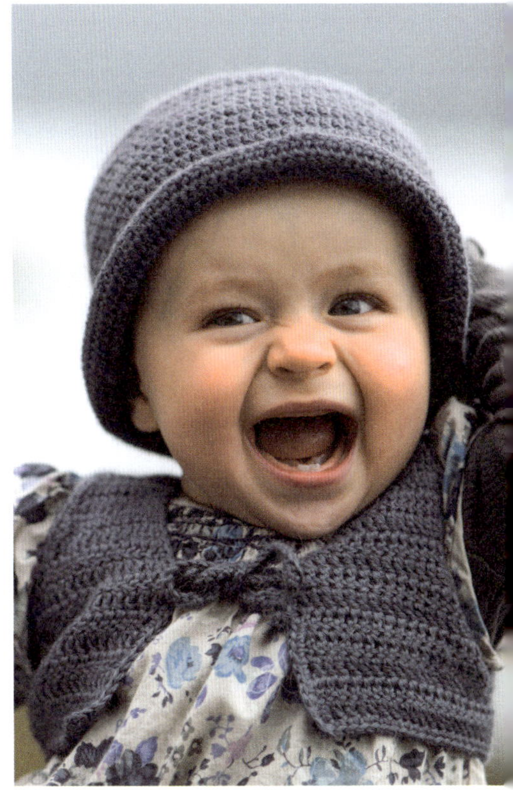

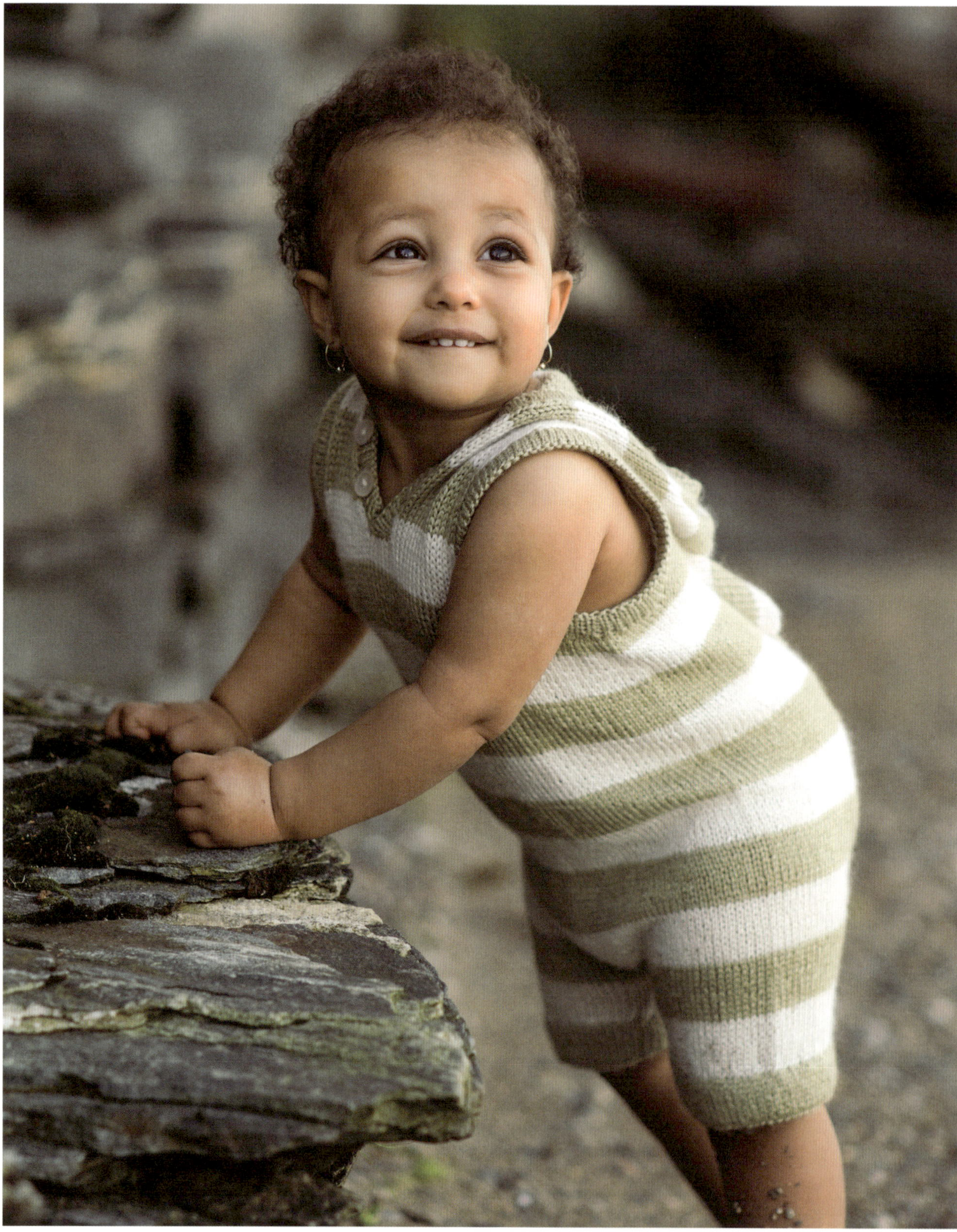

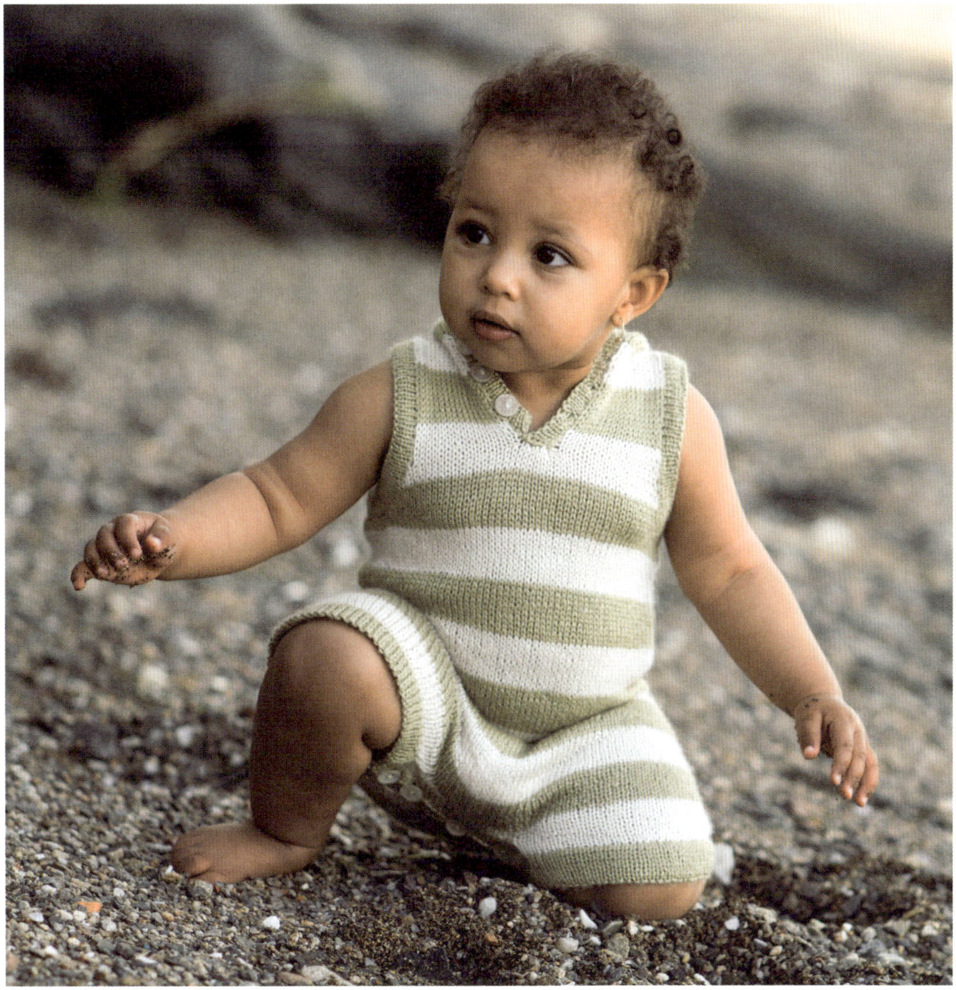

Sommeroverall

Ein niedlicher Overall mit Kapuze, der bestens für den nordischen Sommer geeignet ist. Das aus einer Seide-Alpaka-Mischung bestehende Garn ist temperaturausgleichend. Bei Hitze sorgt es für eine angenehme Kühlung und wärmt, wenn es draußen mal frischer ist.

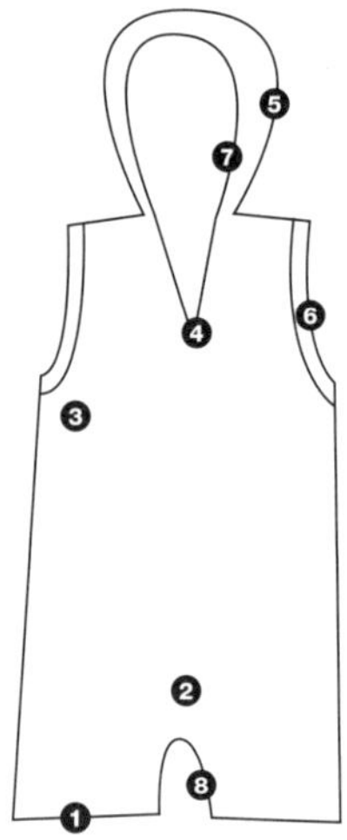

Größen und Maße
Größen: (6 Monate) 1 (2) 4 Jahre
Brustumfang: (50) 50 (55) 60 cm
Länge: (40) 45 (50) 55 cm

Material und Verbrauch
Fin von du store alpakka,
50 % Seide, 50 % Baby-Alpaka
(100) 100 (150) 200 g Hellgrün Nr. 209
(100) 100 (100) 150 g Natur Nr. 201

Zubehör
8 Perlmuttknöpfe,
ca. 12 mm Durchmesser

Nadeln und Maschenprobe
Rundnadel 40 cm Nr. 3
27 Maschen glatt rechts
mit Nadelstärke 3 = 10 cm

Muster:
Pro Streifen 10 Runden/Reihen stricken, ehe die Farbe gewechselt wird.

❶ Beine: Mit grünem Garn (60) 60 (66) 76 Maschen anschlagen und 9 Reihen glatt rechts hin und her stricken. Für die Faltkante 1 krause Reihe stricken. 10 Reihen mit grünem Garn stricken, ehe zur anderen Farbe gewechselt wird. (6) 6 (7) 8 cm von der Faltkante stricken und das eine Bein zur Seite legen, während das zweite genauso gestrickt wird.
❷ Mittelteil: An beiden Seiten der Beinteile 5 Maschen aufnehmen und beide Beine auf eine Rundstricknadel nehmen. Die Runde beginnt hinten in der Mitte, dort wird auch nach jeweils 10 Reihen die Farbe gewechselt. Von der Mitte hinten gerechnet liegen jetzt 5 Maschen für das halbe Rückenteil auf der Nadel, ein Bein, 10 Maschen für das Vorderteil, ein Bein, 5 Maschen für die zweite Hälfte des Rückenteils (= (140) 140 (152) 172 Maschen). Glatt rechts weiterstricken, bis das Strickstück (30) 34 (38) 42 cm lang ist. Die Seiten mittig markieren, indem vom Rundenbeginn Mitte hinten links und rechts rum (35) 35 (38) 43 Maschen abgezählt werden. Für die Armausschnitte auf beiden Seiten jeweils (20) 20 (22) 22 Maschen abketten (= gleiche Maschenzahl vor und hinter der Seitenmarkierung). Ab hier Vorder- und Rückenteil getrennt weiterarbeiten.
❸ Rückenteil: Über (50) 50 (54) 64 Maschen hin und her stricken. Dabei ergibt sich ein Farbstreifen, der eine halbe Reihe weniger in der Farbe hat, was aber von der Kapuze verdeckt wird. In jeder 2. Reihe 4 Mal 1 Masche abketten (= 8 M weniger auf der Nadel). Wenn die Arbeit (40) 45 (50) 55 cm misst, die äußeren (8) 8 (10) 12 Maschen auf beiden Seiten abketten und den Rest für die Kapuze auf der Nadel lassen.
❹ Vorderteil: Wird begonnen wie das Rückenteil. Wenn die 8 Maschen für die Armausschnitte abgekettet sind, in der Mitte 4 Maschen für die Knopfleiste abketten und die beiden Vorderhälften getrennt auf die gleiche Länge wie das Rückenteil weiterarbeiten. Die äußeren (8) 8 (10) 12 Schultermaschen auf beiden Seiten abketten und den Rest für die Kapuze auf der Nadel lassen. Die Schulterteile von Rücken- und Vorderteil zusammennähen.

❺ Kapuze: Beginnen Sie mit einer neuen Farbe und erhöhen Sie die Maschenzahl auf (50) 54 (58) 62 M. Wie gehabt nach jeder 10. Reihe die Farbe wechseln. Dabei hinten in der Mitte in jeder 2. Reihe auf beiden Seiten der Mittelmasche je 1 M zunehmen, bis die Kapuze (22) 24 (26) 28 cm lang ist. Maschen abketten, Kapuze an der Spitze zusammennähen (oder vor dem Abketten mit Maschenstich zusammennähen).

❻ Bündchen Armausschnitte: Um die Öffnung (70) 74 (78) 82 M aufnehmen, 6 Runden glatt rechts stricken. Danach 1 Runde kraus für die Faltkante und weitere 6 Runden glatt rechts. Locker abketten.

❼ Bündchen Kapuze: Um den Rand der Kapuze (122) 132 (142) 152 M aufnehmen. Hinter den 4 abgeketteten M beginnen und nach vollendeter Runde keine Maschen zunehmen.

Nach 2 Reihen glatt rechts auf einer Seite 3 Knopflöcher einarbeiten, 5 M vom unteren Rand entfernt mit jeweils 5 M zwischen den Löchern. Danach 3 Reihen glatt rechts und 1 krause Reihe für die Faltkante. Weitere 3 Reihen glatt rechts und dann spiegelgleich 3 Knopflöcher, 2 Reihen glatt rechts und locker abketten.

❽ Knopfbündchen zwischen den Beinen: Am Rückenteil am Rand zwischen den Beinen (42) 42 (48) 54 M aufnehmen. 6 Reihen glatt rechts stricken, dann 1 Reihe kraus für die Faltkante. Mit 7 Reihen glatt rechts beenden, locker abketten. Das Vorderteil wird genauso gearbeitet, aber nach 2 Reihen glatt rechts werden auf beiden Seiten der links gestrickten Faltkante 5 Knopflöcher mit (6) 6 (7) 8 M Abstand eingearbeitet.

Zu guter Letzt: Kapuzenbündchen an der Faltkante umschlagen und innen festnähen, sodass die Seite mit den Knopflöchern oben liegt. Das Bündchen um die Armausschnitte umschlagen und auf der linken Seite festnähen. Das Beinbündchen unten umschlagen und auf der linken Seite festnähen. Die Knopfleiste zwischen den Beinen umschlagen und auf der linken Seite festnähen. Knöpfe annähen, Overall unter feuchtem Tuch dämpfen.

18 Fäden zu einem 5 cm langen Troddel verflechten und an der Kapuzenspitze annähen.

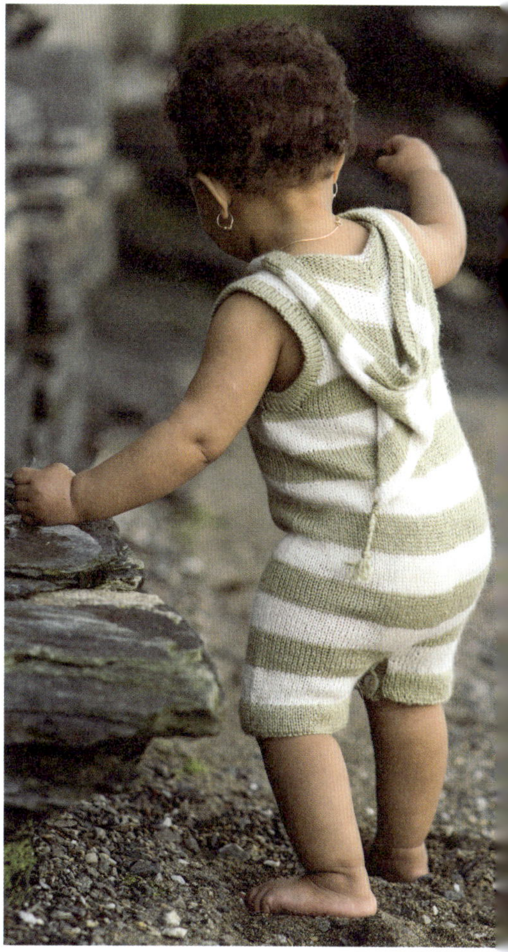

Ballerinas

Krausrippen-Ballerinas für kleine und größere Prinzessinnen.

Größen und Maße
Größen: 1 (2) 4 (6) Jahre
Länge: 11 (12) 14 (16) cm
(Die Ballerinas sind sehr elastisch)

Material und Verbrauch
BabySilk von du store alpakka,
20 % Seide, 80 % Baby-Alpaka
50 (50) 50 (50) g Lavendel Nr. 343

Nadeln und Maschenprobe
Nadelspiel Nr. 4,5
16 Maschen Krausrippe
mit Nadelstärke 4,5 = 10 cm
(mit doppeltem Faden)

13 (15) 17 (19) Maschen mit doppeltem Faden anschlagen und auf 2 Nadeln hin und her 2 Krausrippen stricken. Die 1. Masche wird mit dem Faden vor der Arbeit ungestrickt abgenommen. Vor und hinter der mittleren Masche je 1 Masche zunehmen. Bis insgesamt 10 (12) 14 (16) Krausrippen weiterstricken. Jetzt die Maschen auf mehrere Nadeln verteilen und auf der letzten Nadel 6 Maschen für den vorderen Rand über dem Spann anschlagen. Den Faden abschneiden und den Anfang der Runde mitten unter den Fuß verlegen. Abwechselnd 1 Runde rechts und 1 Runde links über alle Maschen stricken, bis es 5 (6) 7 (8) Krausrippen gibt. Für die Schuhspitze wird wie folgt abgekettet: Mit einer rechten Reihe aufhören. In der folgenden Runde werden * 2 linke Maschen zusammengestrickt, danach 1 Masche links, ab * bis zum Ende der Runde wiederholen. 1 Runde rechts stricken. In der nächsten linken Runde werden immer 2 Maschen zusammengestrickt. Mit 1 Runde rechts aufhören und den Faden durch die verbleibenden Maschen ziehen und gut vernähen.

Zu guter Letzt: Die kurzen Kanten (Anschlagskante) zusammennähen, das ist die Ferse.

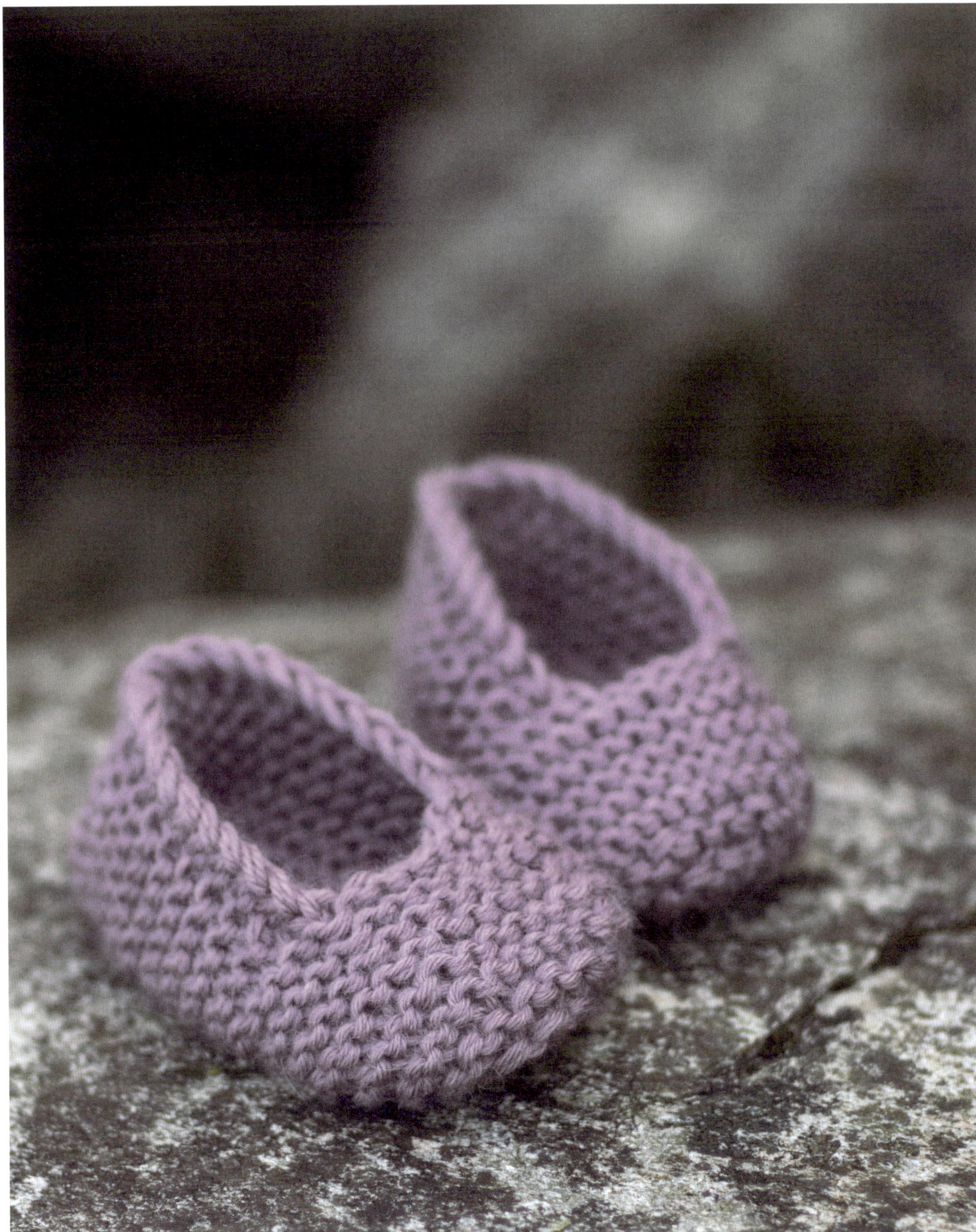

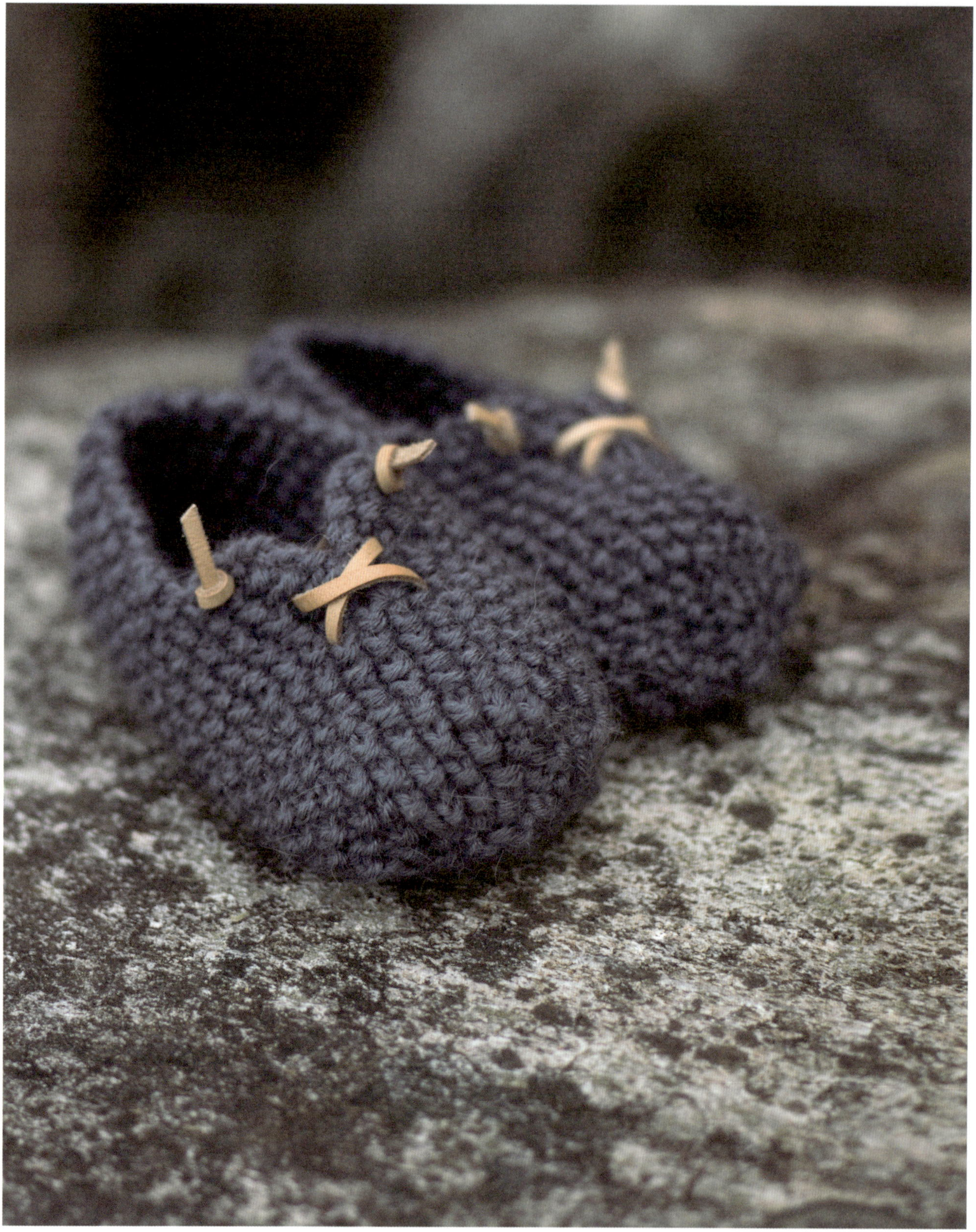

Schnürschuhe

Robuste Schnürschuhe im Perlmuster mit Lederschnürung.
Ein hübsches Geschenk.

Mit doppeltem Faden 15 (17) 19 (21) Maschen anschlagen und im Perlmuster stricken, 1 rechte und 1 linke Masche im Wechsel in Hin- und Rückreihe (s. Strick-ABC im Anhang S. 186). Nach 5 (6) 7 (8) cm an jeder Seite 4 Maschen anschlagen. Weiter im Perlmuster hin und her stricken, bis die Arbeit 8 (9) 11 (12) cm lang ist. Jetzt die Maschen auf mehrere Nadeln verteilen und im Rundstrick weiterarbeiten, bis der Schuh 10 (11) 13 (15) cm lang ist. Abgekettet für die Spitze wird wie folgt: * 3 Maschen rechts zusammenstricken, 1 linke Masche, ab * bis zum Ende der Runde wiederholen. Eine Runde ohne Abnehmen im Perlmuster stricken, dann noch eine Runde wie die erste. Danach den Faden durch die verbleibenden Maschen ziehen und gut vernähen.

Zu guter Letzt: Die kurzen Endkanten (Anschlagskanten) zusammennähen, das wird die Ferse.

Die Lederschnur wie einen Schnürsenkel durch den Schlitz über dem Spann ziehen (s. Foto).

Größen und Maße
Größen: 1 (2) 4 (6) Jahre
Länge: 11 (12) 14 (16) cm
(Die Schuhe sind sehr elastisch)

Material und Verbrauch
BabySilk von du store alpakka,
20 % Seide, 80 % Baby-Alpaka
50 (50) 50 (50) g Graublau Nr. 333

Zubehör
Lederschnur

Nadeln und Maschenprobe
Nadelspiel Nr. 4,5
16 Maschen Perlmuster
mit Nadel Nr. 4,5 = 10 cm
(mit doppeltem Faden)

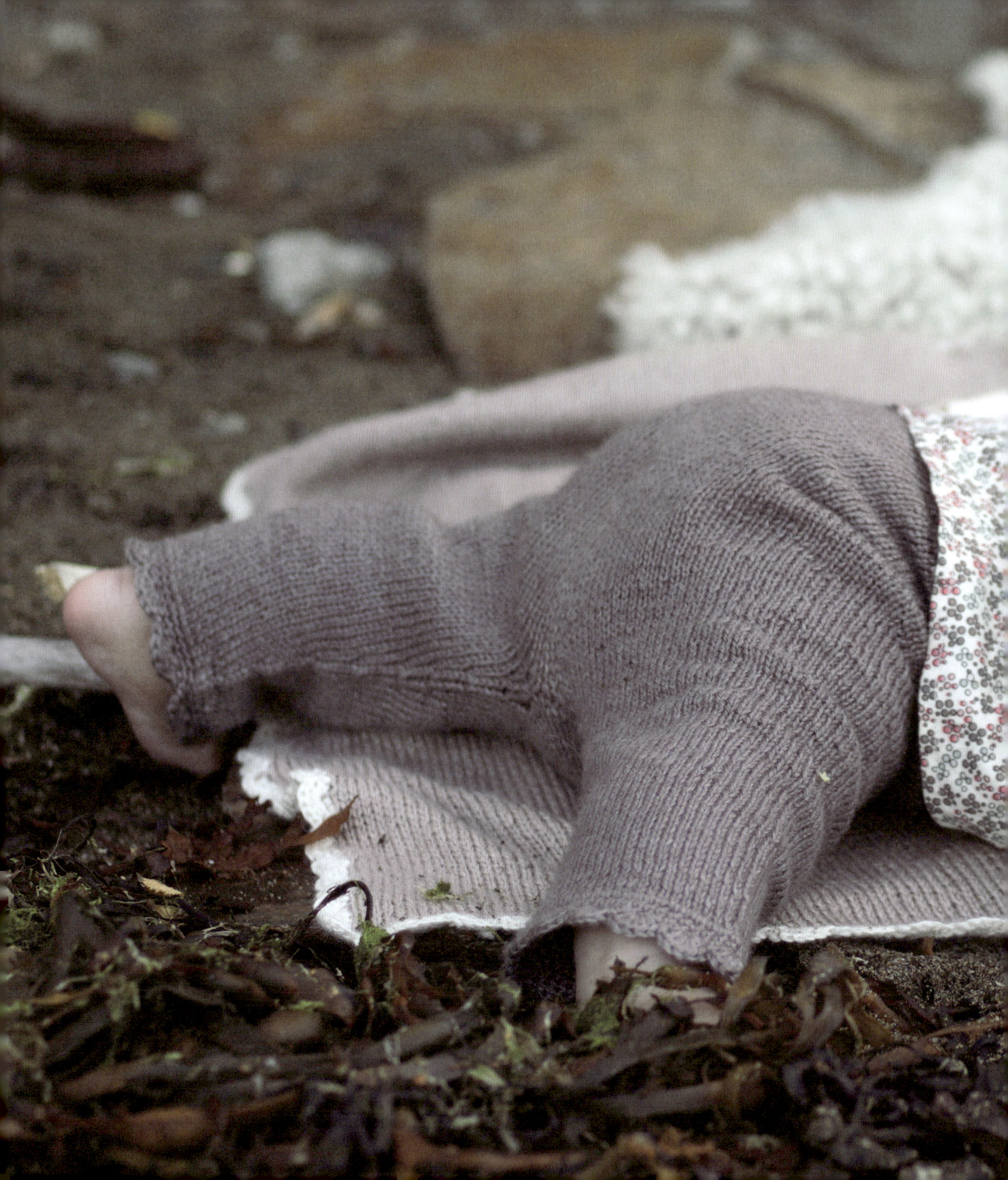

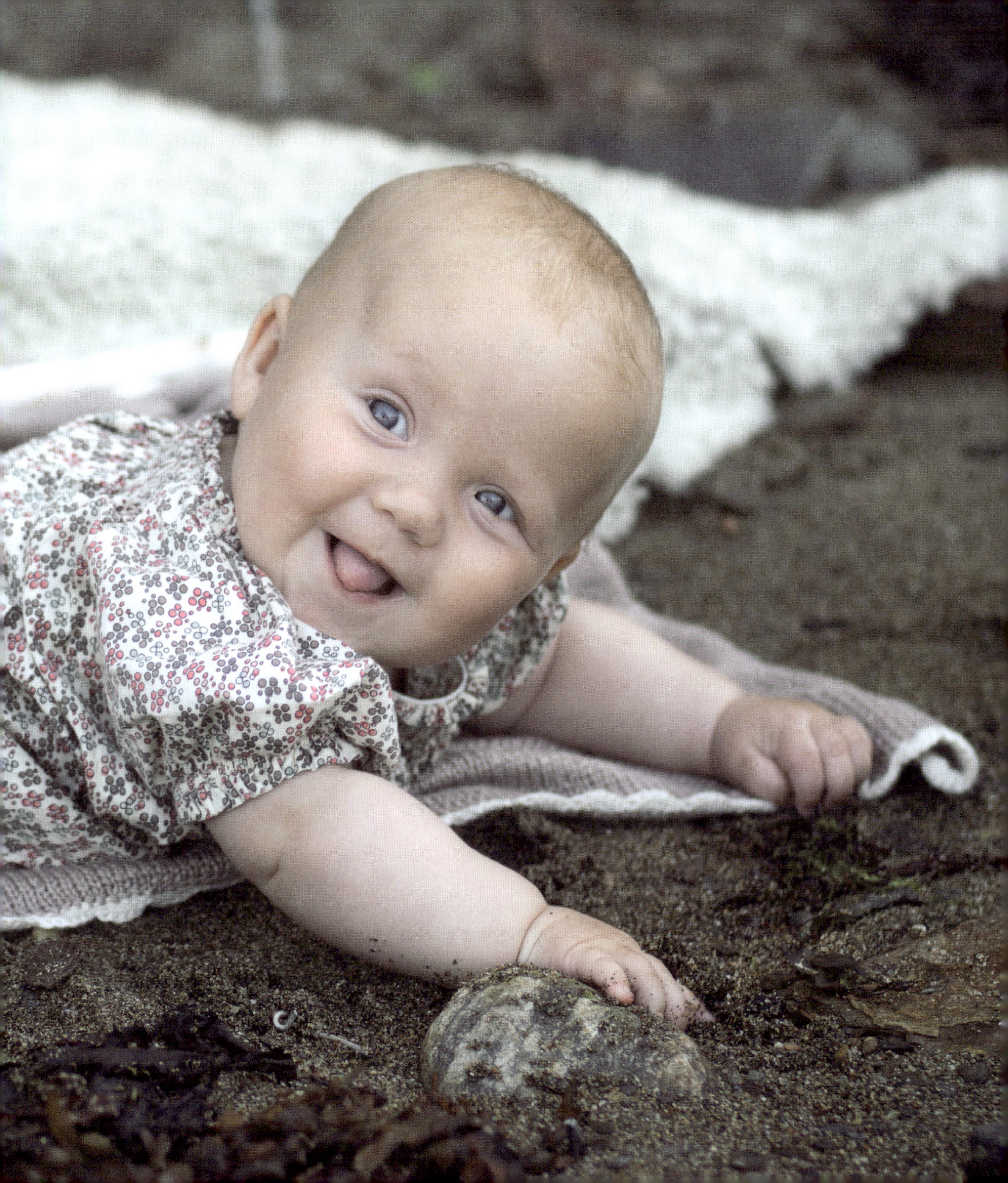

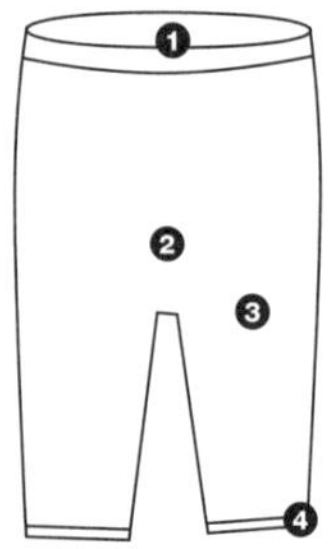

Größen und Maße
Größen: 3 (6) 9 (12) Monate
Taillenumfang: 34 (37) 40 (43) cm
Beinlänge: 7 (10) 13 (16) cm,
d.h. bis ca. Mitte der Wade
Gesamtlänge: 24 (28) 32 (36) cm

Material und Verbrauch
Fin von du store alpakka,
50 % Seide, 50 % Baby-Alpaka
100 (100) 150 (150) g Braungrau Nr. 210

Nadeln und Maschenprobe
Rundnadeln 40 cm, Nr. 2,5 und 3
Nadelspiel Nr. 3, Häkelnadel Nr. 2,5
27 Maschen glatt rechts
mit Nadelstärke 3 = 10 cm

Strickschrift

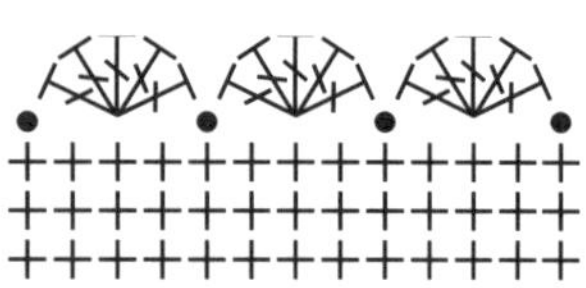

● Kettmasche
+ feste Masche
Ŧ Stäbchen

Leggings mit Häkelborte

Die dreiviertellangen Leggings werden von oben nach unten gestrickt und mit einer hübschen Häkelborte als Abschluss verziert.

❶ Auf der Rundnadel Nr. 2,5 96 (104) 112 (120) Maschen anschlagen und 2,5 cm Bündchen stricken: * 1 rechts verschränkte Masche, 1 linke Masche im Wechsel, ab * bis zum Ende der Runde wiederholen.
Die Mitte vorne und hinten und an den Seiten markieren: Mitte hinten (= Anfang der Runde). Nach 24 (26) 28 (30) Maschen eine Markierung setzen (= linke Seite), nach weiteren 24 (26) 28 (30) Maschen die nächste Markierung setzen (= Mitte vorne) und die letzte Markierung nach 24 (26) 28 (30) Maschen (= rechte Seite).
Zu Rundnadel Nr. 3 wechseln und im Glattstrick weiterarbeiten. Die Hose soll hinten etwas höher geschnitten sein als vorne (für den Windelpo). Dafür in der Mitte hinten beginnen: 4 Maschen stricken, die Arbeit drehen und 8 Maschen zurückstricken (= 4 Maschen über die Mittelmarkierung hinaus). Die 1. Masche ungestrickt von der Nadel nehmen. Gut stramm ziehen, um Löcher im Gestrick zu vermeiden. Die Arbeit umdrehen und 12 Maschen zurückstricken. So weiter fortfahren und immer 4 Maschen über die Stelle hinaus stricken, in der das letzte Mal gewendet wurde, bis die Seitenmarkierungen erreicht sind. Ab da wird die ganze Runde glatt rechts weitergestrickt.
❷ Nach 8 (9) 10 (11) cm jeden Zentimeter 6 (6) 6 (6) Mal vor und hinter den Markierungen vorne und hinten je 1 Masche zunehmen. Dann in der Mitte vorne und der Mitte hinten je 6 Maschen abketten und jeweils die Maschen von der Mitte vorne bis zur Mitte hinten auf zwei Nadeln nehmen. Die Beine werden nun getrennt auf dem Nadelspiel weitergestrickt (= 54 (58) 62 (66) Maschen pro Bein).

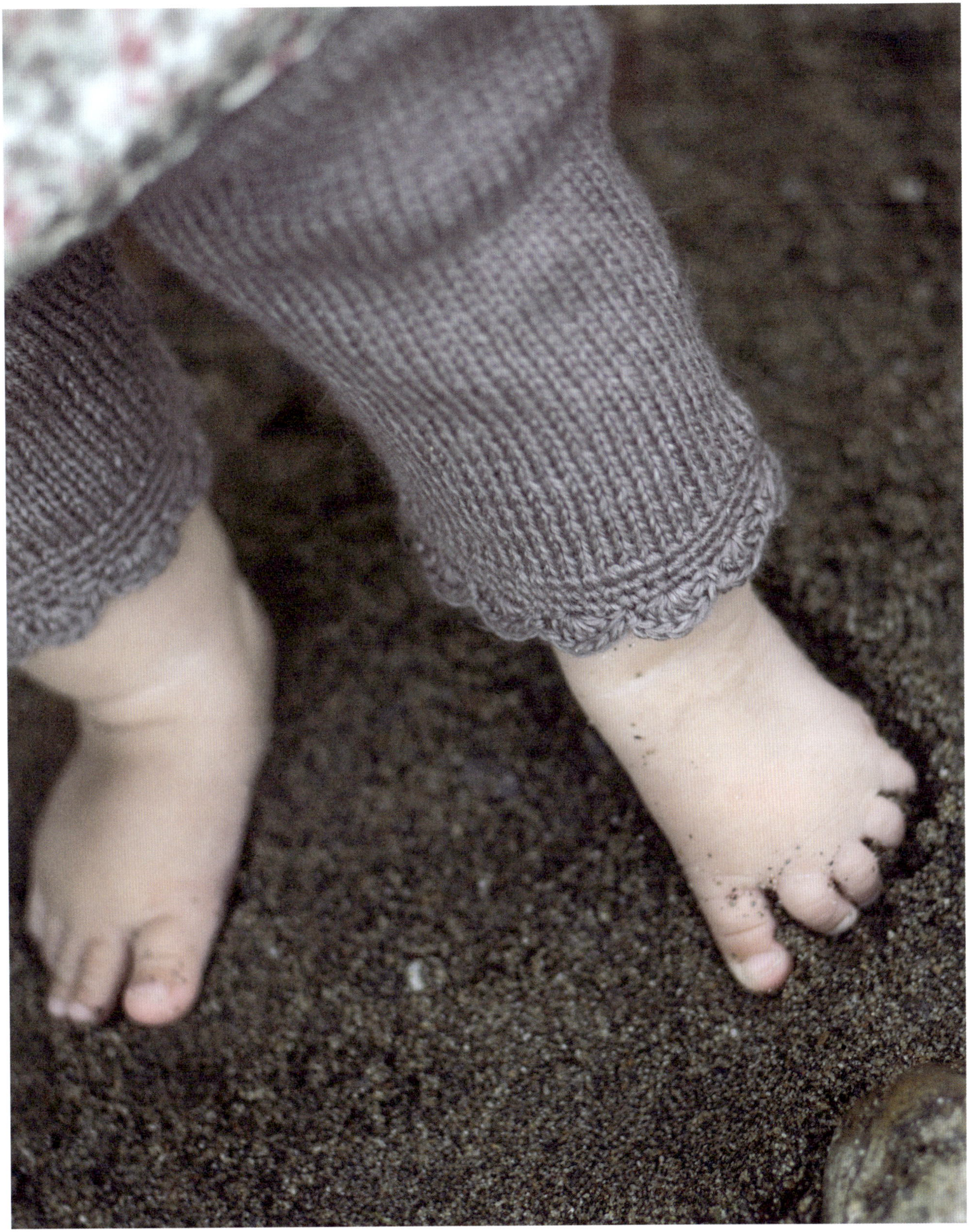

❸ **Beine:** Alle 2 cm am Anfang und Ende einer Runde je 1 Masche abnehmen. Wenn die Beine 7 (10) 13 (16) cm lang sind, locker abketten.

❹ **Häkelborte:** 3 Runden feste Maschen um den unteren Beinrand häkeln (s. Strickschrift), danach die Muschelborte wie folgt: * 1 Kettmasche, 1 feste Masche überspringen, 5 Stäbchen in die nächste feste Masche, 1 feste Masche überspringen und ab * bis zum Ende der Runde wiederholen, die mit 1 Kettmasche geschlossen wird. Den Faden abschneiden und gut vernähen (s. Häkel-ABC im Anhang S. 195).

Zu guter Letzt: Alle Fäden vernähen und die Leggings leicht unter einem feuchten Tuch dämpfen.

Für einen kleinen Farbtupfer kann man die untere Borte mit einer kleinen Schleife oder Knöpfen verzieren.

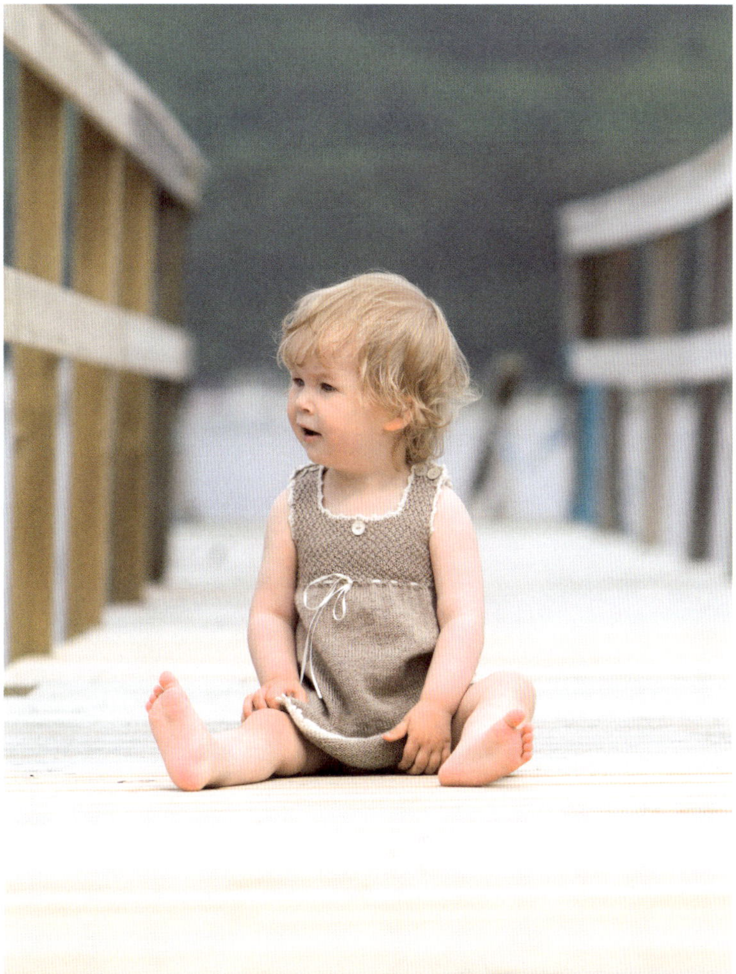

Perlkleid

Ein süßes Kleidchen mit Häkelborte und einer Taillenschleife.
Das Kleid wird von unten nach oben gestrickt und an den Schultern mit Knöpfen geschlossen.

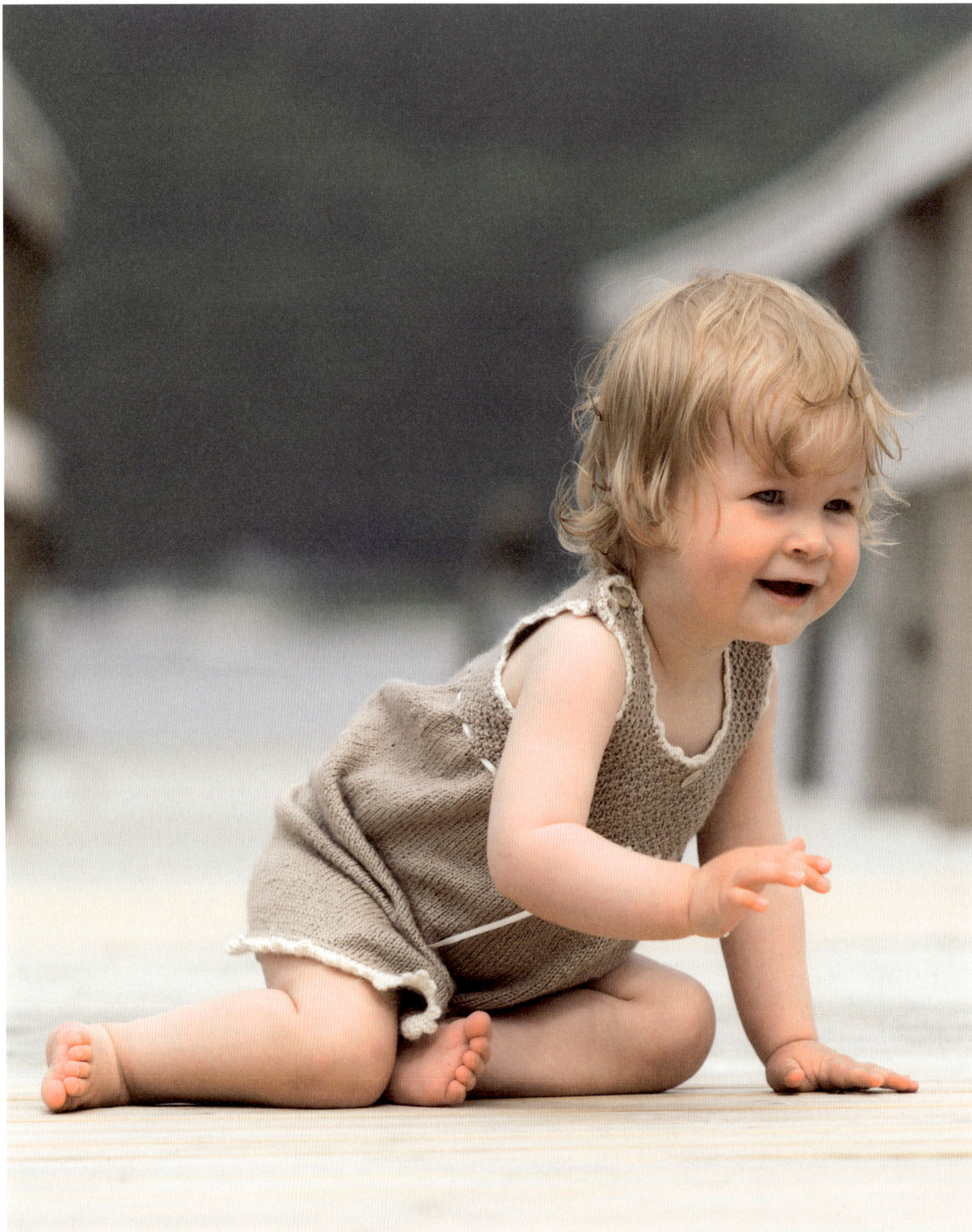

Das Kleid wird bis zum Brustteil rundgestrickt.

❶ Auf der 60 cm langen Rundstricknadel 174 (180) 186 (192) Maschen anschlagen und bis 15 (20) 25 (30) cm im Glattstrick arbeiten.

❷ **Oberteil:** Zu der 40 cm langen Rundnadel wechseln und die Maschenzahl um 58 (60) 62 (64) Maschen reduzieren (= 116 (120) 124 (128) verbleibende Maschen) wie folgt: 1 Masche rechts stricken, 2 Maschen links zusammenstricken, so bis zum Ende der Runde fortfahren. Mit doppeltem Perlstrickmuster anfangen (s. Strickschrift). Nach 3 (4) 4 (5) cm an beiden Seiten Markierungen setzen mit gleich viel Maschen für das Vorder- und Rückenteil. Für die Armausschnitte an beiden Seiten 16 (16) 16 (16) Maschen abketten, d.h. 8 Maschen vor und hinter der Markierung. Jetzt sind für das Vorder- und Rückenteil jeweils noch 42 (44) 46 (48) Maschen auf der Nadel.

Rückenteil: 5 (6) 7 (8) cm in doppeltem Perlstrick weiterarbeiten, dann die mittleren 18 (20) 22 (24) Maschen abketten, sodass für jede Schulter noch 12 Maschen übrig bleiben. Getrennt 3 cm weiterstricken und dann abketten.

Vorderteil: Wie das Rückenteil arbeiten, aber die 18 (20) 22 (24) Maschen für den Halsausschnitt schon nach 2,5 (3) 3,5 (4) cm abketten. Die Schulterstreifen getrennt bis zur gleichen Länge wie das Rückenteil stricken. Dabei 2 cm vor der Gesamtlänge 2 Knopflöcher wie folgt einarbeiten: 3 Maschen Perlstrick, 1 Umschlag, 2 Maschen zusammenstricken, 2 Maschen Perlstrick, 1 Umschlag, 2 Maschen zusammenstricken, 3 Maschen Perlstrick. In der Rückreihe werden die Umschläge wie gewöhnliche Maschen gestrickt.

❸ **Häkelborte am unteren Kleidsaum:** Eine Runde feste Maschen (s. Häkel-ABC im Anhang S. 195) in der Kleidfarbe häkeln, ehe zu Natur für die Mausezähnchen gewechselt wird:

1. und 2. Runde: Mit 1 Luftmasche beginnen (= 1. feste Masche) und bis zum Ende der Runde feste Maschen häkeln. Mit 1 Kettmasche in die 1. Luftmasche abschließen.

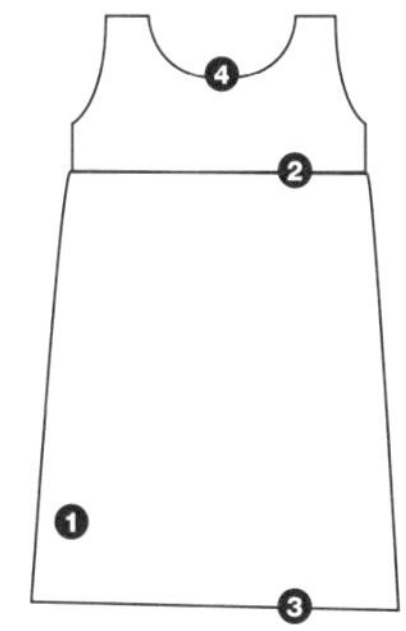

Größen und Maße
Größen: 3 (6) 9 (12) Monate
Oberweite: 43 (44) 46 (47) cm
Gesamtlänge: 30 (35) 40 (45) cm

Material und Verbrauch
Fin von du store alpakka,
50 % Seide, 50 % Baby-Alpaka
100 (100) 150 (150) g Sand Nr. 211
50 (50) 50 (50) g Natur Nr. 201
für die Häkelborten

Zubehör
5 kleine Knöpfe, ca. 11 mm Durchmesser
ca. 90 cm Schleifenband, 3 mm breit

Nadeln und Maschenprobe
Rundstricknadeln 40 und 60 cm lang Nr. 3
Häkelnadel Nr. 2,5 für die Borten
27 Maschen glatt rechts
mit Nadelstärke 3 = 10 cm.

Strickschrift

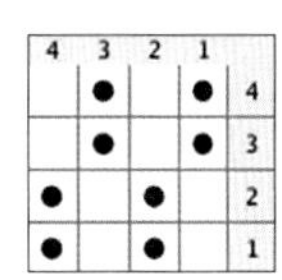

☐ rechts in der Hin-, links in der Rückreihe

⊡ links in der Hin-, rechts in der Rückreihe

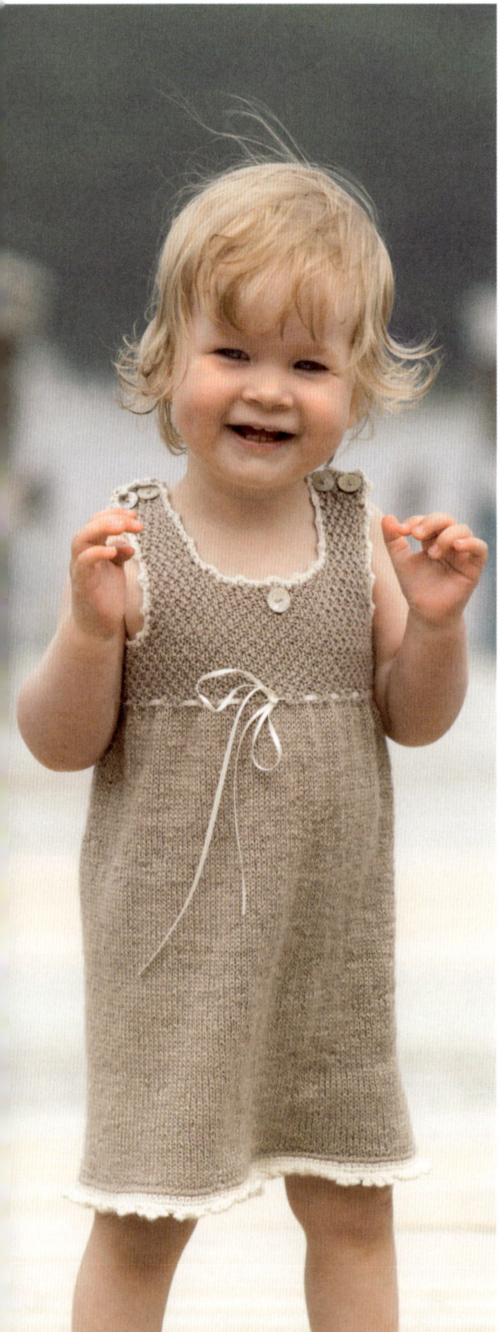

3. Runde, Mausezähnchen: Mit 1 Luftmasche beginnen (= 1. feste Masche), 1. feste Masche überspringen und danach * 1 feste Masche, 5 Luftmaschen, 1 Kettmasche in die nächste Masche, 1 feste Masche, 7 Luftmaschen, 1 Kettmasche in die nächste feste Masche, 1 feste Masche, 5 Luftmaschen, 1 Kettmasche in die nächste Masche, je 1 feste Masche in die nächsten 2 festen Maschen häkeln, ab * bis zum Ende der Runde wiederholen. Die Runde mit 1 Kettmasche in die 1. Luftmasche schließen. Den Faden durch die letzte Masche ziehen und abschneiden.

❹ Häkelborte um Hals- und Armausschnitt: Eine Runde feste Maschen in der Kleidfarbe häkeln, ehe zu Natur für die Mausezähnchen gewechselt wird:

1. Runde: Mit 1 Luftmasche beginnen (= 1. feste Masche) und bis zum Ende der Runde feste Maschen häkeln. Mit 1 Kettmasche in die 1. Luftmasche abschließen.

2. Runde, Mausezähnchen: Mit 1 Luftmasche beginnen (= 1. feste Masche), 1 feste Masche, danach * 3 Luftmaschen, 1 Kettmasche in die 1. dieser 3 Luftmaschen, 1 feste Masche überspringen, je 1 feste Masche in die nächsten 3 festen Maschen, ab * bis zum Ende der Runde wiederholen. Die Runde mit 1 Kettmasche in die 1. Luftmasche schließen. Den Faden durch die letzte Masche ziehen und abschneiden.

Zu guter Letzt: Alle Fäden vernähen und das Kleid leicht unter einem feuchten Tuch dämpfen. Je zwei Knöpfe an den Schulterträgern annähen und einen mittig unter dem Halsausschnitt vorne. Das Schleifenband mithilfe einer stumpfen Stopfnadel einziehen.

Shorts

Eine robuste kurze Hose mit coolen Taschen an den Seiten. Sie ist gerade geschnitten und wird auf der Rundnadel von oben nach unten gestrickt.

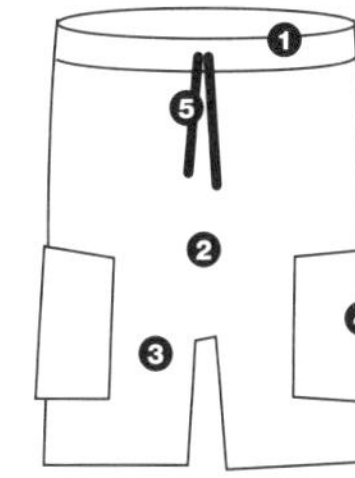

❶ 120 (128) 136 (144) Maschen anschlagen und 3 cm glatt rechts stricken, danach eine linke Runde für die Faltkante. Dann 1,5 cm glatt rechts weiterstricken und in der nächsten Runde Löcher für das Bündchenband einarbeiten. Die ersten 2 Maschen der Runde zusammenstricken und 1 Umschlag aufnehmen. Bis zur drittletzten Masche der Runde weiterstricken, 1 Umschlag aufnehmen und die letzten 2 Maschen zusammenstricken. In der nächsten Runde werden die Umschläge wie normale Maschen gestrickt. Danach 5 (6) 7 (8) cm weiter im Glattstrick arbeiten.

❷ 2 Markierungen in der Mitte vorne und hinten setzen, wobei die 2 Maschen zwischen den Bündchenlöchern vorne die Mitte sind. Von dort 58 (62) 66 (70) Maschen rechnen, um zu den 2 Maschen der hinteren Mitte zu kommen. Die Markierung jeweils zwischen den 2 Mittelmaschen anbringen. Nun vorne in jeder 4. Runde 5 Mal je 2 Maschen (je 1 Masche vor und hinter der Markierung) zunehmen, danach vorne und hinten in jeder 4. Runde 5 Mal in der gleichen Weise wie vorher vor und hinter den Markierungen (= 150 (158) 166 (174) Maschen).

❸ **Beine:** Die Maschen werden jetzt für die Beine auf zwei Nadeln verteilt, indem in der Mitte vorne und hinten je 2 Maschen abgekettet werden. Die verbleibenden Maschen werden jeweils mit dem Nadelspiel glatt rechts weitergestrickt, bis das Bein 10 (12) 14 (16) cm lang ist. Eine Runde links stricken für die Faltkante und nach weiteren 3 cm glatt rechts für den Umschlag locker abketten.

Größen und Maße
Größen: 1 (2) 4 (6) Jahre
Taillenweite: 44 (47) 50 (53) cm
Länge: 24 (28) 32 (36) cm

Material und Verbrauch
Fin von du store alpakka,
50 % Seide, 50 % Baby-Alpaka
100 (150) 200 (250) g
Braunschwarz Nr. 230
50 (50) 50 (50) g Natur Nr. 201

Zubehör
2 kleine Perlmuttknöpfe
für die Taschen

Nadeln und Maschenprobe
Rundstricknadel 40 cm lang Nr. 3
Nadelspiel Nr. 3
27 Maschen glatt rechts
mit Nadelstärke 3 = 10 cm.

❹ **Taschen:** Werden unten angefangen. 42 (44) 46 (48) Maschen anschlagen und 18 (19) 20 (21) Maschen rechts stricken, 6 Maschen links und 18 (19) 20 (21) Maschen rechts. Hin und her stricken, bis die Tasche 7 (8) 9 (10) cm lang ist. Die 6 linken Maschen abketten und die restlichen rechten Maschen noch 2 cm glatt rechts weiterstricken. Danach 1 linke Reihe für die Faltkante und 2 cm glatt rechts für den Umschlag. Abketten, und die zweite Tasche wie die erste arbeiten.
Den oberen Rand umschlagen und innen festnähen. Über den linken Maschen einen Knopf annähen.
❺ **Bündchenschnur:** Flechten Sie aus naturweißem Garn Fin eine etwa 1 m lange Schnur.
Zu guter Letzt: Die Bündchen um die Taille und am unteren Beinsaum nach innen umschlagen und an der Innenseite festnähen. Die Flechtschnur mit einer Sicherheitsnadel in das obere Bündchen einziehen.
Die Taschen etwa 4 cm über dem unteren Saum aufs Hosenbein nähen, tendenziell etwas weiter vorne als hinten.

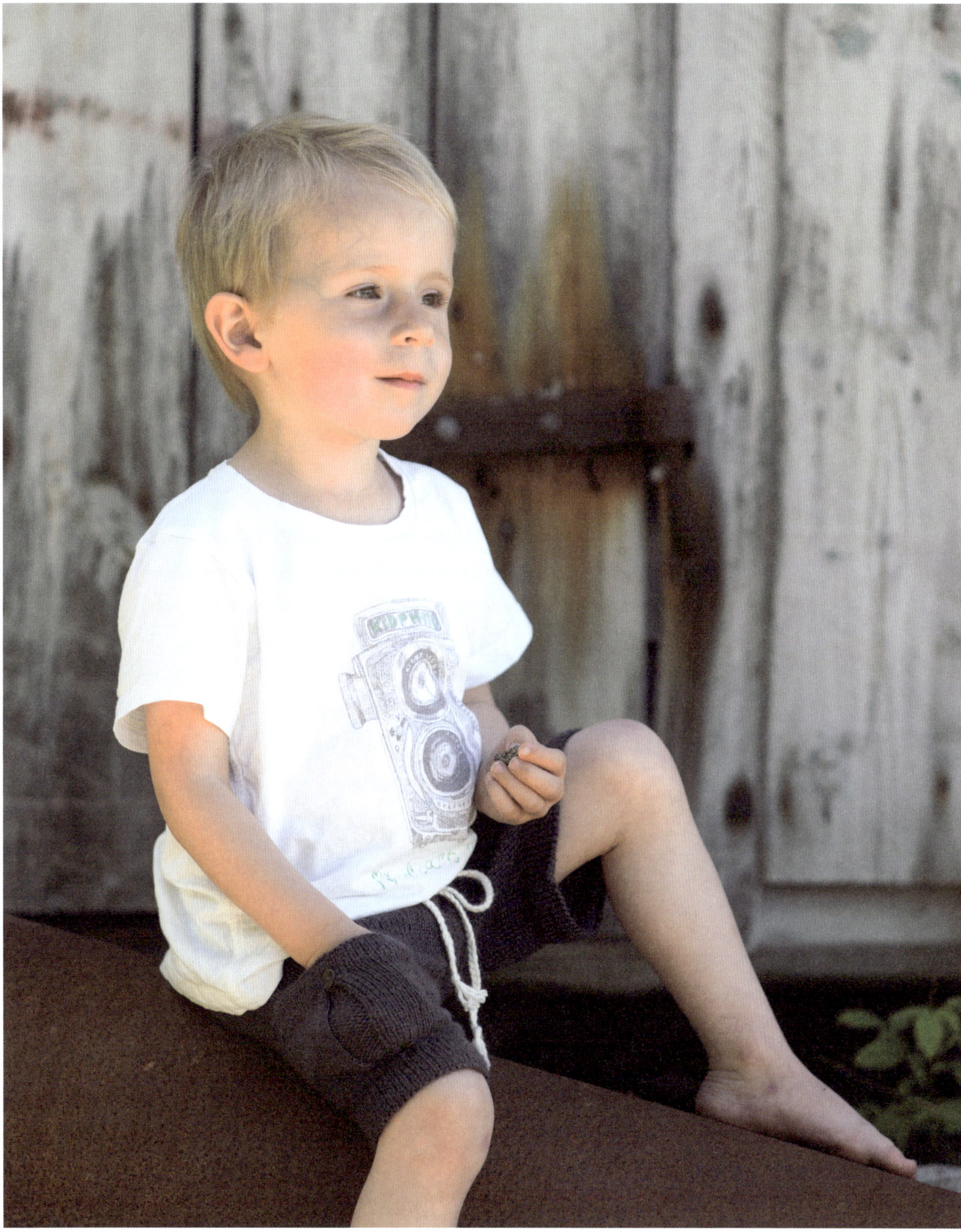

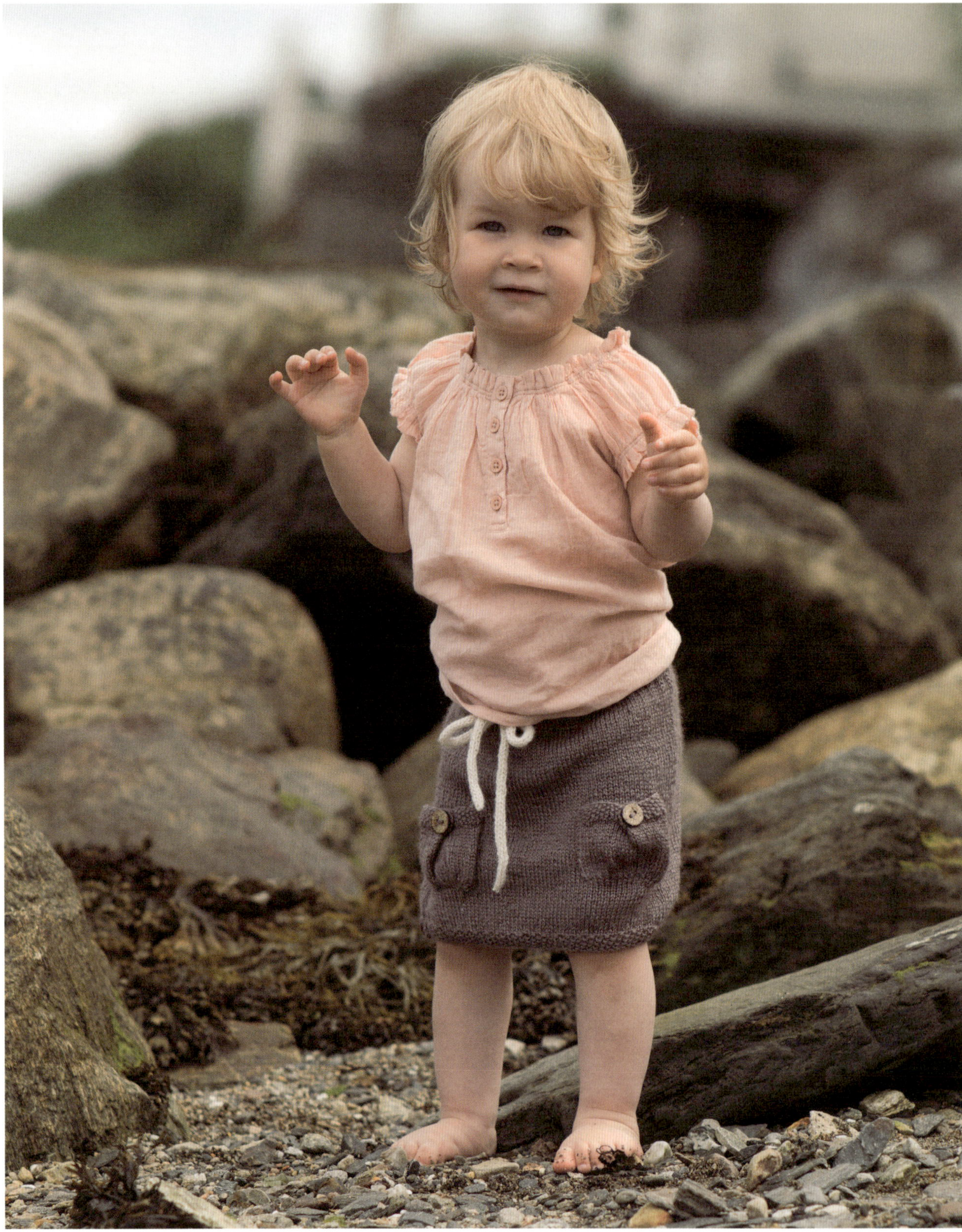

Ballonrock

Alle kleinen Mädchen sollten einen Rock aus Alpaka und Seide haben, wie zum Beispiel diesen süßen Ballonrock mit einem Kordelband. Das Alpaka-Seiden-Garn kühlt bei hohen Temperaturen und wärmt, wenn es draußen schon etwas herbstlicher wird.

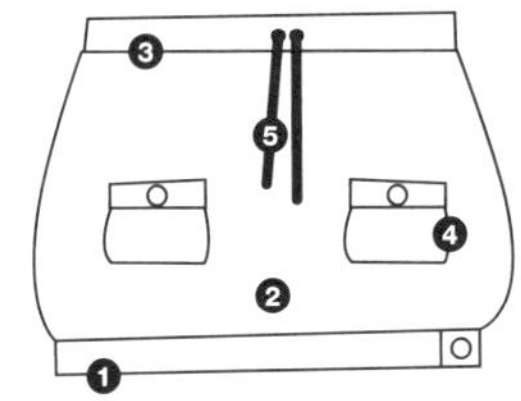

❶ Unterer Saum: 136 (140) 146 (152) Maschen mit Nadelstärke 2,5 anschlagen und 1,5 cm Perlmuster in Hin- und Rückreihen stricken. Auf einer Seite für eine kurze Knopfleiste 6 Maschen abketten und hinter die Arbeit legen (später wird ein Knopf durch die sich überlappenden zwei Lagen angenäht). Dies ist die rechte Seite des Rockes.

❷ Rock: Zu Nadelstärke 3 wechseln und rund weiterstricken. Dabei gleichmäßig auf die 1. Runde verteilt die Maschenzahl bis auf insgesamt 160 (168) 176 (184) Maschen erhöhen. 16 (18) 22 (26) cm glatt rechts weiterstricken.

❸ Taillenbündchen: Wieder zu Nadelstärke 2,5 wechseln und gleichmäßig auf die Runde verteilt 24 (28) 30 (32) Maschen abnehmen (= 136 (140 (146 (152) Maschen). 1 cm glatt rechts weiterstricken und dann vorne in der Mitte mit 2 Maschen Zwischenraum 2 Knopflöcher (für die Kordel) einarbeiten (2 Maschen rechts zusammenstricken, 1 Umschlag). In der nächsten Runde werden die Umschläge wie gewöhnliche Maschen gestrickt. Zur Positionierung der Kordellöcher: der Knopf am unteren Saum soll an der rechten Seite sein.

Noch 1 cm glatt rechts weiterstricken, dann 1 Runde links für die Faltkante, 2 cm glatt rechts für den Umschlag und abketten.

❹ Taschen: 15 Maschen mit Nadelstärke 2,5 anschlagen und 1,5 cm Perlmuster stricken. Ein zweites Taschenbündchen wie das erste anschlagen und bis 1,5 cm Perlmuster stricken. Beide Bündchenleisten nebeneinander auf die Nadel Nr. 3 nehmen und bis 8 cm Höhe glatt rechts über beide Teile weiterstricken. In der letzten Reihe werden fortlaufend immer 2 Maschen zusammengestrickt. Die verbleibenden Maschen abketten und die mittleren

Größen und Maße
Größen: 1 (2) 4 (6) Jahre
Taillenweite: 51 (52) 54 (56) cm
Länge: 22 (24) 26 (28) cm

Material und Verbrauch
Fin von du store alpakka,
50 % Seide, 50 % Baby-Alpaka
100 (100) 150 (200) g
Braunviolett Nr. 210
50 (50) 50 (50) g Natur Nr. 201

Zubehör
2 kleine Knöpfe,
ca. 15 mm Durchmesser

Nadeln und Maschenprobe
Rundstricknadel 40 cm lang Nr. 2,5 und 3
27 Maschen glatt rechts
mit Nadelstärke 3 = 10 cm.

Perlstrick
1. Runde: * 1 rechte, 1 linke Masche im Wechsel, ab * bis Ende der Runde wiederholen.
2. und alle folgenden Runden: rechte über linker Masche und linke über rechter Masche stricken.

Enden des Perlmusterbündchens ein kleines Stück übereinander schieben und einen Knopf durch beide Lagen annähen. Die zweite Tasche wie die erste arbeiten. Beide Taschen ca. 5 cm über dem unteren Saum an den Rock nähen.

❺ **Strickband:** 4 Maschen auf Nadel Nr. 2,5 mit Naturweiß anschlagen und rechts stricken. Die Maschen wieder ans vordere Nadelende schieben, ohne die Arbeit zu wenden und wieder rechts stricken. So fortfahren, ohne die Nadel zu wenden, dabei immer den Lauffaden hinter der Arbeit führen und so stramm wie möglich an die nächste Reihe ziehen. Nach 80 bis 100 cm abketten und die Fäden vernähen.

Zu guter Letzt: Alle Fäden vernähen. Den Umschlag des Taillenbündchens sauber an der Innenseite vernähen und das Strickband (am besten mithilfe einer Sicherheitsnadel) durch den Tunnelsaum ziehen. Am unteren Saum die offenen Bündchenenden übereinander legen und einen Knopf durch beide Lagen aufnähen. Den Rock leicht unter einem feuchten Tuch dämpfen.

Tücher

Diese wunderschönen Tücher gelingen besonders gut mit Bio-Baumwolle. Drei Tücher ergeben ein schönes Set, das Sie mit einer Schleife umwickeln oder mit einer Manschette verzieren können. – Ein perfektes Mitbringsel für frischgebackene Mütter.

Maße
Jedes Tuch ist 20 x 20 cm groß

Material und Verbrauch:
Eco Baby von Debbie Bliss,
100 % organische Baumwolle
50 g Eisblau Nr. 14008
50 g Helllila Nr. 14009
50 g Natur Nr. 14016

Nadeln und Maschenprobe
Nadeln Nr. 3,5
25 Maschen Perlstrick
mit Nadelstärke 3,5 = 10 cm

Strickschrift

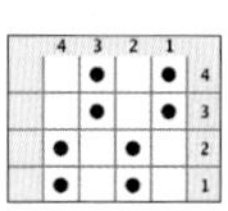

☐ rechts in der Hin-, links in der Rückreihe

⊡ links in der Hin-, rechts in der Rückreihe

50 Maschen anschlagen und großes Perlmuster (s. Strickschrift) stricken, bis das Tuch ca. 20 cm misst oder ebenso lang wie breit ist. Abketten und die Fäden vernähen.

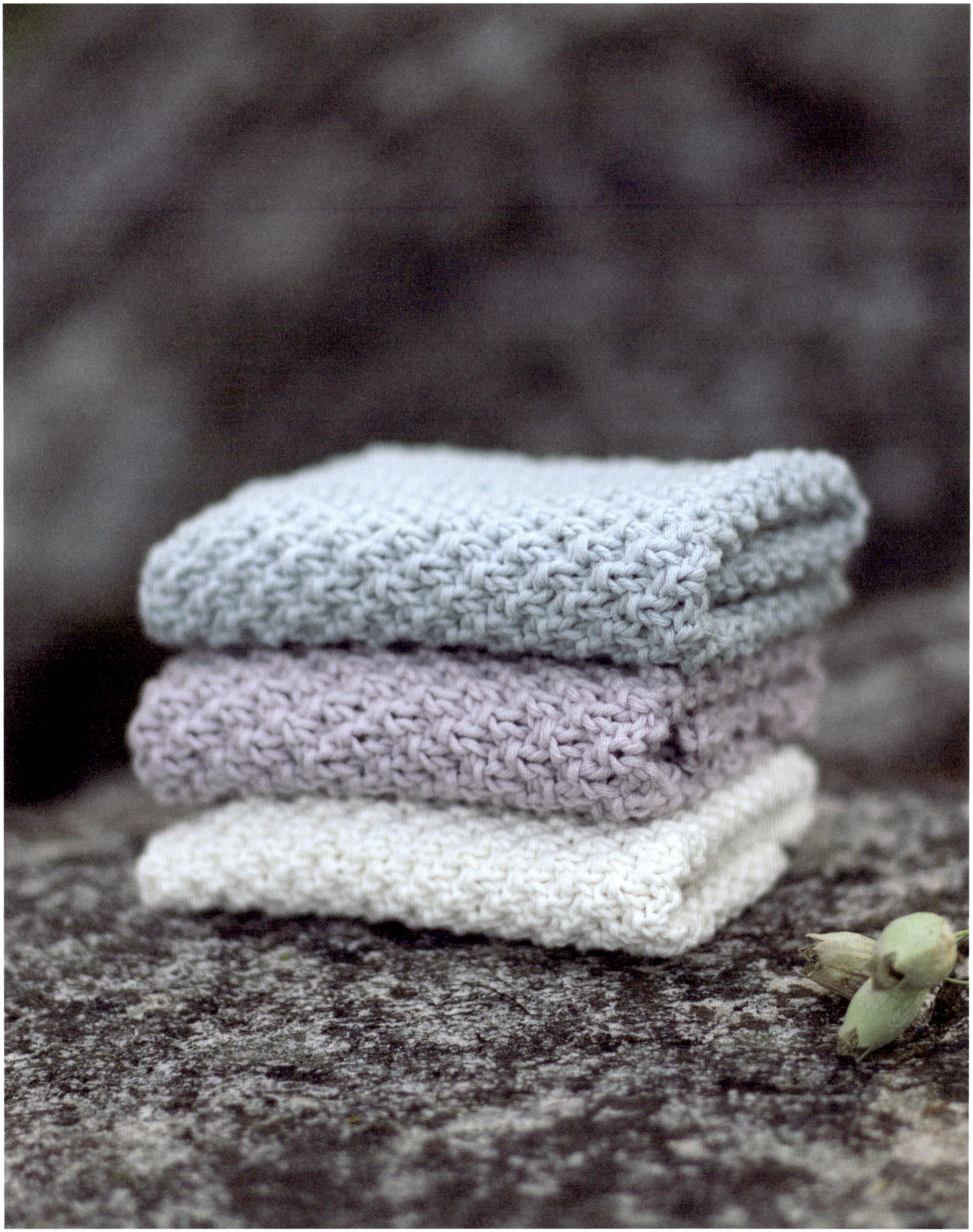

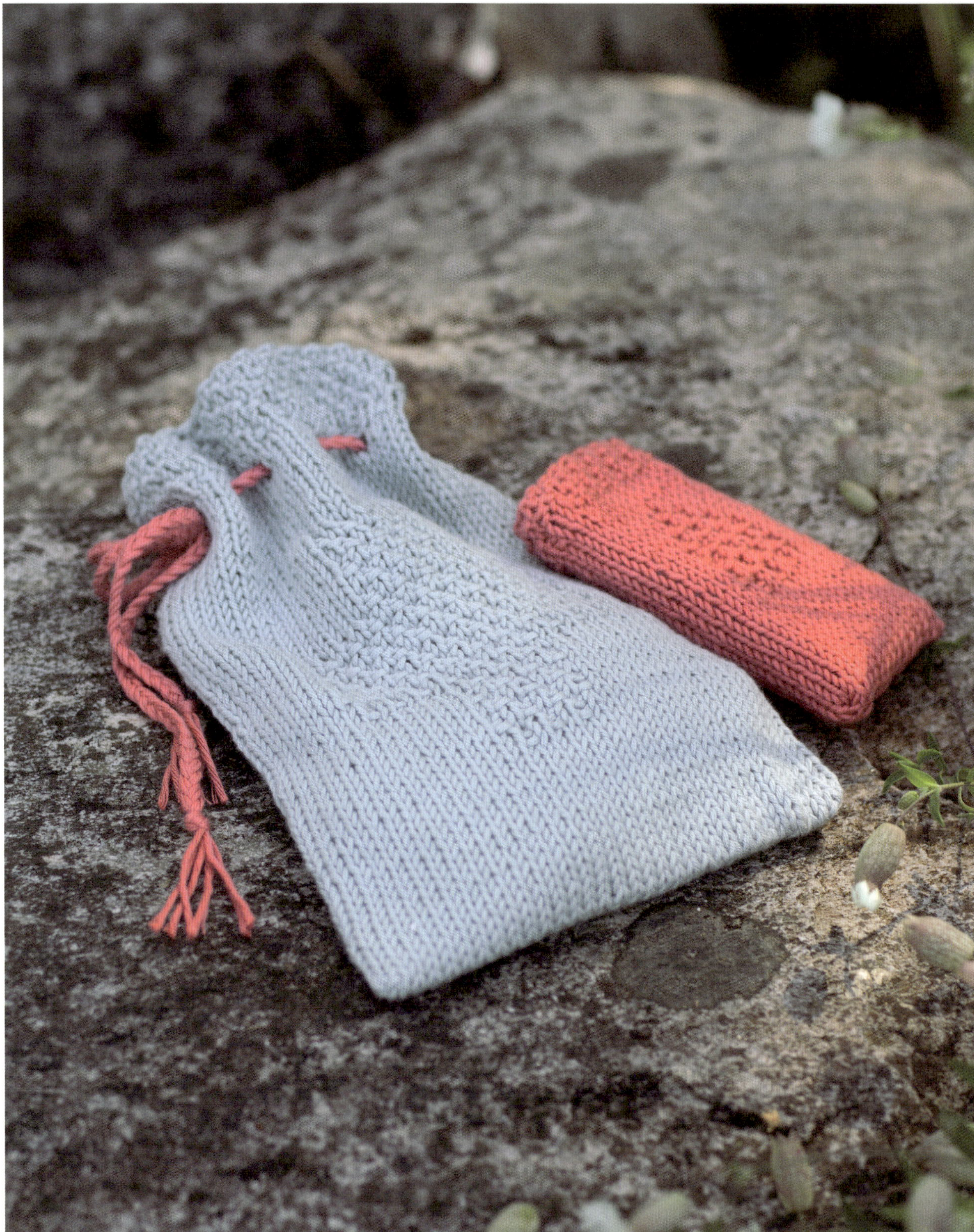

Erste Hilfe für frischgebackene Mütter

Als mein erstes Kind zur Welt kam, hätte ich mich riesig über so einen Erste-Hilfe-Beutel für Salben, Tabletten, Fieberthermometer, Stilleinlagen, Schnuller und Pipetten gefreut.

Taschentuch-Etui

Das Etui wird von oben nach unten rund gestrickt. 30 Maschen anschlagen und 6 Runden großes Perlmuster stricken (s. Strickschrift 1). Nach 8 Runden glatt rechts mit der Strickschrift 2 beginnen. Vor der 1. linken Masche des Musters 7 rechte Maschen stricken. Ansonsten glatt rechts weiterstricken, bis das Etui 12 cm lang ist. Die untere Kante mit Maschenstich zusammennähen.

Maße
7 x 12 cm

Material und Verbrauch
Eco Baby von Debbie Bliss,
100 % organische Baumwolle
50 g Koralle Nr. 14013

Nadeln und Maschenprobe
Nadelspiel Nr. 3,5
25 Maschen glatt rechts
mit Nadelstärke 3,5 = 10 cm

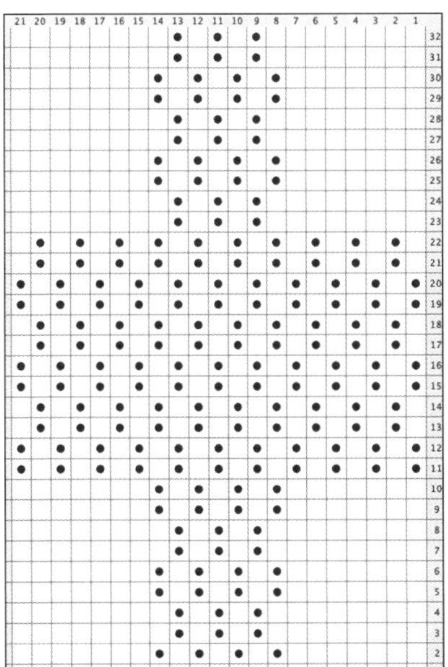

Strickschrift 3

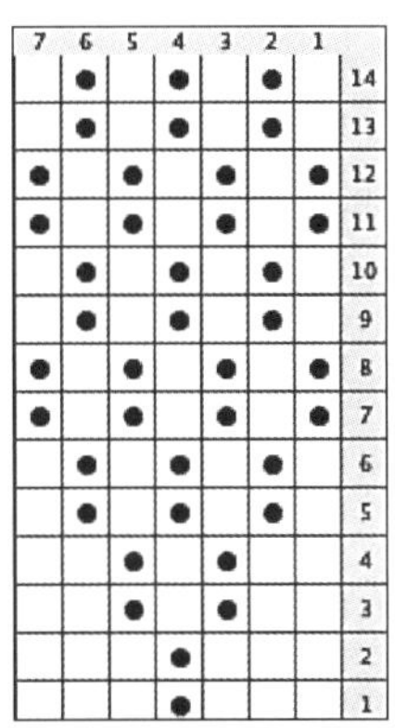

Strickschrift 2

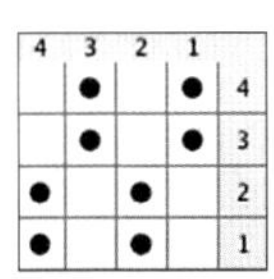

Strickschrift 1

☐ rechts in der Hin-, links in der Rückreihe

⊡ links in der Hin-, rechts in der Rückreihe

Maße
15 x 22 cm

Material und Verbrauch
Eco Baby von Debbie Bliss,
100 % organische Baumwolle
100 g Eisblau Nr. 14008
50 g Koralle Nr. 14013

Nadeln und Maschenprobe
Kurze Rundnadel oder Nadelspiel Nr. 3,5
25 Maschen glatt rechts
mit Nadelstärke 3,5 = 10 cm

Erste-Hilfe-Beutel
Der Beutel wird von oben nach unten rund gestrickt. 66 Maschen anschlagen und 10 Runden großes Perlmuster stricken (s. Strickschrift 1). Nach 1 Runde glatt rechts eine Lochreihe wie folgt arbeiten: * 2 Maschen zusammenstricken, 1 Umschlag, 4 rechte Maschen. Ab * bis zum Ende der Runde wiederholen. Nach 8 cm glatt rechts mit der Strickschrift 3 beginnen. Vor der 1. linken Masche des Musters 13 rechte Maschen stricken. Nach Abschluss des Musters noch 5 cm glatt rechts stricken, bevor die untere Kante abgekettet, zusammengenäht oder zusammengestrickt wird (s. Strick-ABC im Anhang S. 186).
Zu guter Letzt: Aus 6 Fäden eine Schnur flechten und durch die Lochreihe fädeln.

Schnullertresor

Schnuller haben die Tendenz, sich plötzlich in Luft aufzulösen. Ich glaube ja, dass sie mit den Socken verwandt sind. Grade noch stecken sie wie festgeleimt im Kindermund, im nächsten Augenblick, futschikato ...

Maße
glattgestrichen vor Montage:
16 x 12 cm
gemessen mit leichter Füllung:
14 x 10 cm

Material
Eco Baby von Debbie Bliss,
100 % organische Baumwolle
50 g Eisblau Nr. 14008

Zubehör
Knipsverschluss auf Verschlussbügel, ca. 10 cm breit

Nadeln und Maschenprobe
Kurze Rundnadel oder Nadelspiel Nr. 3
24 Maschen Perlstrick
mit Nadelstärke 3 = 10 cm

Diesen kleinen Knipstresor benutze ich für die imposante Schnullersammlung meiner Tochter. Der Tresor ist allerdings auch unterwegs praktisch, wenn man zum Beispiel Medikamente für das Kind mitnehmen muss.

Die Tasche ist ziemlich fest und von oben nach unten rundgestrickt. 75 Maschen anschlagen und im kleinen Perlmuster 1 rechte, 1 linke Masche im Wechsel stricken (s. Strick-ABC im Anhang S. 186). Nach 9 cm 11 Maschen auf der einen und 12 Maschen auf der anderen Seite abketten. Jetzt sind auf beiden Seiten noch jeweils 26 Maschen auf der Nadel. 10 Reihen Perlmuster über diese Maschen stricken und abketten.

Zu guter Letzt: Den Verschlussbügel mit einem dünnen, aber kräftigen Faden festnähen, am besten mit einem doppelten Faden Nähgarn. Um durch die Löcher im Verschlussbügel zu kommen, brauchen sie eine dünne Nähnadel mit kleinem Kopf. Kontrastfarben sind hübsch, geben das gewisse Etwas. Ich habe einen Rest Naturweiß von der Garnsorte Sky genommen. Die Tasche wenden und den Boden (A) zusammennähen. Dann die offenen Seitenränder (B/C) mit dem Boden (A) zusammennähen.
Von unten betrachtet sollten die Nähte am Taschenboden dann so aussehen wie auf der unteren Abbildung.

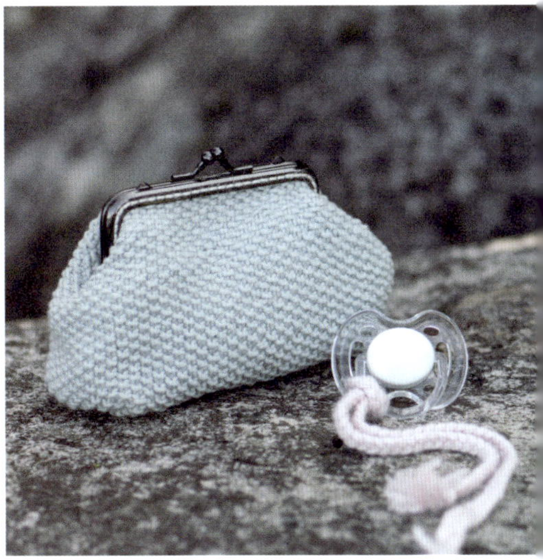

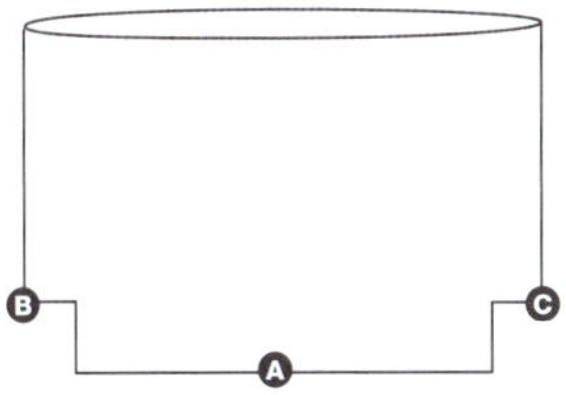

Seitenansicht

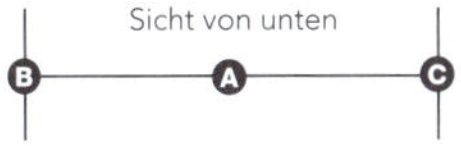

Sicht von unten

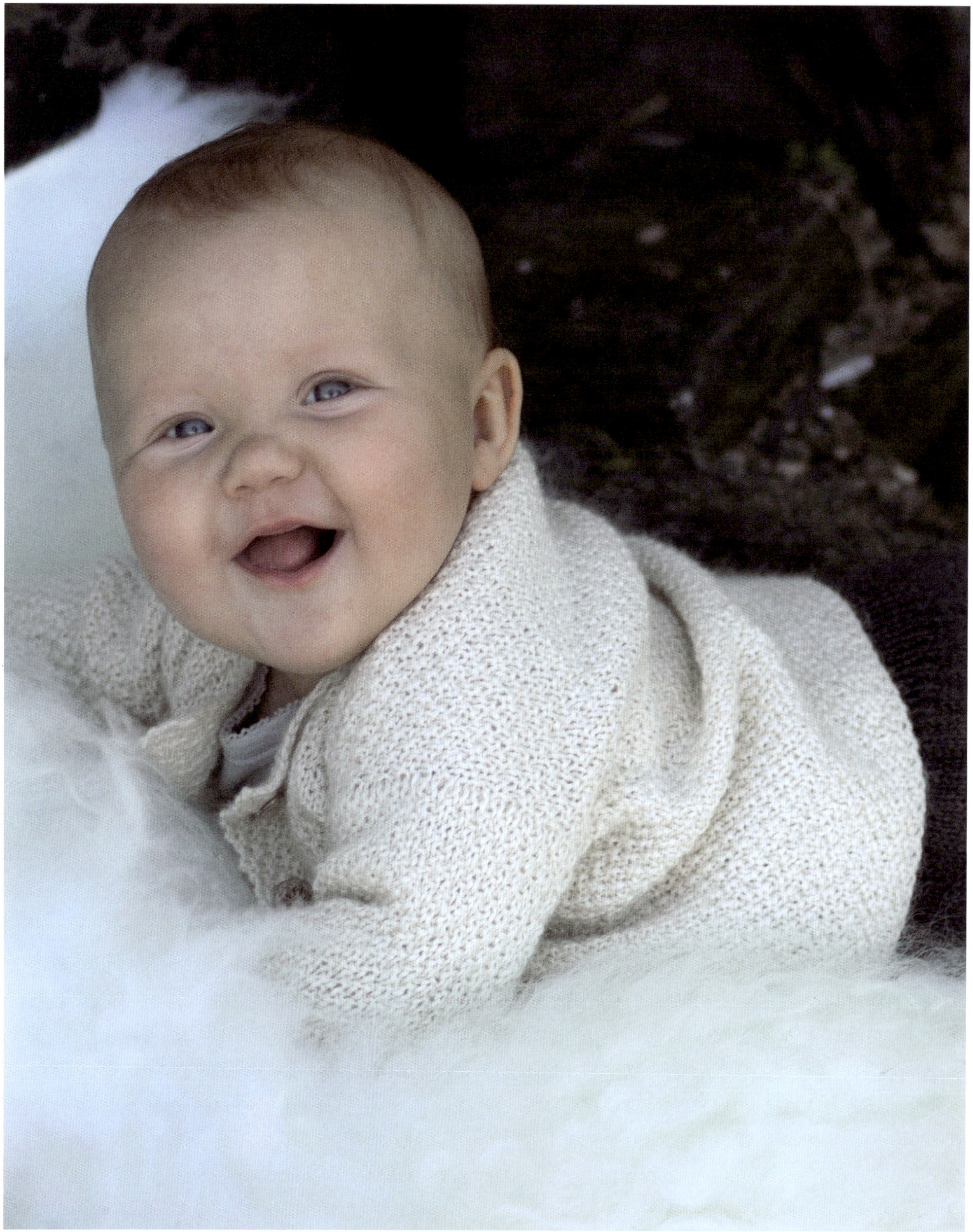

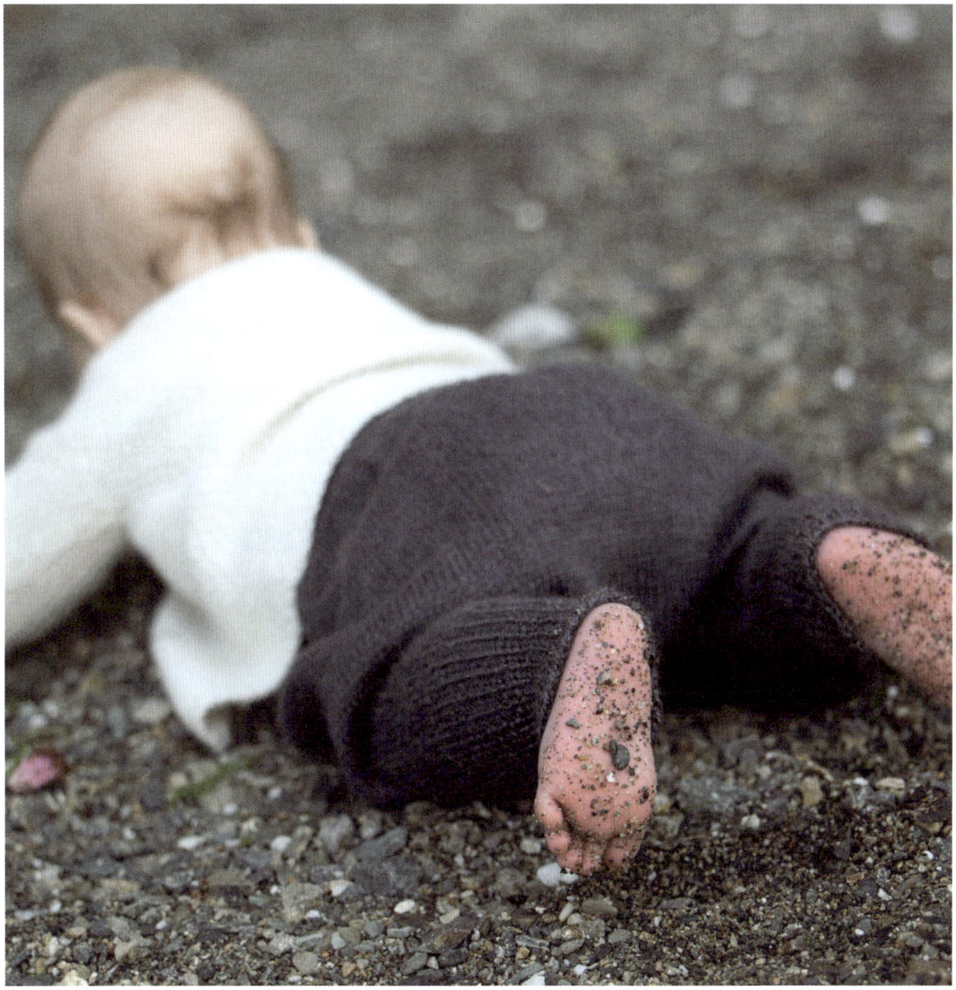

Windelpopo-Hose und Perljacke

Die süße Pumphose und die Perlmusterjacke stehen Mädchen und Jungen gleichermaßen. Stricken Sie ruhig etwas größer, dann passen sie länger.

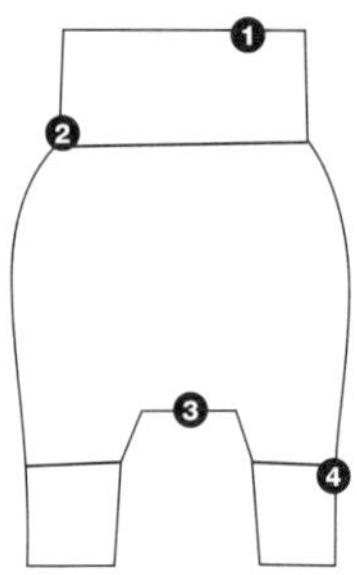

Windelpopo-Hose

Diese trendige Babyhose mit breiten Bündchen wird von der Taille nach unten rund gestrickt.

Größen und Maße

Größen: 3 (6) 9 (12) Monate
Taillenumfang: 42 (44) 48 (50) cm
Beinlänge: 18 (20) 24 (28) cm
Gesamtlänge: 48 (52) 58 (64) cm

Material und Verbrauch

Fin von du store alpakka,
50 % Seide, 50 % Baby-Alpaka
100 (150) 150 (200) g
Braunschwarz Nr. 230

Nadeln und Maschenprobe

Rundnadel 40 cm Nr. 2,5 und 3
Nadelspiel Nr. 2,5 und 3
27 Maschen glatt rechts
mit Nadelstärke 3 = 10 cm

TIPP!

Wenn Sie die Technik «Magic Loop» noch nicht kennen, ist diese Hose ein perfektes Versuchsobjekt. Siehe Seite 195.

❶ 112 (120) 128 (136) Maschen auf der Rundnadel Nr. 2,5 anschlagen und 10 cm Bündchenmuster 1 rechte, 1 linke Masche im Wechsel stricken. Danach zu Nadelstärke 3 wechseln und im Glattstrick weiterarbeiten.
❷ In der 1. Runde nach dem Bündchen in jeder 2. Masche 1 Masche zunehmen (= 168 (180) 192 (204) Maschen). Weiter glatt rechts stricken, bis die Arbeit 30 (32) 34 (36) cm misst. Die Mitte vorne und hinten mit einem Faden markieren.
❸ Auf beiden Seiten der Markierungsfäden jeweils 15 Maschen abnehmen (insgesamt 60 Maschen).
❹ Die Beine getrennt voneinander glatt rechts mit Nadelspiel Nr. 3 stricken (= pro Bein 54 (60) 66 (72) Maschen). Dabei 4 Mal alle 2 cm am Anfang und Ende der Runde je 1 Masche abnehmen. Wenn das Bein 6 (8) 12 (16) cm lang ist, mit 12 cm Bündchenmuster mit Nadelstärke 2,5 abschließen und locker abketten.
Zu guter Letzt: Alle Fäden vernähen und die Hose leicht unter einem feuchten Tuch dämpfen.

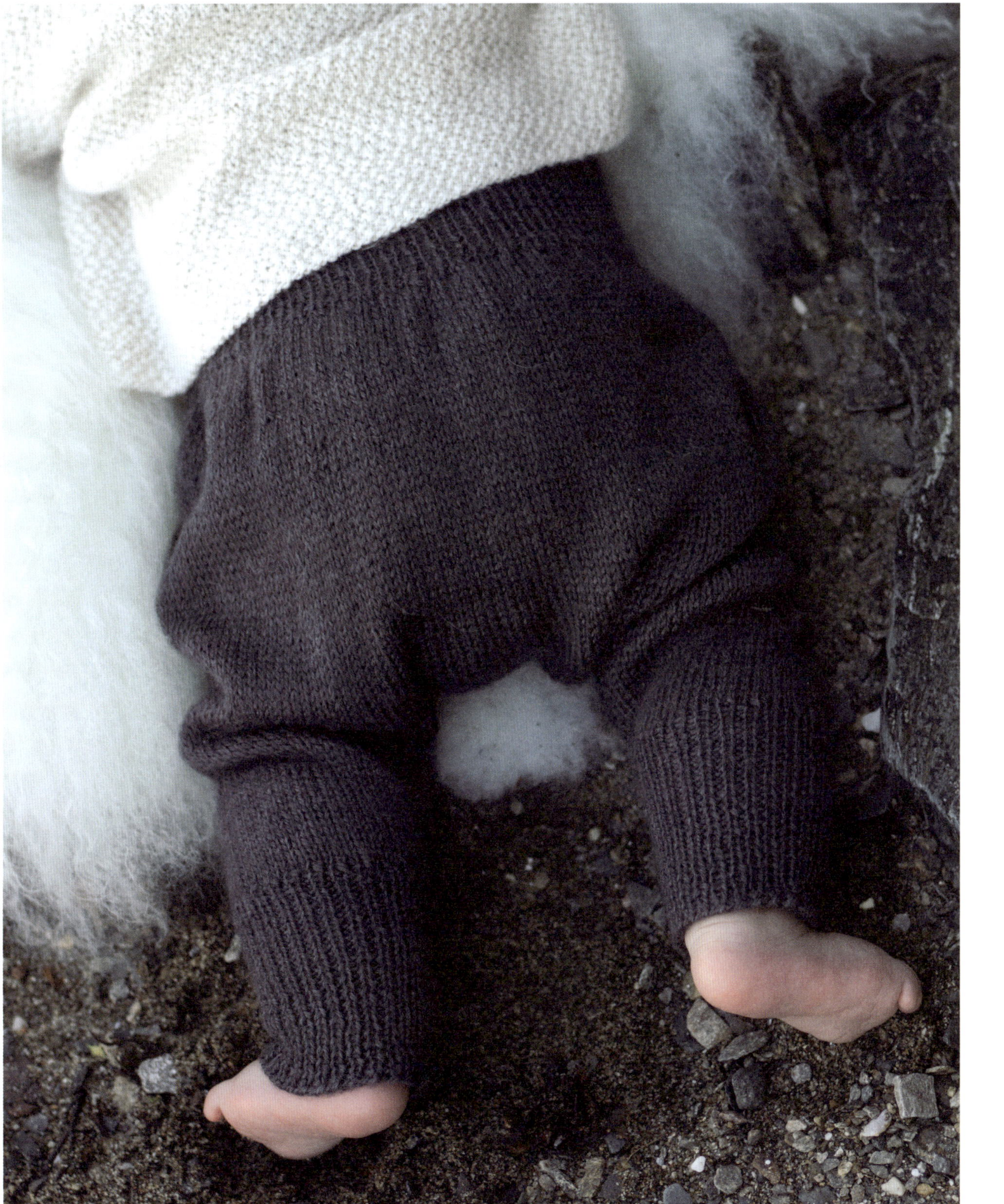

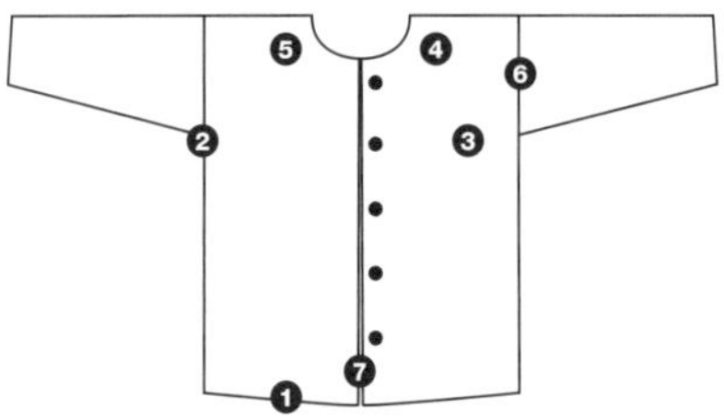

Größen und Maße

Größen: 3 (6) 9 (12) Monate
Brustumfang: 48 (52) 56 (60) cm
Gesamtlänge: 23 (26) 29 (32) cm
Ärmellänge: 16 (18) 20 (22) cm

Material und Verbrauch

Fin von du store alpakka,
50 % Seide, 50 % Baby-Alpaka
100 (150) 150 (200) g Natur Nr. 201

Zubehör

5 kleine Knöpfe,
ca. 15 mm Durchmesser

Nadeln und Maschenprobe

Lange Nadeln Nr. 3, Nadelspiel Nr. 3,
Häkelnadel Nr. 3
32 Maschen großes Perlmuster
mit Nadelstärke 3 = 10 cm

Strickschrift

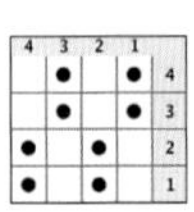

☐ rechts in der Hin-, links in der Rückreihe

⊡ links in der Hin-, rechts in der Rückreihe

Perljacke

❶ Auf den langen Nadeln Nr. 3 152 (168) 184 (200) Maschen anschlagen und wie in der Strickschrift angegeben das große Perlmuster stricken.

❷ Nach 13 (15) 17 (19) cm wird die Arbeit wie folgt auf drei Nadeln aufgeteilt: 38 (42) 46 (50) Maschen (= rechtes Vorderteil), 76 (84) 92 (100) Maschen (= Rückenteil), 38 (42) 46 (50) Maschen (= linkes Vorderteil).

❸ **Rückenteil:** Das Rückenteil bis zur Gesamtlänge von 23 (26) 29 (32) cm stricken und abketten.

❹ **Rechtes Vorderteil:** Bis 2 cm vor der Gesamtlänge stricken, dann 12 Maschen für den Halsausschnitt abketten, danach in jeder 2. Reihe 1 Mal 2 Maschen und 3 Mal 1 Masche. Bis zur Gesamtlänge im Perlmuster weiterstricken und locker abketten.

❺ **Linkes Vorderteil:** Wird wie das rechte Vorderteil gestrickt, nur spiegelbildlich. Die Schultern zusammennähen.

❻ **Ärmel:** Gestartet wird unten in einem der Armausschnitte. 72 (80) 88 (96) Maschen mit Nadelspiel Nr. 3 um die Armausschnitte aufnehmen und großes Perlmuster rundstricken. Dabei in jeder 4. Reihe 14 (16) 18 (20) Mal am Anfang und Ende der Runde je 1 Masche abnehmen und nach ca. 16 (18) 20 (22) cm Ärmellänge locker abketten. Den anderen Ärmel genauso stricken.

❼ **Häkelborte:** Eine Reihe feste Maschen um die komplette Jacke häkeln. Auf der einen Seite vorne gleichmäßig verteilt kleine Luftmaschenösen für Knopflöcher anbringen. Wenn man vorher auf der anderen Seite die Knöpfe annäht, lassen sich die Knopflöcher besser platzieren.

Zu guter Letzt: Alle Fäden vernähen und die Jacke leicht unter einem feuchten Tuch dämpfen.

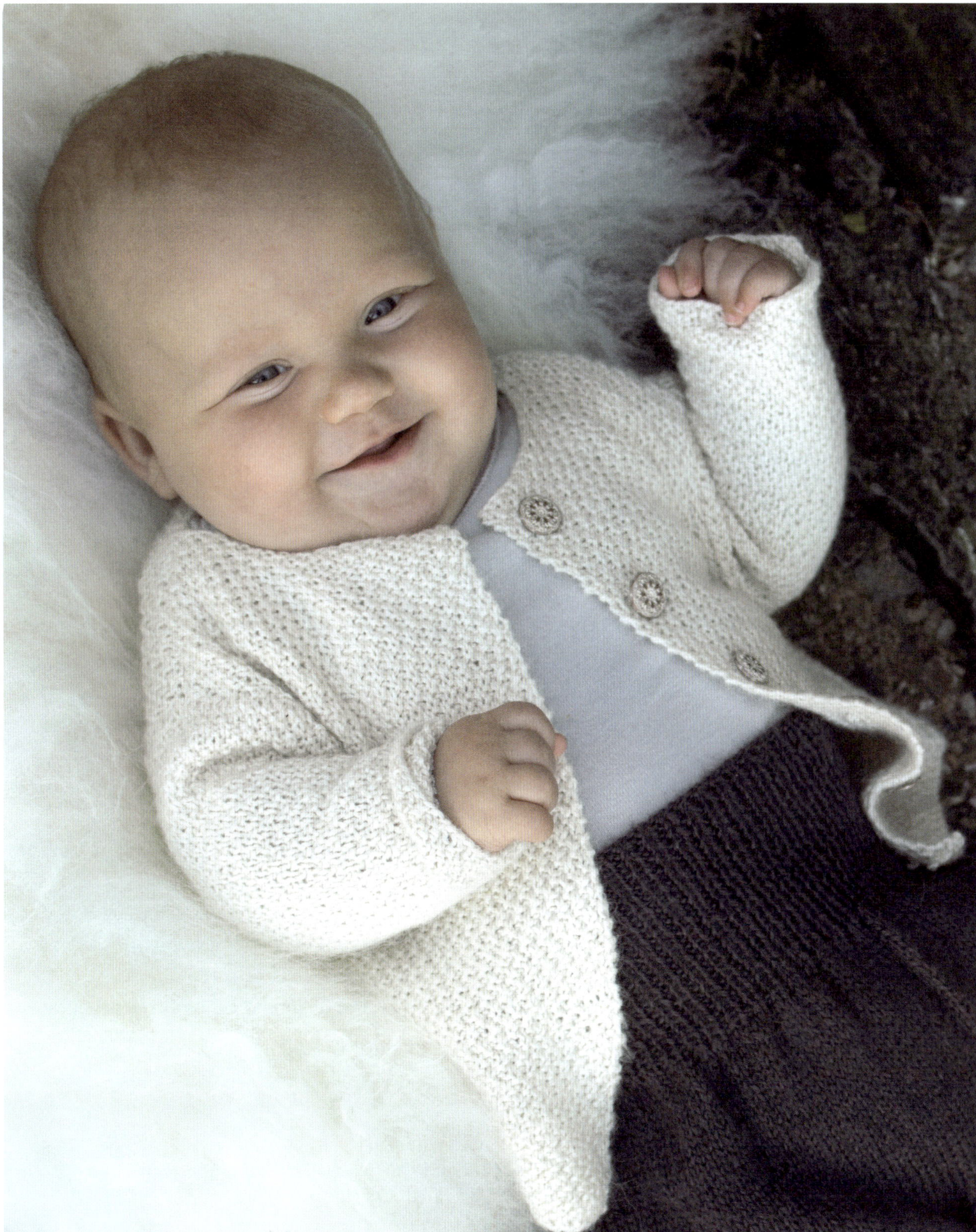

Schick im Wagen

Das ist eine meiner Lieblingsdecken, weil sie in diesem dunklen Farbton eine besonders elegante Note hat. Etwas Häkelerfahrung sollte für dieses Projekt allerdings schon vorhanden sein.

Maße
Länge und Breite der Decke
ca. 65 x 56 cm
Jedes einzelne Quadrat
misst ca. 8 x 8 cm
Hier wurden 6 x 7 Quadrate
verarbeitet = 42 Quadrate insgesamt

Material und Verbrauch
Fin von du store alpakka,
50 % Seide, %0 % Baby-Alpaka
250 g Braunschwarz Nr. 230

Häkelnadel Nr. 3

7 Luftmaschen anschlagen und mit 1 Kettmasche in der 1. Luftmasche zum Ring schließen.

1. Runde: Mit 1 Luftmasche (= 1. feste Masche) beginnen, danach 19 feste Maschen in den Ring häkeln und die Runde mit 1 Kettmasche in der 1. Luftmasche schließen.
2. Runde: Mit 3 Luftmaschen (= 1. Stäbchen) beginnen, 2 Stäbchen, 9 Luftmaschen, 5 Stäbchen, 9 Luftmaschen, 5 Stäbchen, 9 Luftmaschen, 5 Stäbchen, 9 Luftmaschen, 2 Stäbchen. Die Runde mit 1 Kettmasche in der oberen der 3 Anfangsluftmaschen schließen. Sie haben jetzt ein Viereck mit einem Luftmaschenbogen an jeder Ecke und Kanten aus je 5 Stäbchen.
3. Runde: * 1 Umschlag auf die Nadel nehmen und die Nadel in den 1. Luftmaschenbogen stecken, 2 halbe Stäbchen, 17 Stäbchen, 2 halbe Stäbchen in den Bogen häkeln und mit 1 Kettmasche im 3. der 5 Stäbchen der Vorrunde abschließen. Im nächsten Luftmaschenbogen ab * bis zum Ende der Runde wiederholen. (Schieben Sie die Stäbchen gut zusammen, weil es eng werden kann.)
4. Runde: * 5 Luftmaschen, 2 halbe Stäbchen überspringen und 1 feste Masche in das 6. Stäbchen des Bogens, weiter mit 5 Luftmaschen, 1 feste Masche in das 11. Stäbchen, 3 Luftmaschen und 1 Kettmasche in dasselbe Stäbchen, 5 Luftmaschen, 4 Stäbchen überspringen, 1 feste Masche in das nächste Stäbchen, 5 Luftmaschen, 1 feste Masche in den Zwischenraum zum nächsten Bogen, dabei die Nadel ganz bis zum Ring aus festen Maschen der 1. Runde durchstecken, damit eine langgezogene Masche entsteht. Ab * bis zum Ende der Runde wiederholen und mit 1 Kettmasche im 1. Luftmaschenbogen schließen.

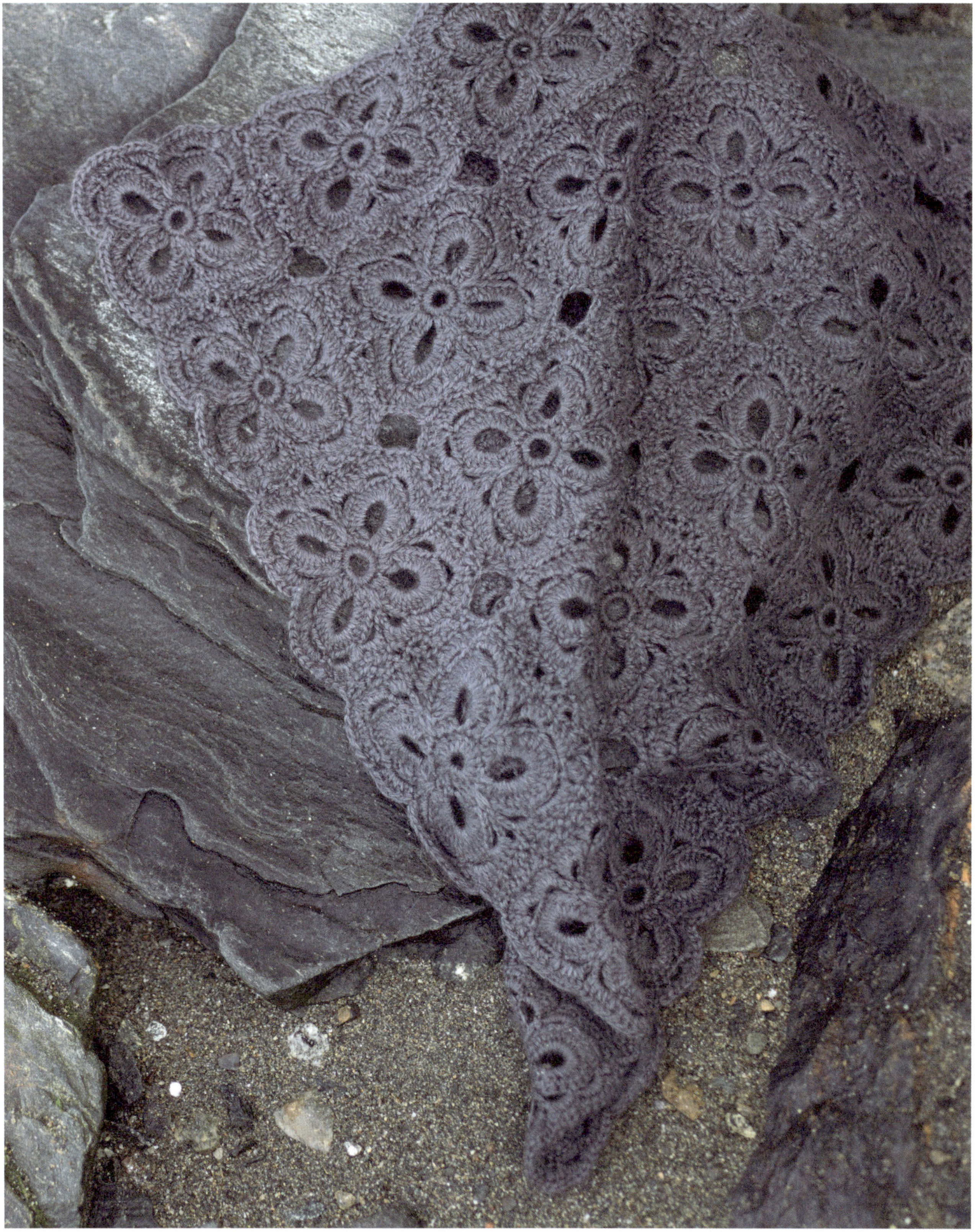

5. Runde: * 3 Luftmaschen (= 1. Stäbchen), 4 Stäbchen in den ersten Luftmaschenbogen, 5 Stäbchen im nächsten, 3 Stäbchen in den Bogen aus 3 Luftmaschen, 5 Stäbchen im nächsten Bogen, 5 Stäbchen im letzten Bogen. Ab * in den folgenden Luftmaschenbögen bis zum Ende der Runde wiederholen, aber mit 5 Stäbchen beginnen statt mit 3 Luftmaschen und 4 Stäbchen wie im 1. Bogen. Die Runde mit 1 Kettmasche in der 3. Luftmasche am Anfang der Runde schließen.

Zu guter Letzt: Die Quadrate in langen Streifen zusammennähen: zwei Quadrate mit den linken Seiten aufeinanderlegen. Den Faden mit 1 Kettmasche durch beide Quadrate durch das 1. Stäbchen nach den 3 Stäbchen in dem kleinen Luftmaschenbogen ziehen. Mit 2 Luftmaschen beginnen und die Nadel in den 3 Stäbchen vom Start entfernt in das obere Quadrat stecken und 1 Kettmasche häkeln. Jetzt 2 Luftmaschen und 1 Kettmasche im unteren Quadrat, 3 Stäbchen vom letzten Einstich entfernt. Auf diese Weise, mit 2 Luftmaschen zwischen den abwechselnden Kettmaschen der zwei Quadrate, werden die Quadrate im Zickzack bis zur nächsten 3-Stäbchen-Ecke zusammengehäkelt. Den Faden abschneiden und das nächste Quadrat anhäkeln, bis der Streifen 7 Quadrate lang ist. Insgesamt 6 Streifen à 7 Quadrate zusammenhäkeln, dann zwei solche Streifen links auf links aufeinanderlegen und die Quadrate wie vorher beschrieben zusammenhäkeln. Um nicht an jeder Quadratecke den Faden abschneiden zu müssen, kann man 3 Kettmaschen über den Rand des Loches häkeln, das sich an den Ecken der Quadrate bildet.

Herzige Jacke

Eine reizende Jacke mit Oberteil im Waffelpatent, die zu feinen Anlässen passt oder als Lieblingsjacke jeden Tag getragen werden kann. – Für die lieben Kleinen kann es gar nicht genügend Jäckchen geben!

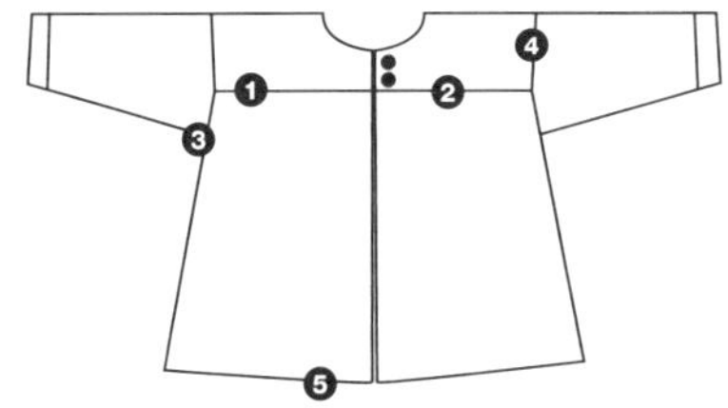

Zuerst wird das Oberteil gestrickt, dann wird nach unten weitergearbeitet.

❶ **Rückenteil:** 46 (50) 54 (58) Maschen anschlagen und 5 (6) 7 (8) cm im Waffelpatentmuster stricken, wie in der Strickschrift angegeben. Die mittleren 18 (20) 22 (24) Maschen abketten und jedes Schulterteil noch 2 Reihen weiterstricken, ehe abgekettet wird. Nun an der Anschlagkante 46 (50) 54 (58) Maschen aufnehmen und in der nächsten rechten Reihe gleichmäßig verteilt Maschen zunehmen auf 80 (90) 100 (110) Maschen. In Hin- und Rückreihen glatt rechts weiterstricken, bis die Arbeit 10 (11) 12 (13) cm lang ist. Das Rückenteil beiseitelegen und die Vorderteile stricken.

❷ **Vorderteile:** 26 (28) 30 (32) Maschen anschlagen und 2 (2) 3 (4) cm im Waffelpatent (s. Strickschrift) stricken. 9 (10) 11 (12) Maschen für den Halsausschnitt abketten. Danach am Halsausschnitt noch 3 Mal in jeder 2. Reihe 1 Masche abketten. Weiterstricken bis das Vorderteil die gleiche Länge wie das Rückenteil hat. An den Schultern zusammennähen.

An der Anschlagkante 26 (28) 30 (32) Maschen aufnehmen und in der nächsten rechten Reihe gleichmäßig verteilt Maschen zunehmen auf 45 (50) 55 (60) Maschen. In Hin- und Rückreihen glatt rechts weiterstricken, bis die Arbeit 10 (11) 12 (13) cm lang ist. Das Vorderteil beiseitelegen und das zweite Vorderteil genauso stricken, nur spiegelbildlich.

❸ Jetzt die Vorderteile auf beiden Seiten mit dem Rückenteil verbinden und in langen Hin- und Rückreihen im Glattstrick bis 25 (28) 31 (34) cm Gesamtlänge weiterarbeiten. Mit 5 Krausrippenreihen abschließen und in der Rückreihe locker abketten.

Größen und Maße

Größen: 3 (6) 9 (12) Monate
Brustumfang: 60 (65) 70 (75) cm
Gesamtlänge: 27 (30) 33 (36) cm
Ärmellänge: 16 (18) 20 (22) cm

Material und Verbrauch

BabySilk von du store alpakka,
20 % Seide, 80 % Baby-Alpaka
150 (200) 250 (300) g Lavendel Nr. 343

Zubehör

1 großer Druckknopf und
2 kleine Zierknöpfe

Nadeln und Maschenprobe

Rundnadel 60 cm Nr. 3,5
Nadelspiel Nr. 3,5, Häkelnadel Nr. 3,5
24 Maschen glatt rechts
mit Nadelstärke 3,5 = 10 cm

Strickschrift

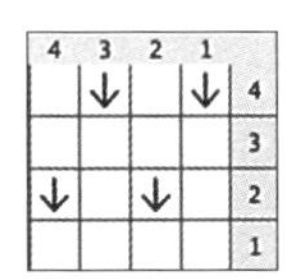

☐ rechts in der Hin-, links in der Rückreihe

⍗ 1 rechte Masche durch die Masche der vorigen Reihe gestrickt

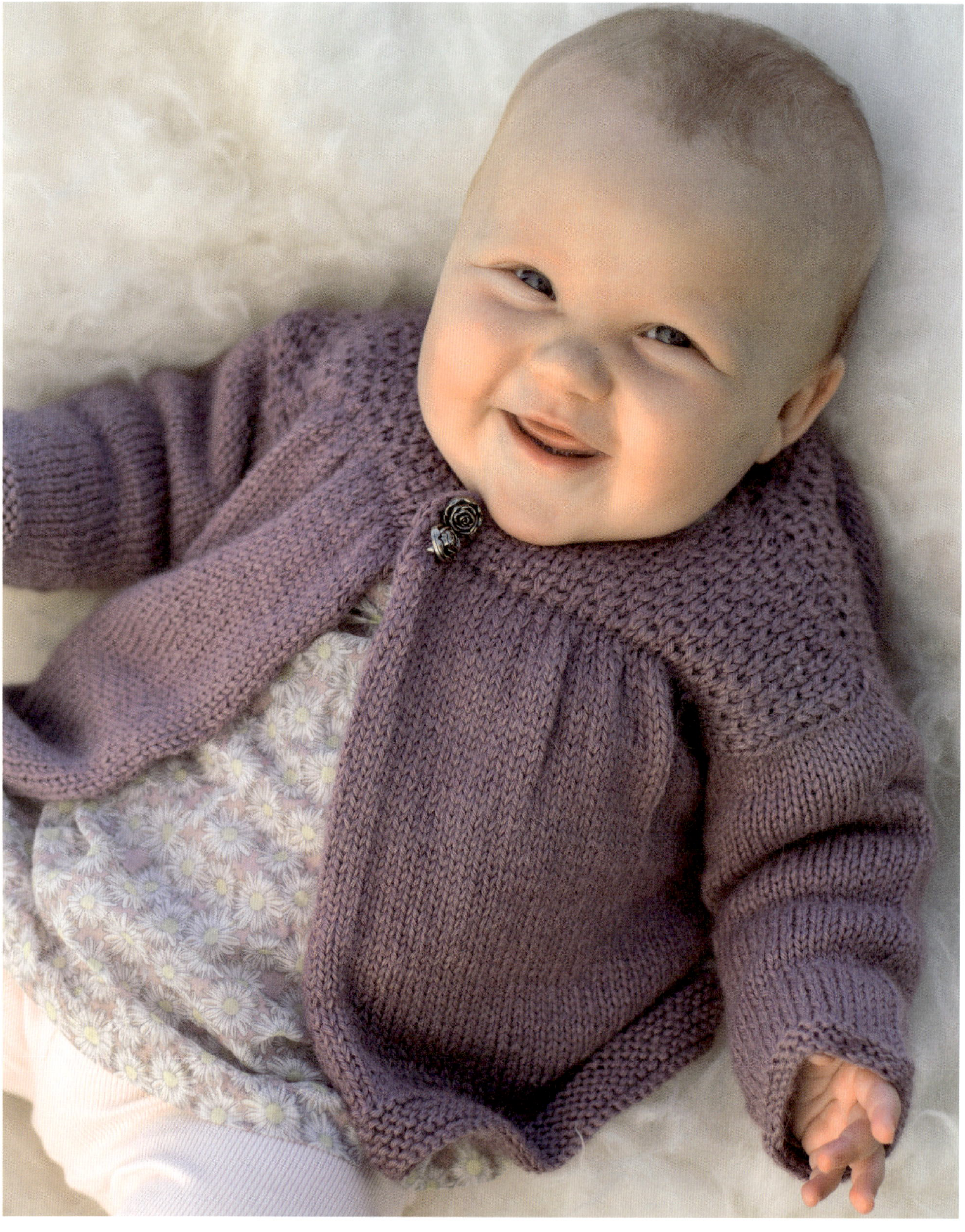

❹ **Ärmel:** Oben beginnend auf dem Nadelspiel verteilt 46 (50) 54 (58) Maschen um die Armausschnitte aufnehmen und glatt rechts stricken, dabei alle 2 cm am Anfang und Ende der Runde je 1 Masche abnehmen. Wenn der Ärmel 15 (17) 19 (21) cm lang ist, noch 3 Krausrippen stricken und locker abketten.

❺ Am unteren rechten Rand beginnend eine Reihe feste Maschen häkeln, weiter um den Halsausschnitt und auf der anderen Seite wieder runter.

Zu guter Letzt: Alle Fäden vernähen und die Jacke leicht unter einem feuchten Tuch dämpfen. Oben am Hals einen großen Druckknopf annähen und außen auf den Jackenrand die Zierknöpfe setzen.

Lavendelkleid

Das leicht zu strickende Lavendelkleid wird von unten nach oben gearbeitet und an den Schultern geknöpft. Das Muster des Oberteils ist ganz einfach zu stricken, sieht aber beeindruckend fortgeschritten aus!

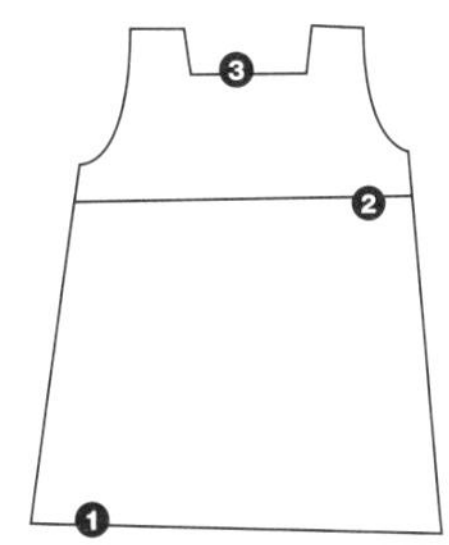

❶ Für den unteren Saum 128 (140) 152 (164) Maschen auf der 60 cm langen Rundnadel Nr. 3 anschlagen und 6 Runden abwechselnd 1 Runde rechts, 1 Runde links stricken (= 3 Krausrippen). Zu Nadelstärke 3,5 wechseln und glatt rechts weiterarbeiten.

Markieren Sie die Seitenmitten, eine Markierung am Start der Runde, die zweite nach 64 (70) 76 (82) Maschen. Jetzt alle 4 (5) 5 (5) cm auf beiden Seiten der Markierung je 1 Masche abnehmen (= pro Mal 4 Maschen weniger in der Runde). Das wiederholen Sie 4 (4) 4 (4) Mal (= 112 (124) 136 (148) verbleibende Maschen). Wenn das Kleid 19 (22) 25 (28) cm lang ist, wird die Maschenzahl nochmal auf 72 (80) 88 (96) Maschen reduziert, indem gleichmäßig

Größen und Maße
Größen: 3 (6) 9 (12) Monate
Brustumfang: 40 (44) 48 (52) cm
Gesamtlänge: 30 (34) 38 (42) cm

Material und Verbrauch
BabySilk von du store alpakka,
20 % Seide, 80 % Baby-Alpaka
100 (100) 150 (200) g Lavendel Nr. 343

Zubehör
4 Druckknöpfe

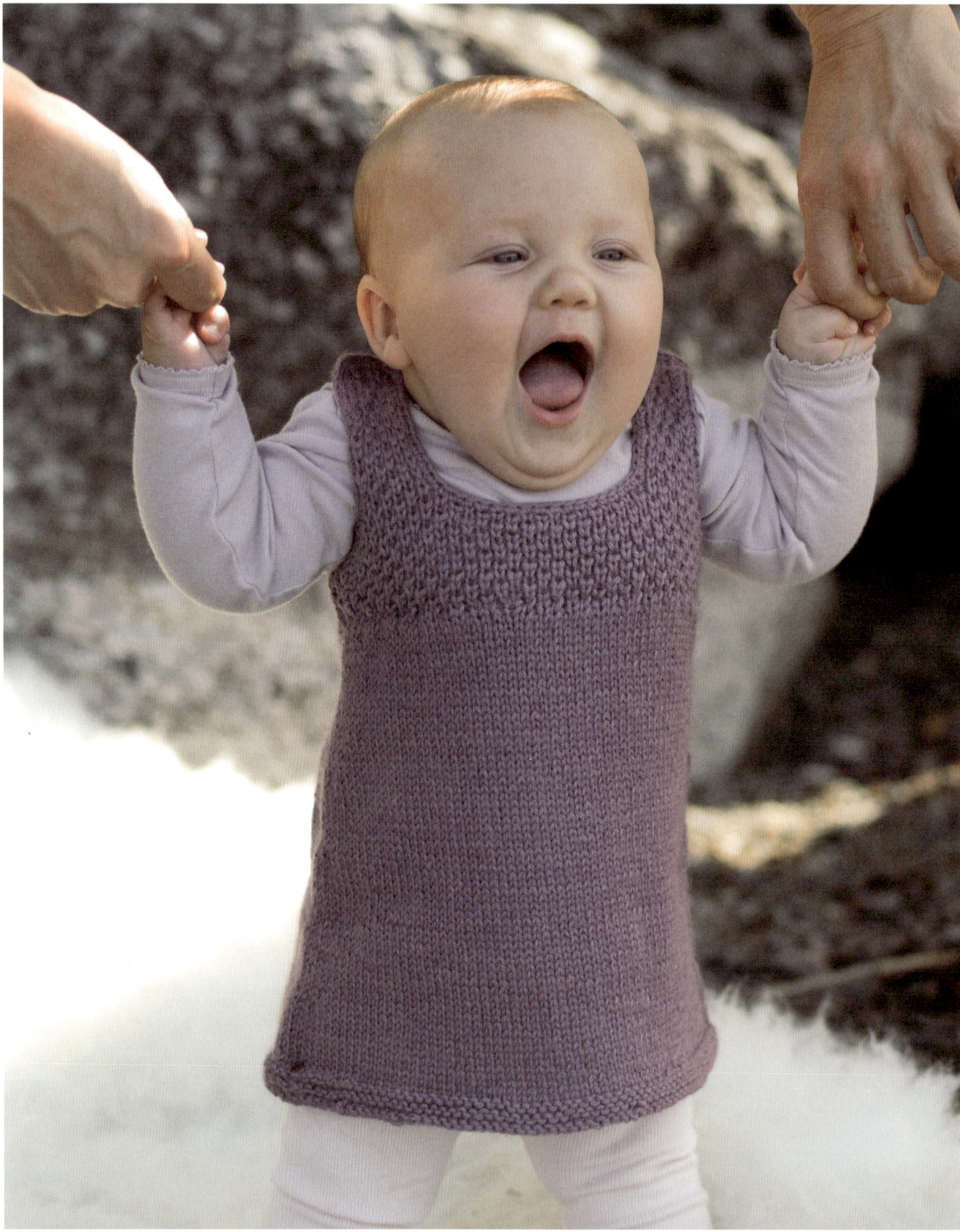

verteilt über die Runde 40 (44) 48 (52) Maschen abgenommen werden.

❷ **Oberteil:** Auf die 40 cm lange Rundnadel Nr. 3,5 wechseln und im Muster wie in der Strickschrift angegeben weiterstricken. Das Muster der Strickschrift auf 3 (4) 5 (6) cm 4 Mal wiederholen. Nun an den Seiten 8 (10) 12 (14) Maschen für die Armausschnitte abketten und Vorder- und Rückenteil getrennt weiterstricken.

Rückenteil: Im Muster wie in der Strickschrift angegeben weiterarbeiten, jetzt aber in Hin- und Rückreihen. Reihe 1 und 3 werden dabei links gestrickt. Nach 10 (11) 12 (13) cm Oberteil an beiden Seiten 8 (8) 9 (9) Maschen stehen lassen und die mittleren 16 (19) 20 (23) Maschen abketten. Die Schultermaschen noch jeweils 1 cm weiterstricken und abketten.

Vorderteil: Das Muster weiter in Hin- und Rückreihen stricken. Dabei darauf achten, dass die 1. und 3. Reihe links gestrickt werden. Nach 2 cm an beiden Seiten für die Schultern 8 (8) 9 (9) Maschen stehen lassen und die mittleren 16 (19) 20 (23) Maschen abketten. Die Schulterstreifen getrennt weiterstricken, bis das Oberteil 11 (12) 13 (14) cm lang ist. Abketten.

❸ **Häkelkante:** Mit 1 Kettmasche am Rückenteil oben an einem Schulterteil beginnen und 1 Runde feste Maschen entlang des Armausschnittes, der Schulter, dem vorderen Halsausschnitt und weiter bis zum Anfang der Runde (s. Häkel-ABC im Anhang S. 195).

Zu guter Letzt: Alle Fäden vernähen und das Kleid leicht unter einem feuchten Tuch dämpfen.

Zum Schluss an jeder Schulter zwei Druckknöpfe annähen.

Nadeln und Maschenprobe

Rundnadeln 60 cm Nr. 3 und 3,5
Rundnadel 40 cm Nr. 3,5
Häkelnadel Nr. 3
22 Maschen glatt rechts
mit Nadelstärke 3,5 = 10 cm

Strickschrift

4	3	2	1	
	↓		↓	4
				3
↓		↓		2
				1

☐ rechts in der Hin-, links in der Rückreihe

↓ 1 rechte Masche durch die Masche der vorigen Reihe gestrickt

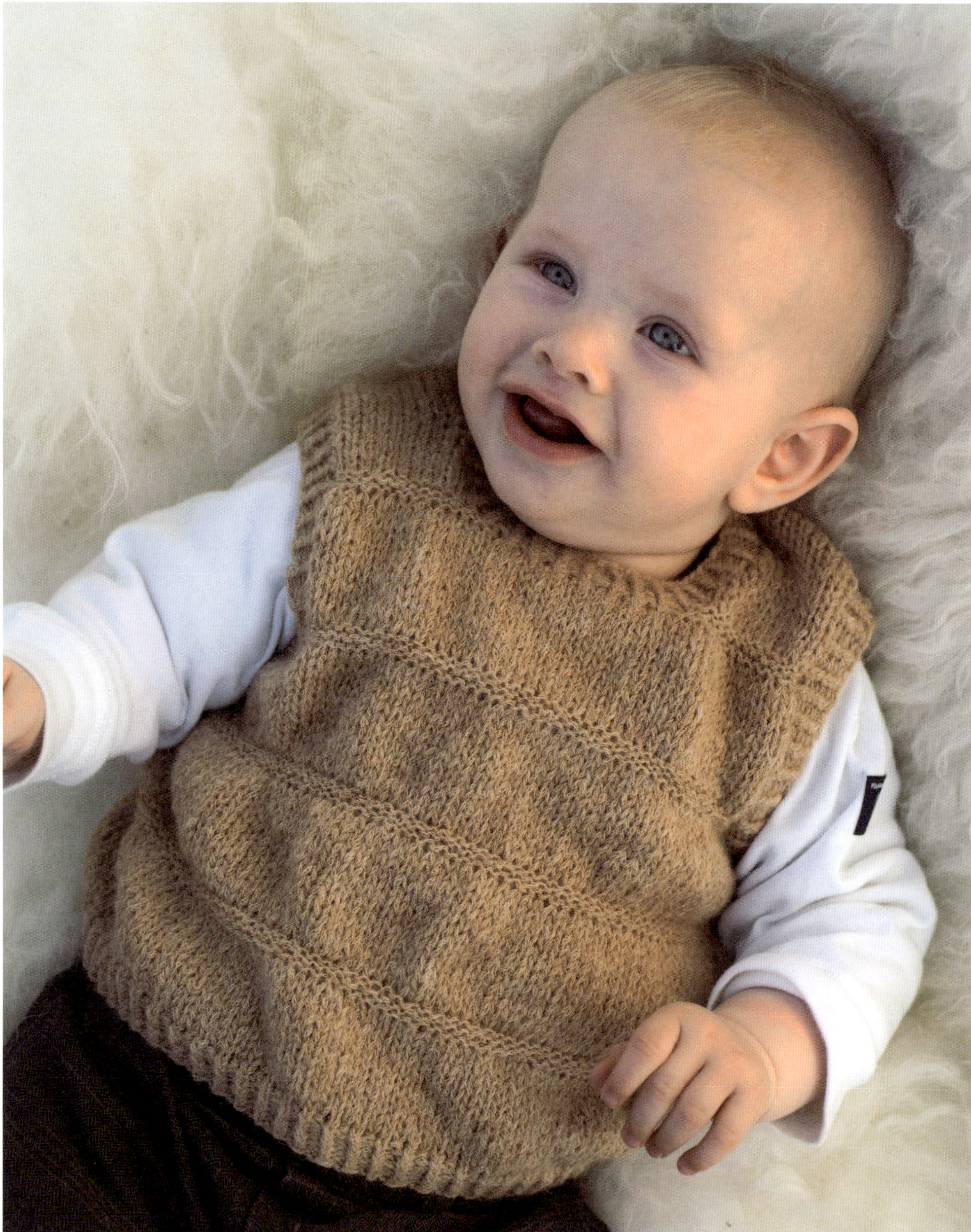

Ballonpullunder

Ein elastischer Pullunder, der mit unterschiedlichen Nadelstärken gestrickt wird, um die wellige Struktur zu erhalten.

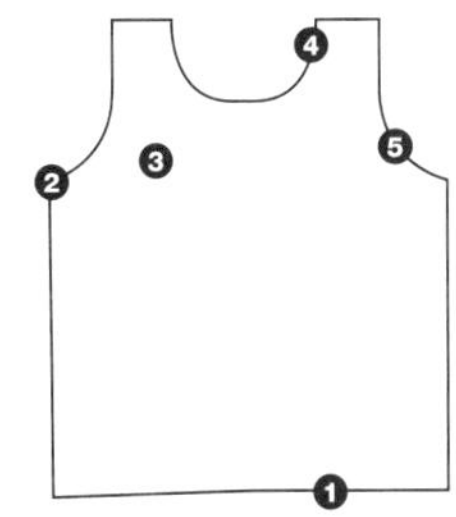

Größen und Maße
Größen: 3 (6) 9 (12) Monate
Brustumfang: 48 (50) 52 (54) cm
Gesamtlänge: 26 (28) 30 (32) cm

Material und Verbrauch
Soul von du store alpakka,
68 % Baby-Alpaka, 32 % Nylon
75 (100) 125 (150) g Karamell Nr. 202

Nadeln und Maschenprobe
Rundnadeln 40 cm Nr. 6 und Nr. 2,5 für das Muster und Nr. 4 für die Bündchen
24 Maschen Musterstrick mit Nadelstärke 6 und doppeltem Faden = 10 cm

❶ Auf der Rundnadel Nr. 4 mit doppeltem Faden 114 (120) 126 (132) Maschen anschlagen und 2 cm Bündchenmuster stricken: * 1 Masche verschränkt rechts, 1 Masche links, ab * bis zum Ende der Runde wiederholen. Zu Nadelstärke 6 wechseln und 12 Runden glatt rechts stricken. Zu Nadelstärke 2,5 und einfachem Faden wechseln und 3 Krausrippen stricken (= 6 Runden, s. Strick-ABC im Anhang S. 186). Diese 18 Runden über die gesamte Pullunderlänge wiederholen.
Wenn der Pullunder 18 (19) 20 (22) cm lang ist, die Seitenmitten markieren mit gleicher Maschenzahl für Vorder- und Rückenteil. Jetzt für die Armausschnitte auf beiden Seiten 14 (14) 16 (16) Maschen, d.h. je 7 (7) 8 (8) vor und hinter den Seitenmarkierungen abketten. Vorder- und Rückenteil werden nun getrennt weitergestrickt.
❷ **Rückenteil:** Im Muster weiterstricken, dabei an den Armausschnitten in jeder 2. Reihe 2 Mal 2 Maschen und 1 Mal 1 Masche abketten. Über die verbleibenden Maschen bis zu einer Gesamtlänge von 26 (28) 30 (32) cm weiterstricken und abketten.
❸ **Vorderteil:** Im Muster weiterstricken, dabei an den Armausschnitten in jeder 2. Reihe 2 Mal 2 Maschen und 1 Mal 1 Masche abketten. Über die verbleibenden Maschen bis zu einer Gesamtlänge von 22 (24) 26 (28) cm weiterstricken.
Für den Halsausschnitt die mittleren 14 (15) 15 (16) Maschen abketten und die Seiten getrennt weiterarbeiten. Dabei am Halsausschnitt in jeder 2. Reihe 1 Mal 2 Maschen und 3 (3) 4 (4) Mal 1 Masche abketten. Wenn die Vorderteile so lang wie das Rückenteil sind, abketten und über den Schultern zusammennähen.

❹ **Halsbündchen:** Mit der Rundnadel Nr. 4 um den Halsausschnitt 68 (70) 72 (74) Maschen aufnehmen und 2 cm Bündchenmuster 1 Masche rechts verschränkt, 1 Masche links im Wechsel stricken. Extra locker abketten.
❺ **Bündchen um die Armausschnitte:** Mit der Rundnadel Nr. 4 um die Armausschnitte 56 (60) 64 (68) Maschen aufnehmen und 2 cm Bündchenmuster stricken: 1 Masche rechts verschränkt, 1 Masche links. Locker abketten.
Zu guter Letzt: Alle Fäden vernähen. Das Garn Soul bitte nicht feucht dämpfen, weil es sonst seine Luftigkeit verliert.

Seidenweiche Decke

Diese elegante Babydecke mit Häkelborte wird ganz einfach glatt rechts gestrickt. Verwenden Sie ein Garnmix aus Seide und Alpaka, es ist besonders weich und hat eine wunderbare Textur.

Maße
Die Decke ist ca. 80 x 80 cm groß.

Material und Verbrauch
Fin von du store alpakka,
50 % Seide, 50 % Baby-Alpaka
250 g Sand Nr. 211
50 g Naturweiß Nr. 201
für die Häkelborte

Nadeln und Maschenprobe
Lange Nadeln Nr. 3, Häkelnadel Nr. 3
27 Maschen glatt rechts
mit Nadelstärke 3 = 10 cm

Strickschrift

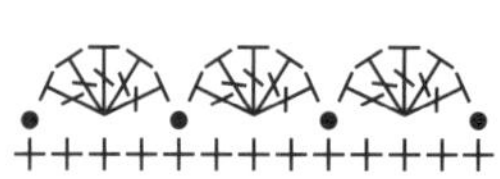

- • Kettmasche
- + feste Masche
- ⫪ Stäbchen

Schlagen Sie 200 Maschen an und stricken Sie glatt rechts, bis die Decke genauso lang wie breit ist.

Häkelborte: Mit 1 Runde fester Maschen in der Farbe Natur mit Häkelnadel Nr. 3 beginnen. Danach die Muschelborte wie folgt häkeln: * 1 Kettmasche, 1 feste Masche überspringen, 5 Stäbchen in die nächste feste Masche, 1 feste Masche überspringen. Ab * bis zum Ende der Runde wiederholen und mit 1 Kettmasche abschließen. Den Faden abschneiden und sorgfältig vernähen.

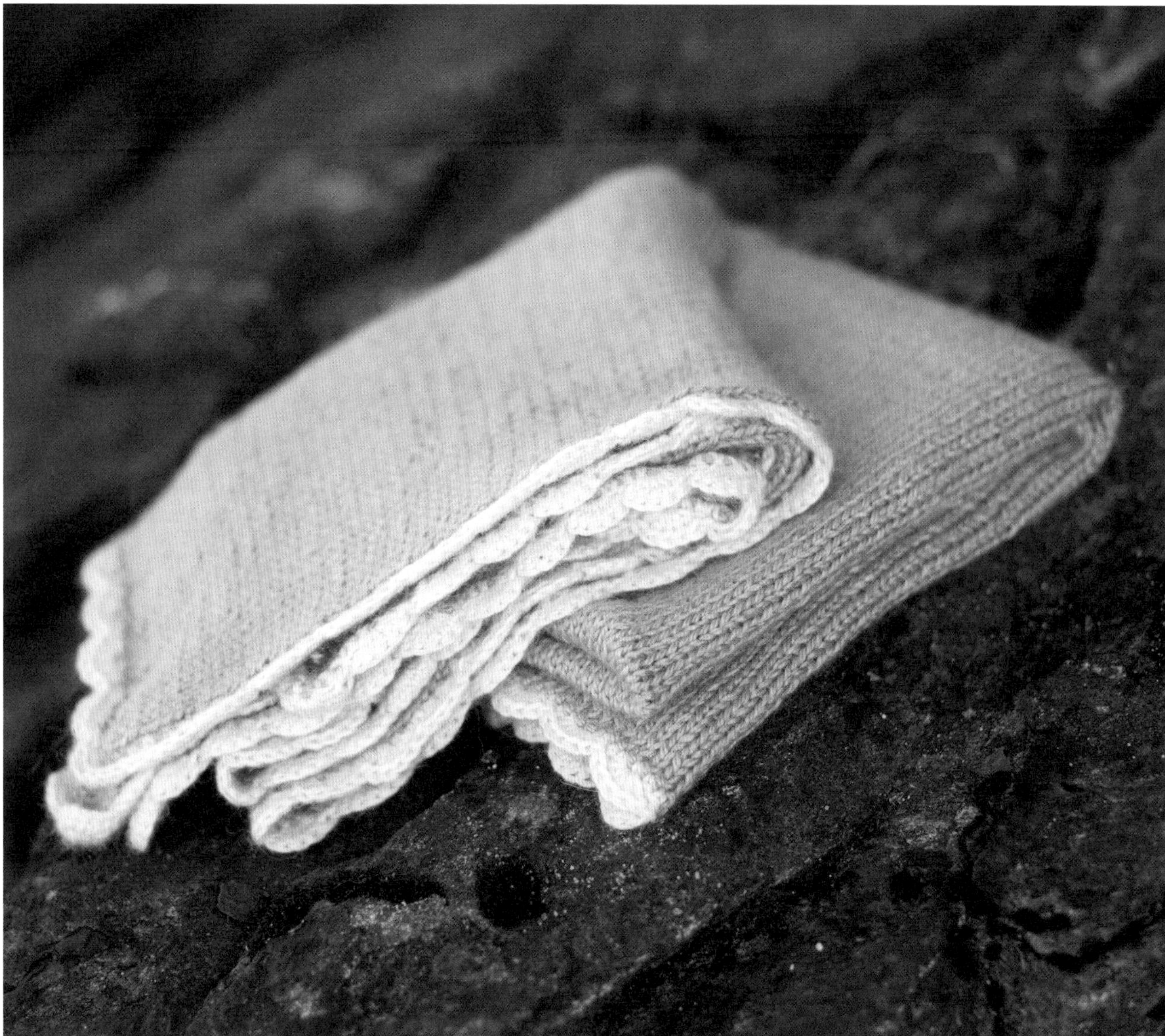

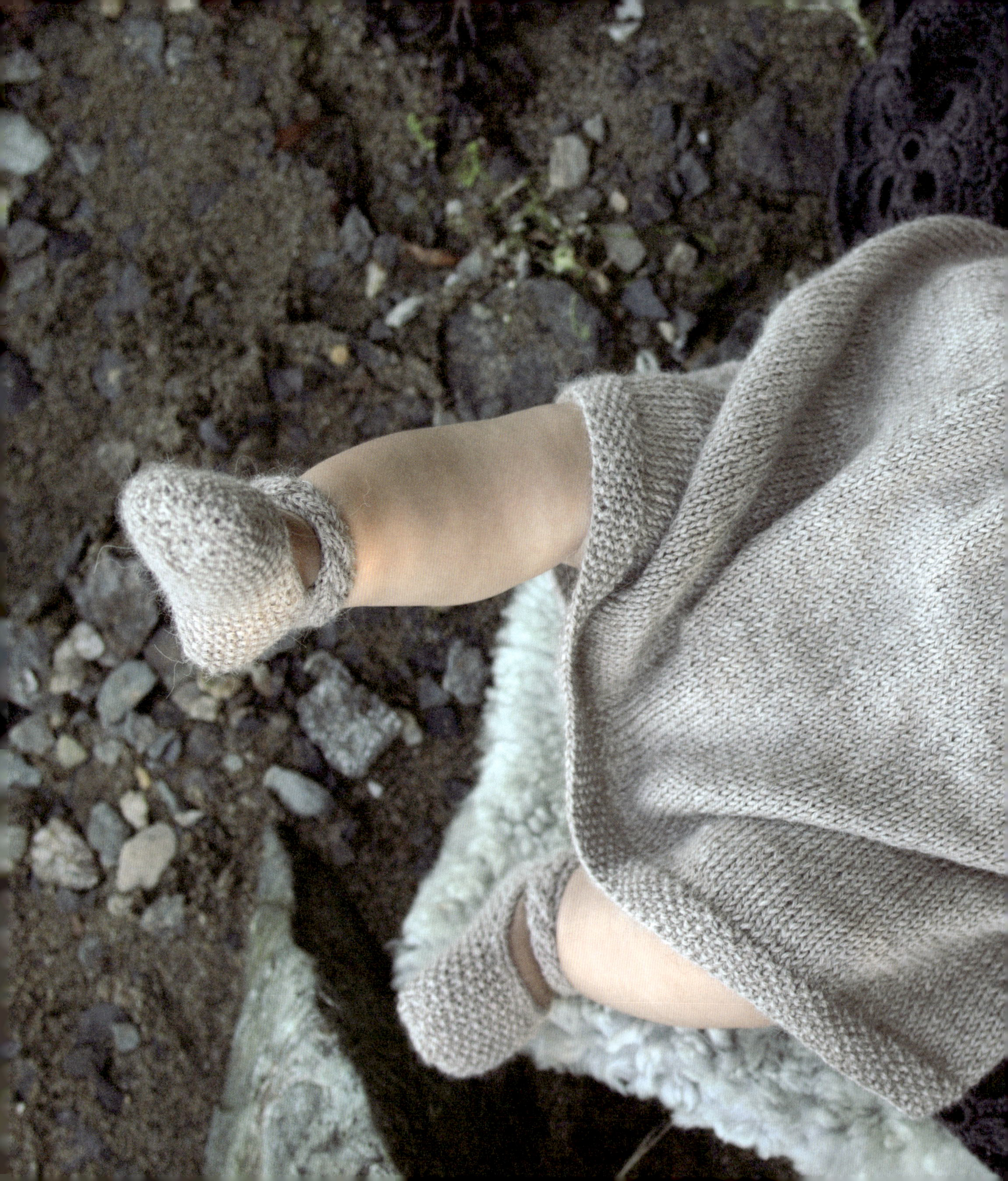

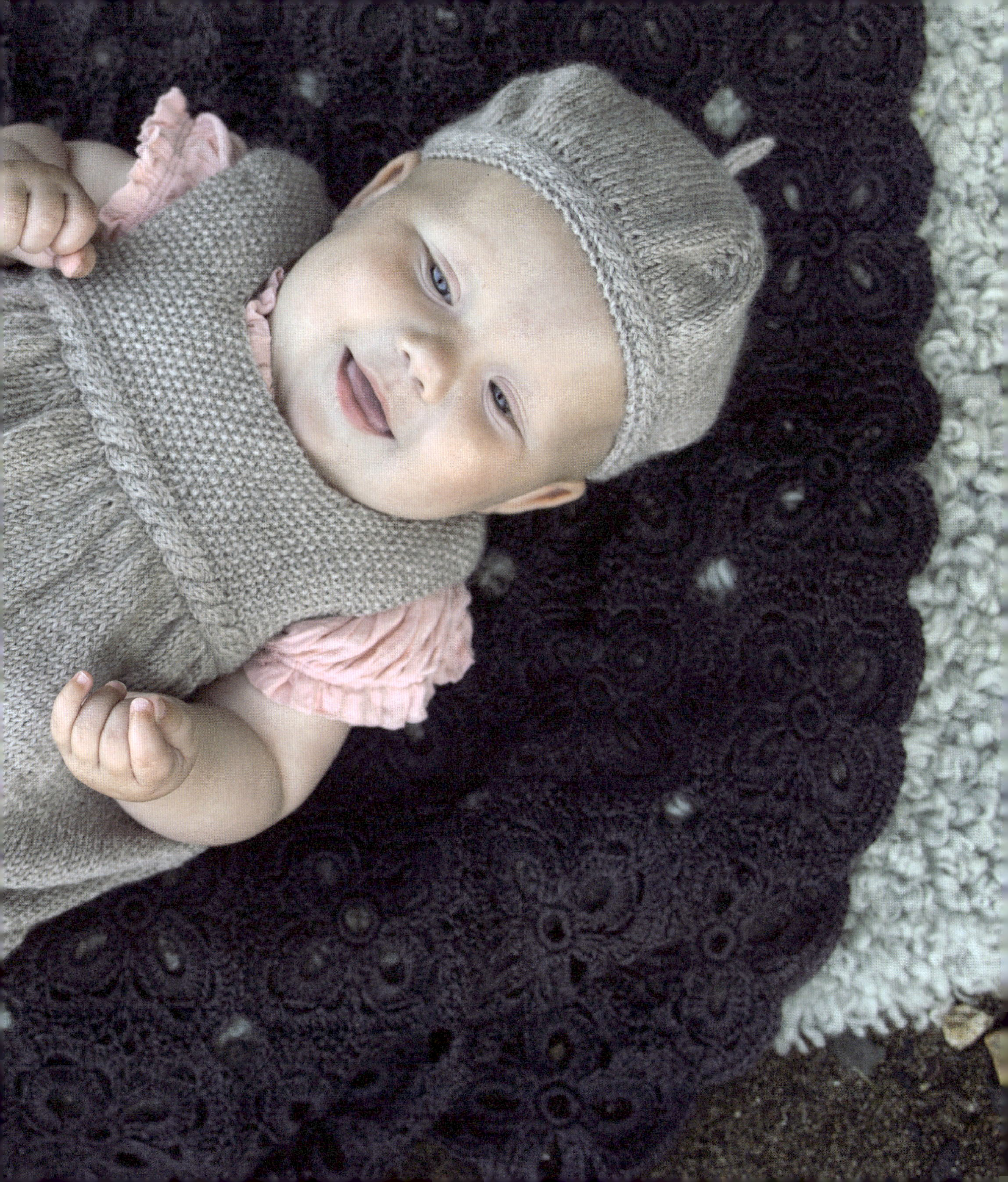

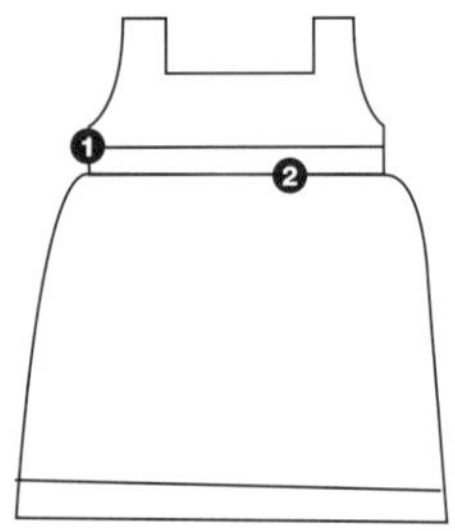

Größen und Maße
Größen: 3 (6) 9 (12) Monate
Brustumfang: 52 (54) 56 (58) cm
Gesamtlänge: 35 (40) 45 (50) cm

Material und Verbrauch
BabySilk von du store alpakka,
20 % Seide, 80 % Baby-Alpaka
150 (200) 250 (300) g Sand Nr. 324

Nadeln und Maschenprobe
Rundnadel 60 cm Nr. 3,5
Nadelspiel Nr. 3
24 Maschen glatt rechts
mit Nadelstärke 3,5 = 10 cm

Zubehör
4 Druckknöpfe

Namenstagkleid

Dieses Kleid ist eine kleine Herausforderung. Es wird in zwei Teilen gestrickt, zuerst das Oberteil quer, der Rockteil wird dann angestrickt und von oben nach unten weitergearbeitet.

❶ **Oberteil:** Gestartet wird am rechten Armausschnitt und dann quer zum linken Armausschnitt gestrickt. Alle Maße werden auf der Seite mit dem Perlmuster genommen, weil der Zopf etwas mehr aufträgt. Eventuell eine dünnere Nadelstärke wählen, falls das Perlmuster zu locker wird, es muss einigermaßen fest sein, um die Form zu wahren.
12 (12) 14 (14) Maschen mit Nadelspiel Nr. 3 anschlagen und wie folgt hin und her stricken: 2 linke Maschen stricken (werden in der Rückreihe rechts gestrickt), 6 rechte Maschen für den Zopf in jeder 4. Reihe (in der Rückreihe links gestrickt), 4 (4) 6 (6) Maschen Perlmuster. (Dafür mit 1 linken Masche beginnen, dann immer mit 1 rechten Masche, wenn die Arbeit gewendet wird. Auf dieser Seite werden alle Zunahmen und Abnahmen vorgenommen.)
So wird der Zopf gestrickt: 3 Maschen auf einer Hilfsnadel vor die Arbeit legen. Drei Maschen rechts stricken und danach die 3 Maschen von der Hilfsnadel rechts.
Nach 2 (2) 3 (3) cm 2 Mal am Ende jeder 2. Reihe im Perlstrickmuster 1 Masche zunehmen. Danach 22 (24) 26 (28) Maschen für die Schulterpartie anschlagen, die im Perlmuster gestrickt werden. Nach 4 cm Perlmuster über den neu angeschlagenen Maschen 14 (16) 16 (18) Maschen für den Halsausschnitt abketten. 7 (8) 9 (10) cm weiterstricken und 14 (16) 16 (18) Maschen für die zweite Schulterpartie anschlagen und 4 cm Perlmuster stricken. Nun wie auf der anderen Seite 22 (24) 26 (28) Schultermaschen abketten und 2 Mal in jeder 2. Reihe 1 Masche für den Armausschnitt abketten. Nach weiteren 4 (4) 6 (6) cm ist das Ende des linken Armausschnitts erreicht. Jetzt in jeder 2. Reihe am Ende der Reihe 2 Mal 1 Masche zunehmen. Weiter im Perlmuster arbeiten. Danach

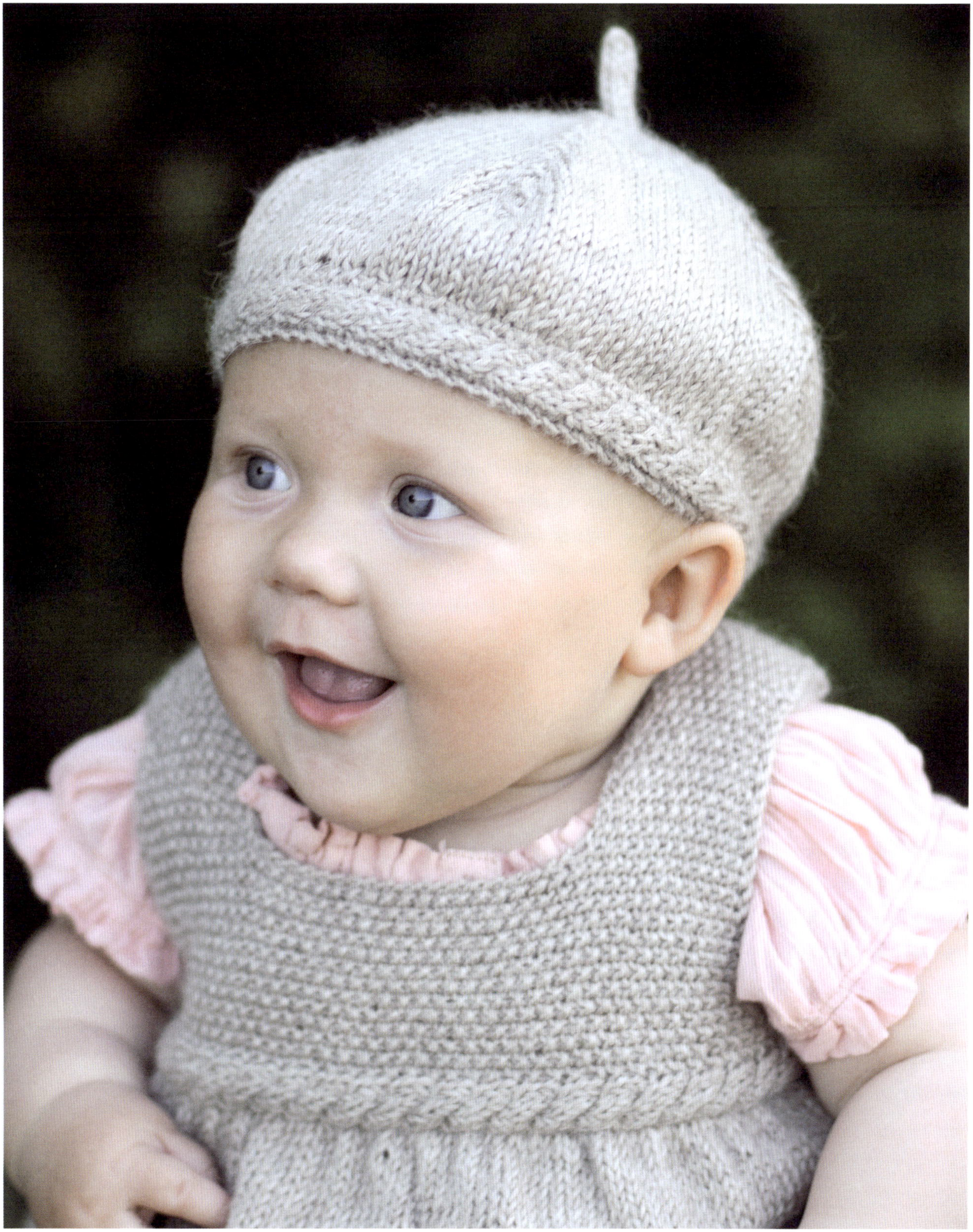

Strickschrift

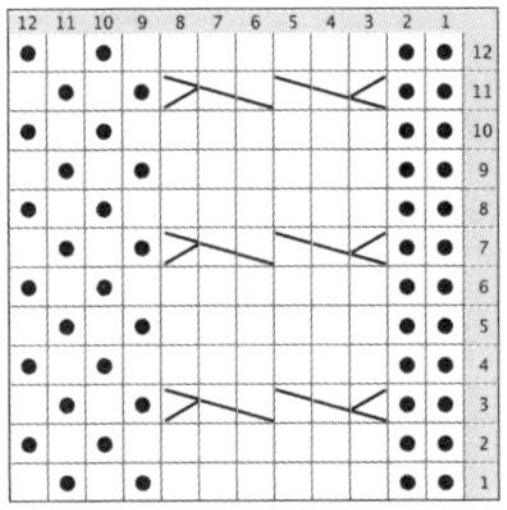

☐ rechts in der Hin-,
links in der Rückreihe

▣ links in der Hin-,
rechts in der Rückreihe

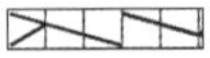 Links gedrehter Zopf über 6 Maschen. 3 Maschen auf einer Hilfsnadel vor die Arbeit legen.
3 Maschen rechts stricken, danach die 3 Maschen von der Hilfsnadel rechts stricken.

Kommentar zur Strickschrift:
Hier sind die unteren 12 Maschen des Oberteils dargestellt.
Alle Zunahmen finden auf der Perlmusterseite statt.

22 (24) 26 (28) Maschen anschlagen für die hintere Schulterpartie und 4 cm im Perlmuster stricken. 6 Maschen abketten für den hinteren Halsausschnitt, 7 (8) 9 (10) cm weiterstricken, 6 Maschen anschlagen und 4 cm im Perlmuster weiterstricken für die zweite hintere Schulterpartie. Nun 22 (24) 26 (28) Maschen abketten und danach 2 Mal in jeder 2. Reihe 1 Masche für den Armausschnitt abketten. Noch 2 (2) 3 (3) cm weiterstricken und abketten. Damit ist das Oberteil fertig. Die offene Seite mit möglichst unsichtbarer Naht zusammennähen.

❷ **Unterteil:** Mit der Rundnadel Nr. 3,5 um den unteren Rand des Oberteils (Zopf) 190 (200) 210 (220) Maschen aufnehmen. Im Glattstrick arbeiten, bis das Unterteil 23 (28) 33 (38) cm misst, 2 cm Perlmuster anschließen und locker abketten.

Zu guter Letzt: An die Schulterpartieenden je zwei Druckknöpfe nähen. Alle Fäden vernähen und das Kleid unter einem feuchten Tuch dämpfen.

Baskenmütze

Eine richtig süße Baskenmütze mit Zopfmuster,
passend zum Namenstagkleid.

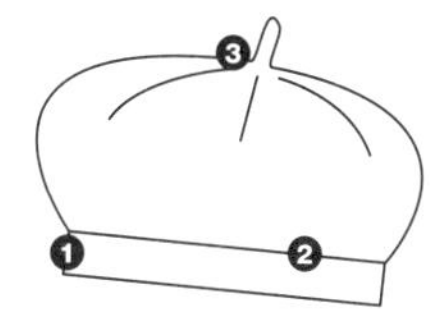

Größen und Maße
Größen: 3 (6) 9 (12) Monate
Durchmesser: 18 (20) 22 (24) cm bei glatt gestrichener Mütze

Material und Verbrauch
BabySilk von du store alpakka,
20 % Seide, 80 % Baby-Alpaka
50 g Sand Nr. 324

Nadeln und Maschenprobe
Rundnadel 40 cm Nr. 3,5
Nadelspiel Nr. 3 und 3,5
24 Maschen glatt rechts
mit Nadelstärke 3,5 = 10 cm

❶ **Zopfborte:** 8 Maschen mit Nadelspiel Nr. 3 anschlagen und wie folgt hin und her stricken:
1. Reihe: 1 rechte, 1 linke Masche, 4 rechte Maschen, 1 linke, 1 rechte Masche.
2. Reihe (Rückreihe): 1 rechte Masche, 6 linke Maschen, 1 rechte Masche.
3. Reihe (Zopfreihe): Mit 1 rechten, 1 linken Masche beginnen. Die 2 ersten Maschen der 4 rechten Maschen auf einer Hilfsnadel vor die Arbeit legen. Die 2 nächsten Maschen rechts stricken, dann die 2 Maschen von der Hilfsnadel rechts, mit 1 linken, 1 rechten Masche abschließen.
4. Reihe: Wie 2. Reihe stricken.
Diese 4 Reihen wiederholen, bis die Zopfborte 40 (42) 44 (46) cm lang ist. Kinder haben sehr unterschiedliche Kopfumfänge, darum sollte man die Borte bei dem betreffenden Kind ausprobieren. Die Borte ist recht elastisch und sollte nicht zu locker sitzen. Wenn die Länge passt, abketten und die kurzen Enden zusammennähen.
❷ **Mütze:** Am oberen Rand der mit der rechten Seite nach außen gewendeten Zopfborte mit der Rundnadel 135 (145) 155 (165) Maschen aufnehmen und 6 (7) 8 (9) cm glatt rechts stricken. Nun an jeder 27. (29.) 31. (33.) Masche eine Markierung setzen (= 5 Markierungen).
Wie folgt in jeder 2. Runde an jeder der 5 Markierungen 3 Maschen zusammenstricken:
Die Masche vor der Markierung ungestrickt abheben, die 2 folgenden Maschen zusammenstricken und die ungestrickte Masche über die 2 zusammengestrickten Maschen ziehen. Solange wiederholen, bis noch 5 Maschen übrig sind. Wechseln Sie zum Nadelspiel Nr. 3,5, wenn die Rundnadel zu lang wird.

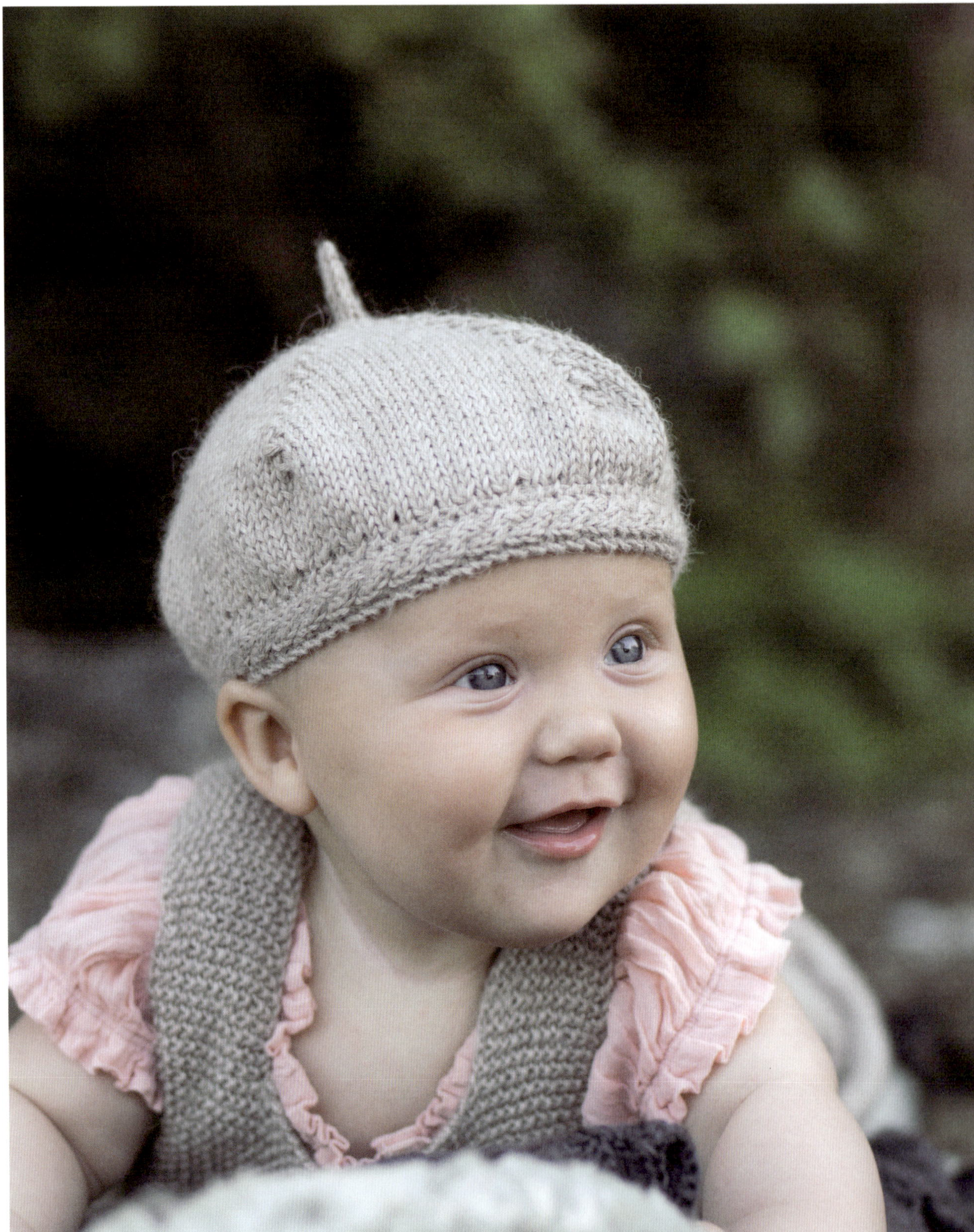

❸ **Zipfel:** Die 5 verbleibenden Maschen rechts weiterstricken, ohne die Nadel zu wenden. Am Ende der Reihe die Maschen zurück an den Anfang der Nadel schieben, den Faden hinter der Arbeit straff an den Anfang ziehen und die 5 Maschen wieder rechts stricken. So fortfahren, bis der Zipfel 2,5 cm lang ist. Abketten, den Faden abschneiden und sauber vernähen.

Riemchenballerinas

Diese Ballerinas haben einen besonders guten Sitz, da die Riemchen mit Druckknöpfen geschlossen werden. Das elastische Perlmuster sorgt für zusätzliche Passform. Sie passen ebenfalls sehr gut zum Namenstagkleid.

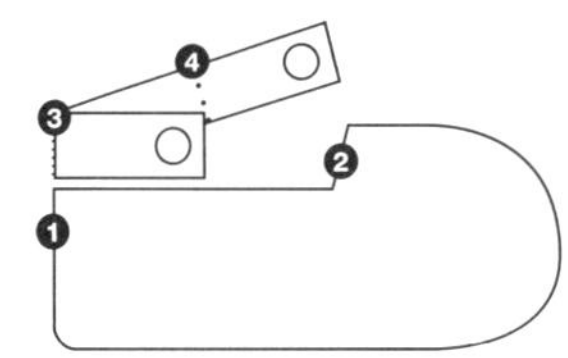

Die Ballerinas sind identisch gestrickt und unterscheiden sich nur dadurch, auf welcher Seite die Riemchen geknöpft werden.

❶ **Ferse:** 16 (18) 20 (22) Maschen anschlagen und Perlmuster hin und zurück stricken: 1 rechte, 1 linke Masche im Wechsel, in der Rückreihe rechts über linker und links über rechter Masche (s. Strick-ABC im Anhang S. 186). In der 2. Reihe in den 2 mittleren Maschen je 1 Masche zunehmen. In der 4. Reihe noch einmal wiederholen. Danach im Perlstrick bis Gesamtlänge 5 (6) 7 (8) cm weiterarbeiten.

❷ **Schuhspitze:** Die Schuhspitze mit vier Nadeln weiterstricken. Als Erstes 9 (9) 11 (11) Maschen auf einer freien Nadel anschlagen und die bereits gestrickten Maschen anschließen. Am Ende der Reihe die Runde schließen und über die neu angeschlagenen Maschen weiterstricken. Die Maschen einigermaßen gleichmäßig auf vier Nadeln verteilen. Nach 14 (16) 18 (20) Runden eine Runde abwechselnd 3 Maschen links zusammenstricken, 1 Masche rechts stricken.

Größen und Maße
Größen: 3 (6) 9 (12) Monate
Länge: ca. 9 (10) 11,5 (13) cm
(Die Ballerinas sind sehr elastisch)

Material und Verbrauch
BabySilk von du store alpakka,
20 % Seide, 80 % Baby-Alpaka
50 g Sand Nr. 324

Nadeln und Maschenprobe
Nadelspiel Nr. 3
26 Maschen Perlmuster
mit Nadelstärke Nr. 3 = 10 cm

Zubehör
2 Druckköpfe, 15 mm Durchmesser
2 Perlmuttknöpfe, 11 mm Durchmesser

Das ist am wenigsten sichtbar, wenn man die 3 Maschen mit einer linken Masche in der Mitte links zusammenstrickt. Danach eine Runde Perlmuster ohne Maschenabnahme stricken und die folgende Runde wieder 3 Maschen links zusammenstricken, 1 Masche rechts stricken. Nach einer weiteren Runde Perlmuster den Faden durch die verbleibenden Maschen ziehen und gut vernähen.

❸ **Fesselriemchen:** 8 Maschen anschlagen und wie folgt hin und her stricken:

1. Reihe: 1 rechte, 1 linke Masche, 4 rechte Maschen, 1 linke, 1 rechte Masche.

2. Reihe (Rückreihe): 1 rechte Masche, 6 linke Maschen, 1 rechte Masche.

3. Reihe (Zopfreihe): 1 rechte, 1 linke Masche, 2 Maschen auf einer Hilfsnadel vor die Arbeit legen, die folgenden 2 Maschen rechts stricken und anschließend die 2 Maschen von der Hilfsnadel rechts stricken, mit 1 linken, 1 rechten Masche abschließen.

4. Reihe: Wie 2. Reihe stricken.

Diese 4 Reihen wiederholen, bis das Riemchen 14 (15) 16 (17) cm lang ist.

Ein zweites Riemchen nach dieser Anleitung stricken.

Zu guter Letzt: Die Fersen an der Anschlagkante zusammennähen (s. Punkt 1 in der Skizze).

Die Fesselriemchen in drei gleich lange Abschnitte falten und die Faltkanten mit Stecknadeln markieren (s. gepunktete Linie in der Skizze).

Das Riemchen Kante an Kante an den Schuh anlegen, wie in der Skizze zu sehen. So mit Stecknadeln feststecken, dass Punkt 3 (Faltkante) über der Fersennaht liegt. Das Riemchen bis Punkt 4 (2. Faltkante) an den oberen Schuhrand annähen (also zwei Drittel). Das letzte Drittel bleibt lose.

Einen Druckknopf an die Innenseite des losen Endes und die Außenseite des entgegengesetzten festgenähten Endes nähen (s. Skizze). Beim zweiten Schuh genau gegengleich vorgehen. Das lose Ende auf der Außenseite mit einem Perlmuttknopf verzieren.

Häkelrand: Beim Riemchen beginnend eine Reihe feste Maschen um die Öffnung des Schuhs häkeln und alle Fäden vernähen.

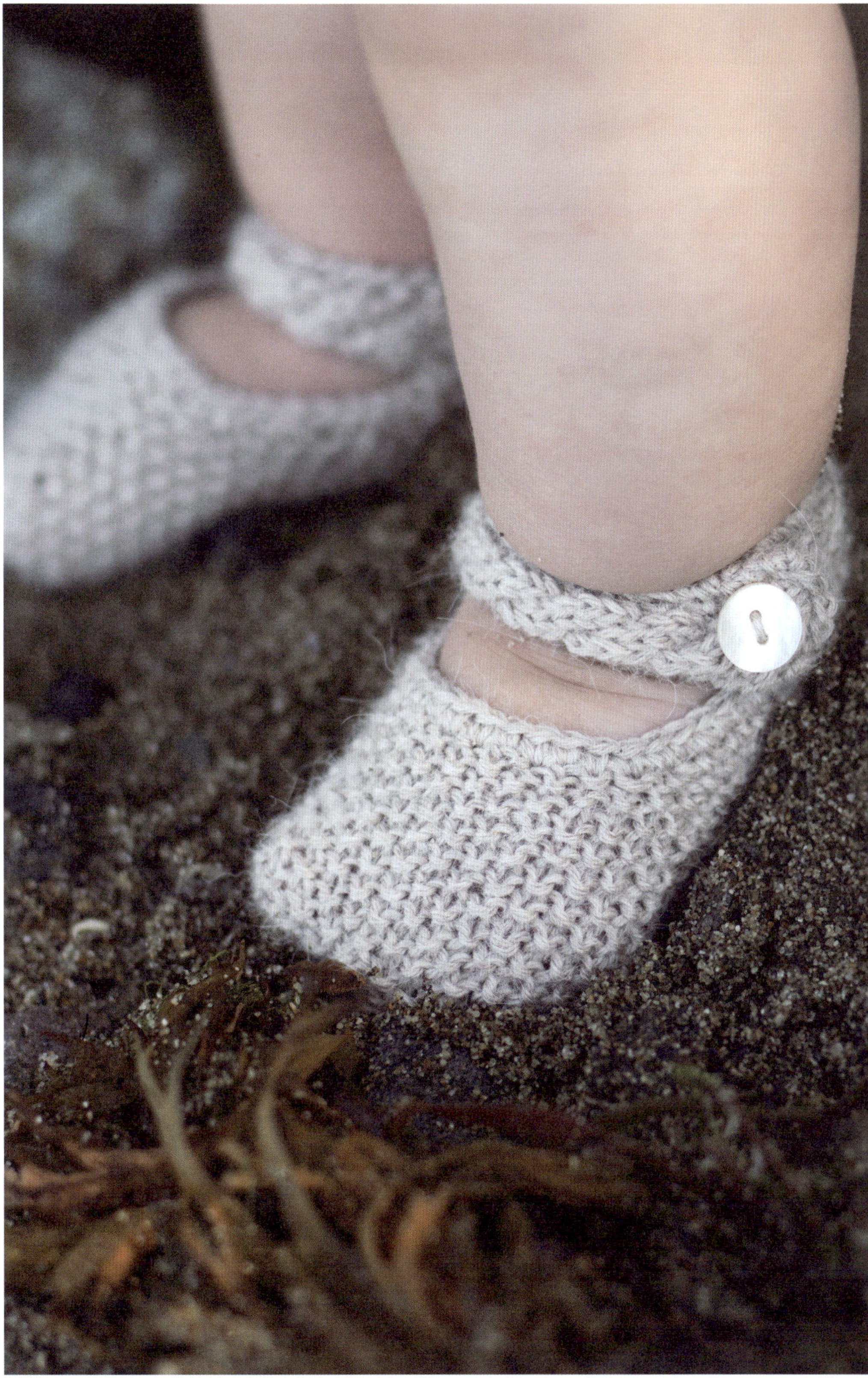

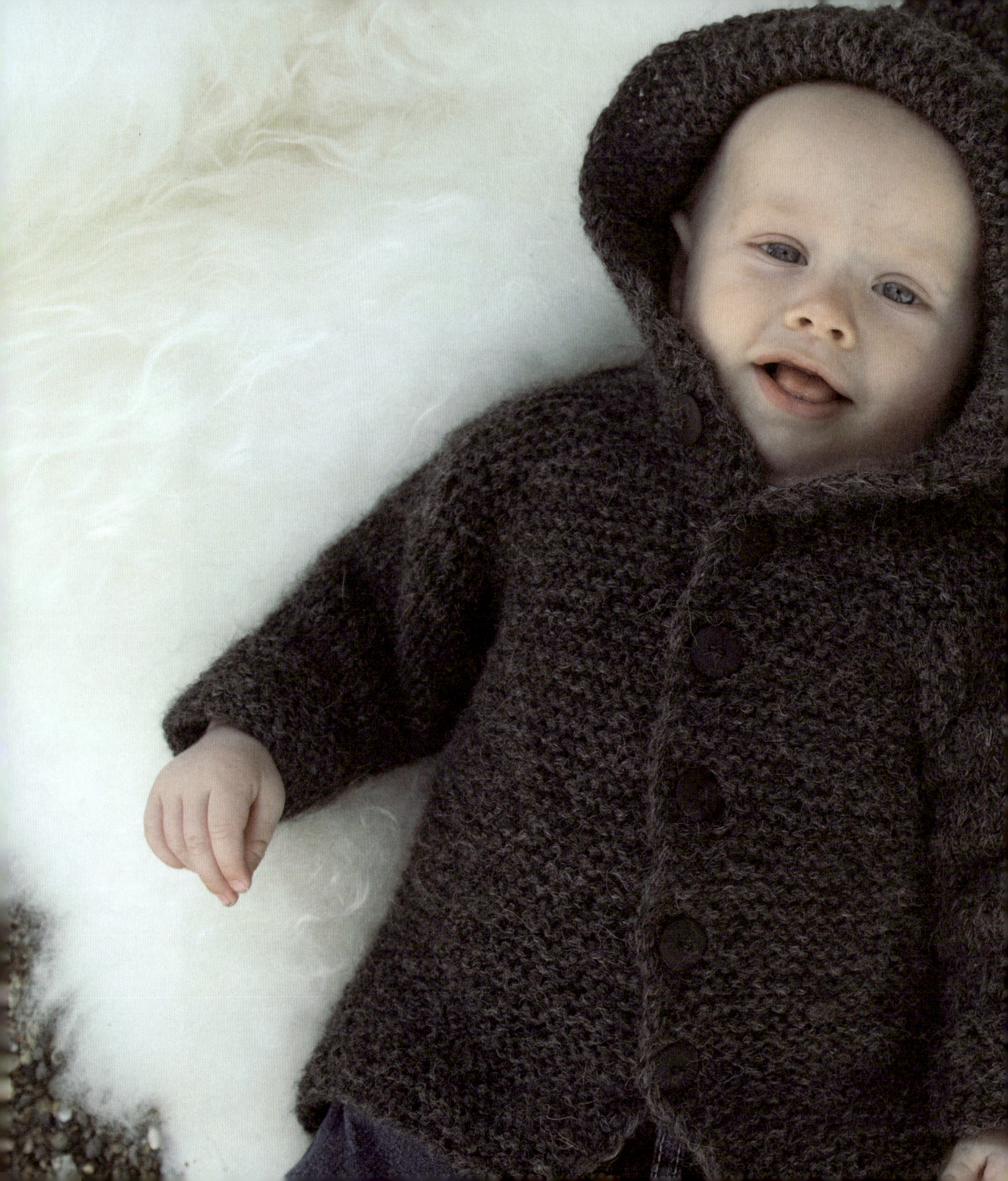

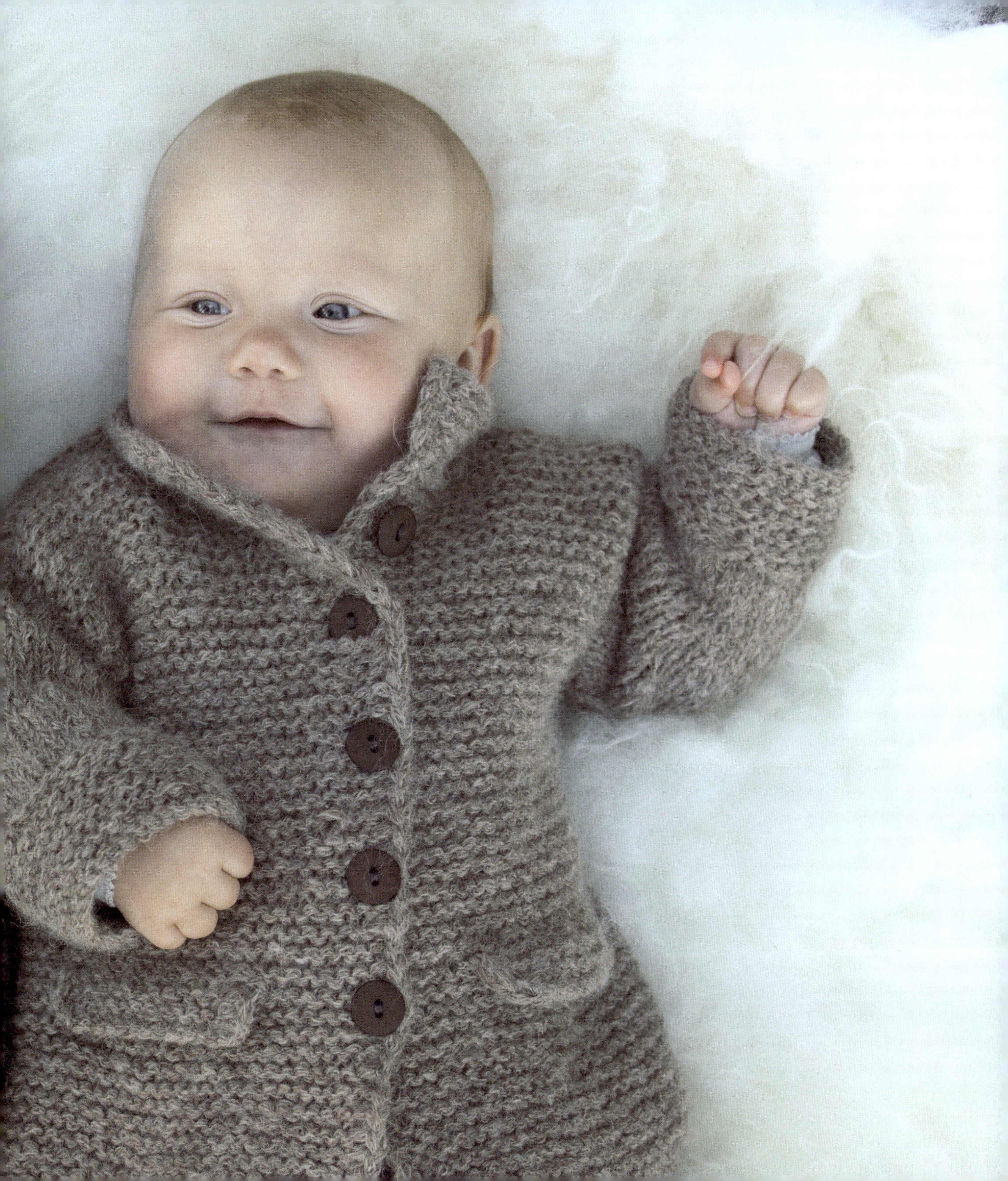

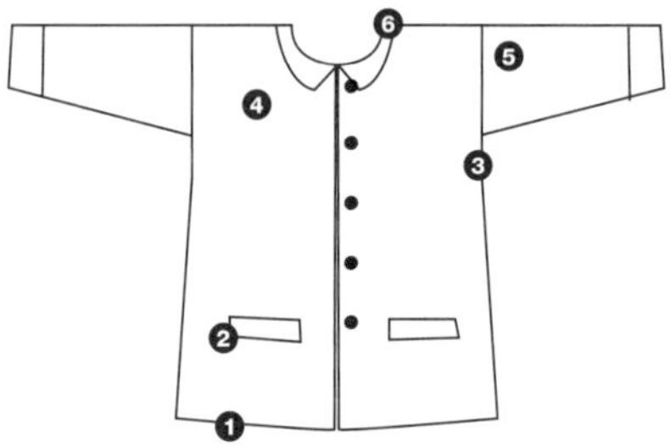

Krausrippen-Mantel

Ein einfacher, mit dicken Nadeln gestrickter Mantel. Die Taschenklappen und der kleine Kragen geben den extra Pfiff.

Größen und Maße
Größen: 3 (6) 9 (12) Monate
Brustumfang: 48 (52) 56 (60) cm
Untere Weite: 28 (30) 32 (34) cm
Gesamtlänge: 30 (33) 36 (38) cm
Ärmellänge: 14 (16) 18 (20) cm

Material und Verbrauch
Hexa von du store alpakka,
100 % Alpaka
150 (200) 250 (300) g Sand Nr. 912

Zubehör
4 bis 6 Knöpfe, ca. 18 mm Durchmesser

Nadeln und Maschenprobe
Rundnadel 60 cm Nr. 6
Nadelspiel Nr. 6
18 Maschen kraus rechts
mit Nadelstärke 6 = 10 cm

Knopflöcher
Werden in der rechten Hinreihe eingearbeitet: 2 Maschen stricken, 2 Maschen rechts zusammenstricken, 1 Umschlag. In der Rückreihe werden die Umschläge wie gewöhnliche Maschen gestrickt.

ACHTUNG!
Strickdichte und Garnverbrauch können bei elastischem Garn stark variieren. Darum ist in diesem Fall eine Maschenprobe vor dem Losstricken unbedingt zu empfehlen.

❶ Auf der Rundnadel 102 (110) 118 (126) Maschen anschlagen und in Hin- und Rückreihen bis nach oben Krausrippen stricken. Teilen Sie die Maschen mit zwei Seitenmarkierungen in drei Teile auf: 28 (30) 32 (34) Maschen (= rechtes Vorderteil), 46 (50) 54 (58) Maschen (= Rückenteil), 28 (30) 32 (34) Maschen (= linkes Vorderteil). An den Seiten Maschen abnehmen, indem insgesamt 4 Mal alle 4 (4) 5 (5) cm vor und hinter den Seitenmarkierungen je 2 Maschen zusammengestrickt werden (= 86 (94) 102 (110) verbleibende Maschen).
Nach 14 (16) 18 (20) Krausrippen werden die zwei Taschenklappen angestrickt.
❷ **Taschenklappen:** Für die zwei Taschenklappen 2 Mal 14 Maschen anschlagen und 4 Krausrippen stricken. Angebracht werden die Klappen folgendermaßen: 6 (8) 8 (8) Maschen vom Vorderteil stricken und die Klappen anstricken, indem immer 2 Maschen zusammengestrickt werden – 1 Masche von der Klappe und 1 Masche von der Jacke. Bis 20 (22) 22 (22) Maschen vorm Ende der Reihe weiterstricken und die zweite Taschenklappe wie die erste einarbeiten. Mit 6 (8) 8 (8) Maschen die Reihe beenden. Achten Sie darauf, dass die Krausrippen von Klappe und Jacke zusammenpassen und dass die Klappen auf die Außenseite kommen. Ab einer Krausrippe nach den Taschenklappen wird am rechten Seitenrand bis nach oben in jeder 6. Krausrippe ein Knopfloch eingearbeitet.
Nach 20 (22) 24 (26) cm Gesamtlänge wird die Arbeit an den Seitenmarkierungen geteilt und Vorder- und Rückenteil getrennt weitergestrickt.

❸ **Rückenteil:** (= 38 (42) 46 (50) Maschen). Bis 30 (33) 36 (38) cm Gesamtlänge im Grundmuster kraus rechts weiterstricken. Abketten.

❹ **Rechtes und linkes Vorderteil:** (= 24 (26) 28 (30) Maschen). Bis 5 Krausrippen vor der Gesamtlänge stricken. Für den Halsausschnitt 8 (8) 10 (10) Maschen abketten, danach in jeder 2. Reihe 1 Mal 2 Maschen und 2 Mal 1 Masche. Bis 30 (33) 36 (38) cm Gesamtlänge weiterstricken, abketten und mit dem Rückenteil zusammennähen.

❺ **Ärmel:** Mit dem Nadelspiel um den Armausschnitt 36 (40) 44 (46) Maschen aufnehmen und glatt rechts stricken. 4 Mal alle 2 cm am Anfang und Ende der Runde (Ärmelunterseite) 2 Maschen zusammenstricken. Wenn der Ärmel 10 (12) 14 (16) cm lang ist, zur Krausrippe wechseln. Nach 4 cm Krausrippe locker abketten.

❻ **Kragen:** Auf der Rückseite vom Anfang des linken Vorderteils um den Halsausschnitt 48 (50) 52 (54) Maschen aufnehmen, 6 (7) 8 (8) Krausrippen stricken und locker abketten. Den Faden abschneiden.

Zu guter Letzt: Alle Fäden vernähen. Knöpfe annähen. Wer mag, kann den Kragen mit ein paar Stichen festnähen, damit er umgeklappt bleibt. Hexa-Garn bitte nicht dämpfen.

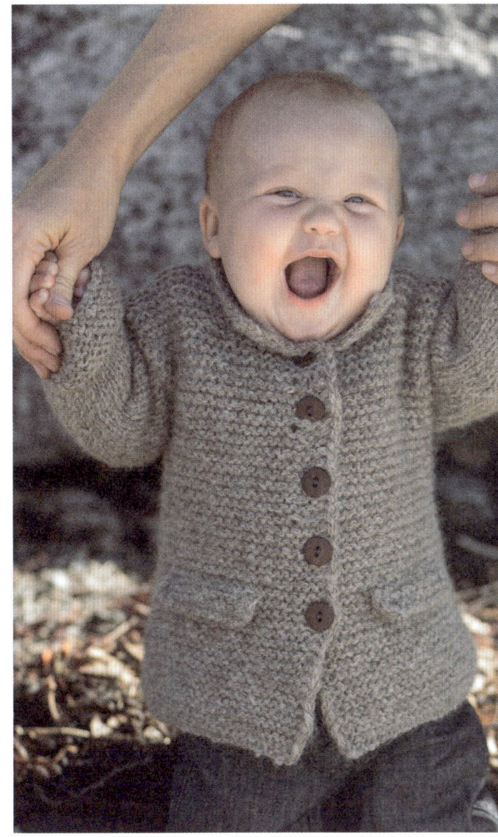

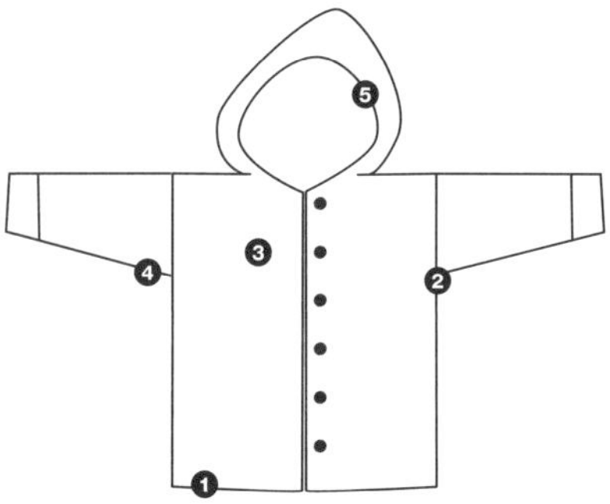

Größen und Maße

Größen: 3 (6) 9 (12) Monate
Brustumfang: 48 (52) 56 (60) cm
Gesamtlänge: 28 (31) 34 (36) cm
Ärmellänge: 14 (16) 18 (20) cm

Material und Verbrauch

Hexa von du store alpakka,
100 % Alpaka
150 (200) 250 (300) g Anthrazit Nr. 915

Zubehör

6 bis 8 Knöpfe, ca. 18 mm Durchmesser

Nadeln und Maschenprobe

Rundnadel 60 cm Nr. 6
Nadelspiel Nr. 6
18 Maschen kraus rechts
mit Nadelstärke 6 = 10 cm

Knopflöcher

Werden in der rechten Hinreihe eingearbeitet: 2 Maschen stricken, 2 Maschen rechts zusammenstricken, 1 Umschlag. In der Rückreihe werden die Umschläge wie gewöhnliche Maschen gestrickt.

ACHTUNG!

Strickdichte und Garnverbrauch können bei elastischem Garn stark variieren. Darum ist in diesem Fall eine Maschenprobe vor dem Losstricken unbedingt zu empfehlen.

Krausrippen-Kapuzenjacke

❶ Auf der Rundnadel 86 (94) 102 (110) Maschen anschlagen und in Hin- und Rückreihen Krausrippen stricken.
Nach 10 Krausrippen wird auf der linken Vorderseite das erste Knopfloch eingearbeitet. Danach in jeder 6. Krausrippe bis nach oben ein weiteres.
Nach 18 (20) 22 (24) cm die Maschen mit zwei Seitenmarkierungen in drei Teile aufteilen wie folgt: 24 (26) 28 (30) Maschen (= rechtes Vorderteil), 38 (42) 46 (50) Maschen (= Rückenteil), 24 (26) 28 (30) Maschen (= linkes Vorderteil). Vorder- und Rückenteil werden getrennt weitergestrickt.
❷ **Rückenteil:** Bis 28 (31) 34 (36) cm Gesamtlänge im Grundmuster kraus rechts weiterstricken. Die mittleren 18 (20) 22 (24) Maschen stehenlassen und links und rechts die Schultermaschen abketten.
❸ **Rechtes und linkes Vorderteil:** Krausrippen weiterstricken und auf der linken Vorderseite Knopflöcher einarbeiten. Die Schultern auf die gleiche Länge wie das Rückenteil stricken. Über den Schultern 10 (11) 12 (13) Maschen abketten. Die restlichen Maschen für die Kapuze auf der Nadel stehenlassen. Die Schultern von Vorder- und Rückenteil zusammennähen.
❹ **Ärmel:** Mit dem Nadelspiel um den Armausschnitt 36 (40) 44 (46) Maschen aufnehmen und glatt rechts stricken. 4 Mal alle 2 cm am Anfang und Ende der Runde (Ärmelunterseite) 2 Maschen zusammenstricken. Wenn der Ärmel 10 (12) 14 (16) cm lang ist, zur Krausrippe wechseln. Nach 4 cm Krausrippe locker abketten.
❺ **Kapuze:** Die Maschen vom Halsausschnitt im Krausripp hin und her stricken und dabei in der Mitte hinten 10 Mal in jeder 4. Reihe 2 Maschen zunehmen. Nach 18 (19) 20 (22) cm abketten.
Zu guter Letzt: Die Kapuze oben zusammennähen. Alle Fäden vernähen. Knöpfe annähen. Hexa-Garn bitte nicht dämpfen.

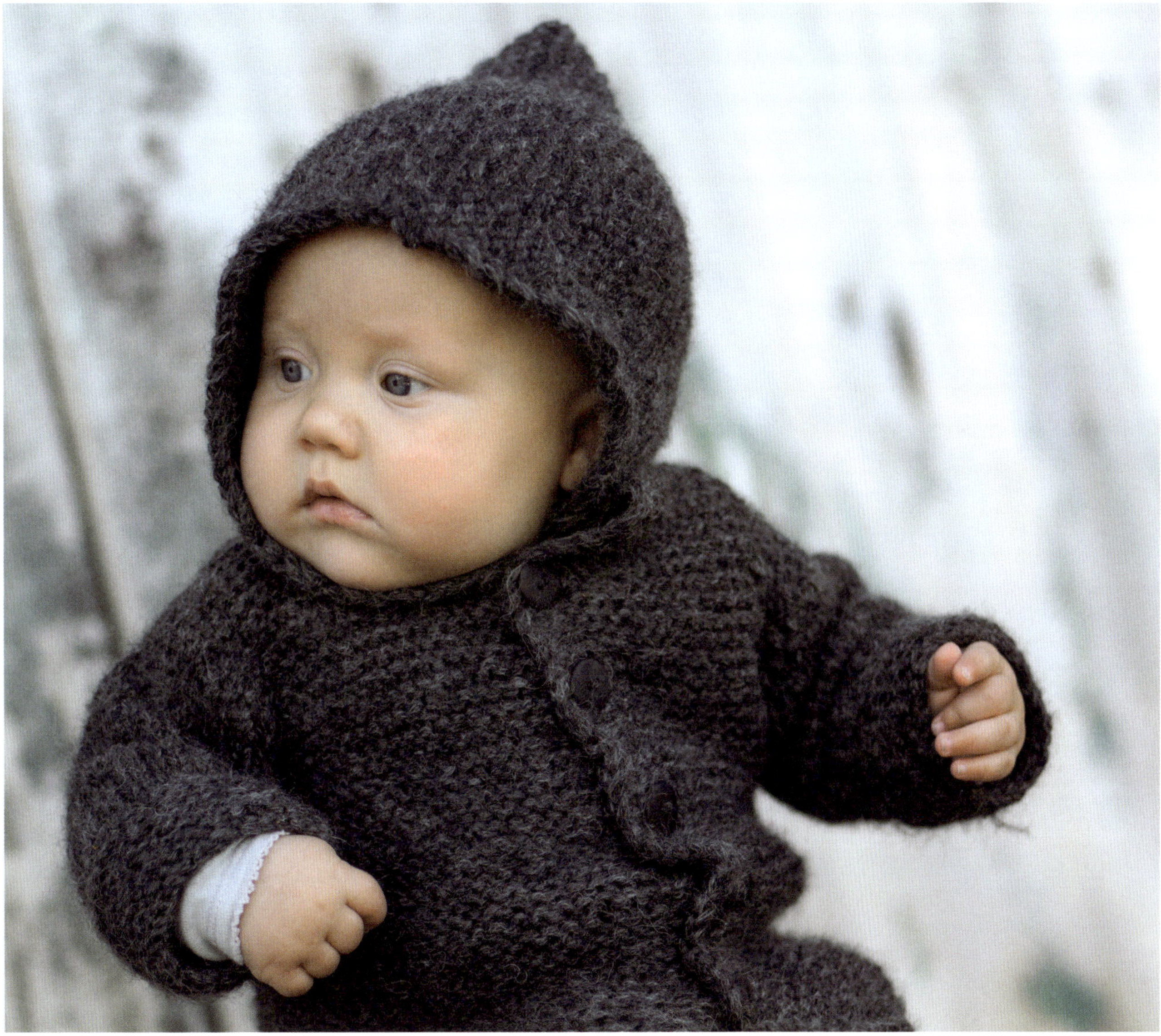

Zopfhaube

Eine hübsche Mütze im Zopfmuster für Jungen und Mädchen.

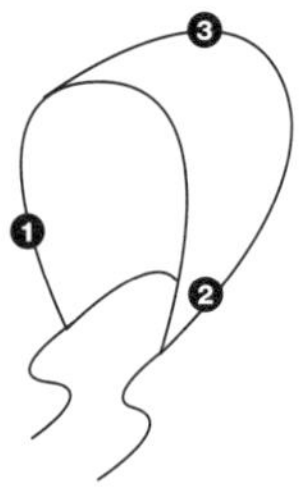

Größen und Maße
(6 Monate) 1 (2) 4 (6) Jahre
Umfang: (40) 40 (40) 45 (45) cm

Material und Verbrauch
BabySilk von du store alpakka,
20 % Seide, 80 % Baby-Alpaka
(100) 100 (100) 150 (150) g
Dunkelrosa Nr. 311

Nadeln und Maschenprobe
Rundnadeln 40 cm Nr. 5 und 4,5
für das Bündchen
Nadelspiel Nr. 5, Häkelnadel Nr. 3,5
18 Maschen leicht gestreckt bei
doppeltem Faden
mit Nadelstärke 5 = 10 cm

Strickschrift

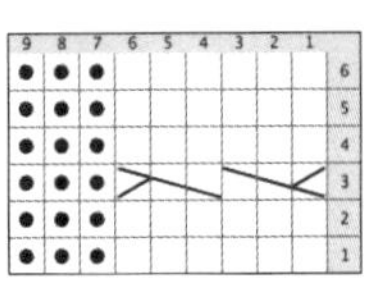

☐ rechte Maschen
⊡ linke Maschen
Nach links gedrehter Zopf über 6 Maschen. 3 Maschen auf einer Hilfsnadel vor die Arbeit legen. 3 rechte Maschen stricken, danach die 3 Maschen von der Hilfsnadel rechts stricken.

❶ (72) 72 (72) 81 (81) Maschen mit doppeltem Faden auf der Rundnadel Nr. 4,5 anschlagen und 4 Krausrippen hin und her stricken.
Zu Rundnadel Nr. 5 wechseln und im Zopfmuster weiterstricken, wie in der Strickschrift unten angegeben.
❷ Den Strickrapport (1. bis 6. Reihe) 2 Mal stricken, ehe auf Rundstrick umgestellt wird. Das Zopfmuster stricken, bis die Mütze ca. (14) 15 (16) 17 (18) cm misst (s. Strick-ABC S. 186).
❸ **Maschenabnahme:** Nach (14) 15 (16) 17 (18) cm in der letzten Runde vor einem Zopf zu Nadelspiel Nr. 5 wechseln und die 3 linken Maschen zwischen den Zöpfen jeweils zu 1 linken Masche zusammenstricken.
6 Runden stricken, dann die 2 ersten und 2 letzten rechten Maschen des Zopfes zusammenstricken, sodass pro Zopf noch 4 rechte Maschen und 1 linke Masche verbleiben.
3 Runden stricken und jeweils 2 + 2 rechte Maschen zusammenstricken, sodass pro Zopf noch 2 rechte und 1 linke Maschen verbleiben.
2 Runden stricken und die 2 rechten Maschen zusammenstricken, sodass pro Zopf noch 1 rechte, 1 linke Masche bleibt. Den Faden durch die verbleibenden Maschen ziehen, abschneiden und vernähen.
Zu guter Letzt: Eine etwa 20 cm lange Luftmaschenschnur häkeln und mit einer Kettmasche an der linken Haubenseite befestigen (s. Skizze), dann am unteren Mützenrand bis zur rechten Seite feste Maschen häkeln und mit einer etwa 20 cm langen Luftmaschenschnur abschließen. Den Faden durch die letzte Masche ziehen und vernähen.

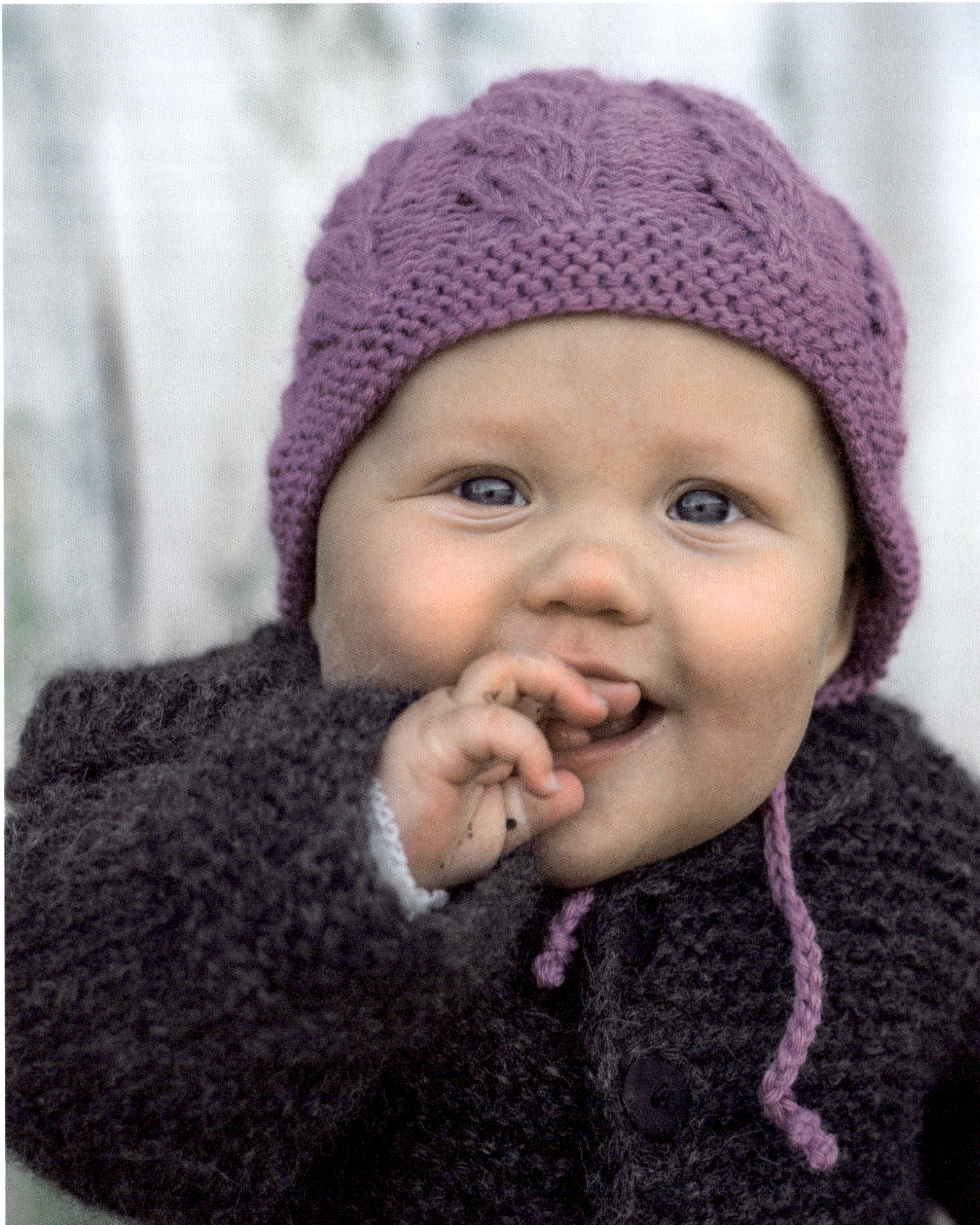

Zopfmütze

Eine schnell gestrickte Mütze für Jungen und Mädchen.

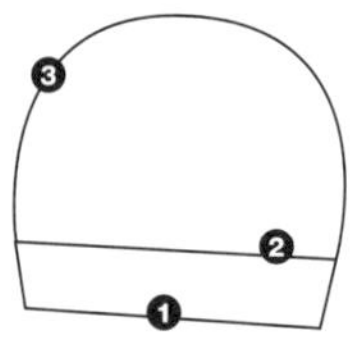

Größen und Maße
Größen: (6 Monate bis 2 Jahre)
4 bis 6 Jahre
Umfang: (40) 45 cm

Material und Verbrauch
BabySilk von du store alpakka,
20 % Seide, 80 % Baby-Alpaka
(100) 150 g Graublau Nr. 333

Nadeln und Maschenprobe
Rundnadeln 40 cm Nr. 5 und 4,5
für das Bündchen, Nadelspiel Nr. 5
18 Maschen leicht gedehnt bei doppeltem Faden mit Nadelstärke 5 = 10 cm

Strickschrift

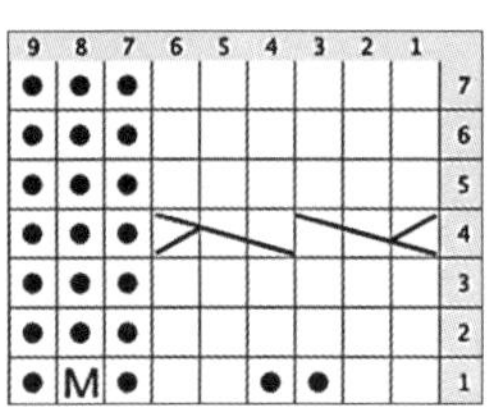

☐ rechte Maschen
⊡ linke Maschen
M 1 Masche zunehmen
Nach links gedrehter Zopf über 6 Maschen. 3 Maschen auf einer Hilfsnadel vor die Arbeit legen. 3 rechte Maschen stricken, danach die 3 Maschen von der Hilfsnadel rechts stricken.

❶ Mit doppeltem Faden (72) 80 Maschen auf der Rundnadel Nr. 4,5 anschlagen und 4 cm Bündchen, 2 rechte, 2 linke Maschen im Wechsel stricken.

❷ Zu Rundnadel Nr. 5 wechseln und mit dem Zopfmuster nach Strickschrift beginnen. Dabei wie angegeben auf (81) 90 Maschen zunehmen. Mehr über Zöpfe erfahren Sie im Strick-ABC im Anhang S. 186. Bis ca. (16) 18 cm oder der gewünschten Länge weiterstricken.

❸ **Maschenabnahme:** In der letzten Runde vor einem Zopf auf Nadelspiel Nr. 5 wechseln und die 3 linken Maschen zwischen den Zöpfen jeweils zu 1 linken Masche zusammenstricken.
6 Runden stricken, dann die 2 ersten und 2 letzten rechten Maschen des Zopfes zusammenstricken, sodass pro Zopf noch 4 rechte Maschen und 1 linke Masche verbleiben.
3 Runden stricken und jeweils 2 + 2 rechte Maschen zusammenstricken, sodass pro Zopf noch 2 rechte und 1 linke Maschen verbleiben.
2 Runden stricken und die 2 rechten Maschen zusammenstricken, so dass pro Zopf noch 1 rechte, 1 linke Masche bleibt. Den Faden durch die verbleibenden Maschen ziehen, abschneiden und vernähen.

Kommentar zur Strickschrift: In der 1. Runde nach dem Bündchen wird in jeder 8. Masche 1 Masche zugenommen, in der Strickschrift mit M markiert. Die 2. bis 7. Runde bis zur gewünschten Länge wiederholen.

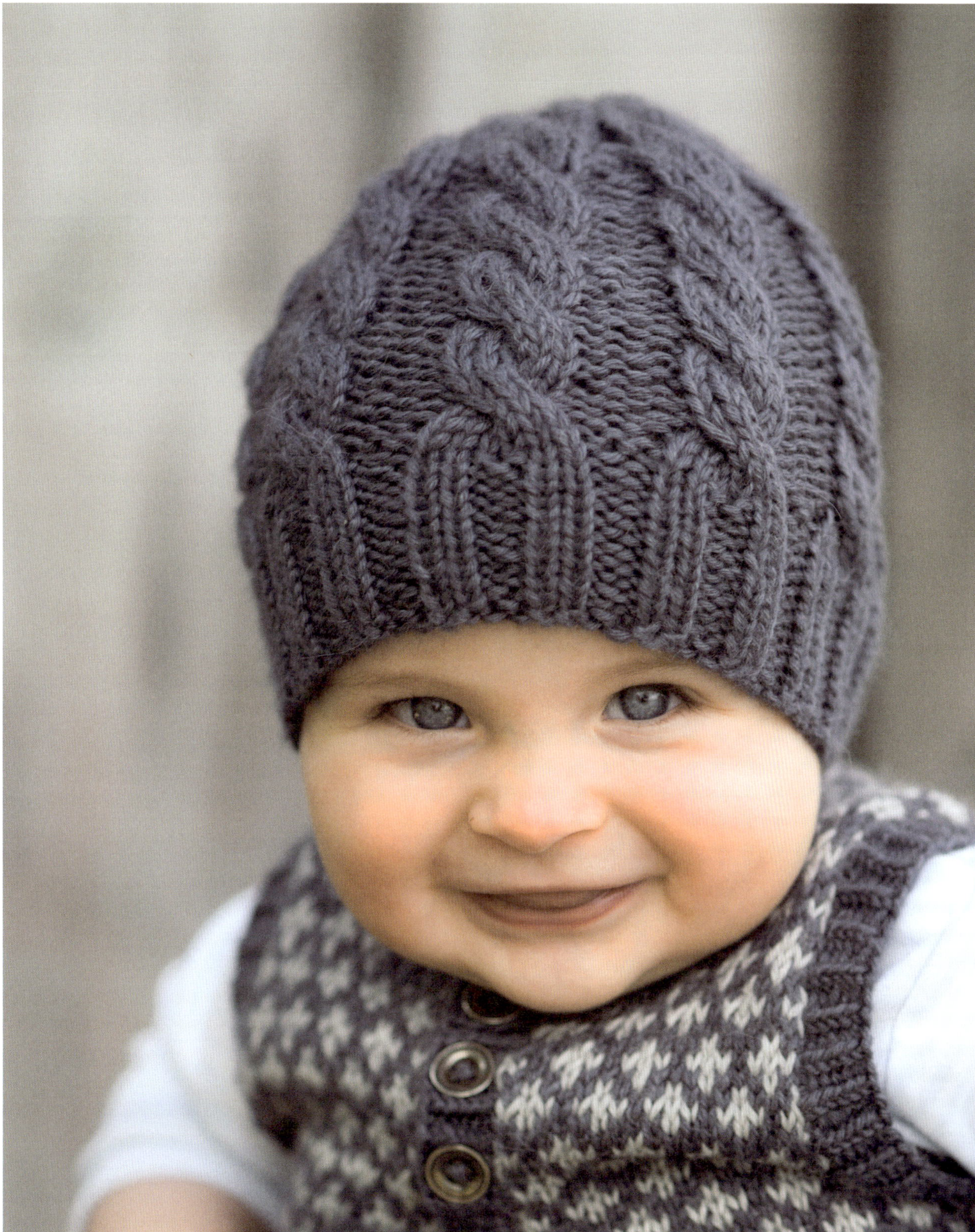

Strick-ABC

Stricknadeln und andere Hilfsmittel

Ein **Paar Stricknadeln** werden für flächige Strickteile wie Schals oder Vorder- und Rückenteile von Pullovern und Ähnlichem genommen.

Rundstricknadeln benutzt man, wie der Name schon sagt, zum Rundstricken, zum Beispiel für Schlauchschals, aber auch für großflächige Teile wie zum Beispiel Babydecken, Schals usw., für die lange Stricknadeln eventuell zu kurz sind.

Nadelspiele oder Strumpfstricknadeln (5 Nadeln) kommen bei Rundstrickteilen mit geringem Umfang zum Einsatz wie rechts, links gestrickten Bündchen, Handschuhen, Socken, Strümpfen und Ärmeln.

Alle Nadeln gibt es in unterschiedlichen Längen und Stärken. Die Nadelstärke ist in mm (Millimeter) auf den Nadeln oder der Verpackung angegeben und gibt den Durchmesser an.

Hilfsnadeln, wie sie beispielsweise für Zopfmuster, Halsausschnitte oder Taschen verwendet werden, können eine große Sicherheitsnadel oder eine speziell gebogene, kurze Stricknadel sein. Sie hält eine Anzahl Maschen fest, während wir mit den übrigen Maschen weiterstricken.

Nadelstärkenprüfer (auch Nadellehre) haben Löcher, deren Durchmesser die Nadelstärke angibt, dazu ein Zentimetermaß für die Maschenprobe.

Maschenprobe für die Strickdichte:
Die Strickdichte gibt an, wie viele Maschen bei einer bestimmten Nadelstärke 10 cm ergeben.
Zum Beispiel: 22 rechte Maschen mit Nadelstärke 3,5 ergeben 10 cm (22 M/3,5 = 10 cm).
Oft wird dazu angegeben, wie viele Reihen 10 cm in der Höhe ergeben, z.B. wenn man Muster strickt. Die Strickdichte findet man mithilfe einer Maschenprobe heraus. Ich empfehle, die Maschenprobe etwas größer als 10 x 10 cm zu stricken. Ein paar überschüssige Maschen an allen Seiten erleichtern das korrekte Messen. Nehmen Sie 10 Maschen mehr als für die Strickdichte angegeben auf und stricken Sie 13 cm (= 3 cm mehr als die Strickdichte in der Höhe) glatt rechts oder Muster, wenn in der Anleitung angegeben. Jetzt lässt sich leicht messen, wie viele Maschen und Reihen 10 x 10 cm ergeben.

TIPP:
Wenn die Maschenprobe weniger Maschen innerhalb der 10 cm ergibt als angegeben, stricken Sie zu locker. Wählen Sie eine halbe Nadelstärke niedriger und fertigen Sie eine neue Maschenprobe. Umgekehrt, wenn mehr Maschen als angegeben 10 cm ergeben.

Für ein gelungenes Ergebnis muss die Strickdichte stimmen!

Was tun, wenn die Strickdichte nicht stimmt oder ich mit anderem Garn als in der Anleitung verwendet arbeiten will?
In beiden Fällen wird die Strickdichte vermutlich von der Anleitung abweichen und die aufzunehmende Maschenzahl entsprechend angepasst werden müssen.
Die Strickdichte für das Garn entnehmen Sie entweder der Banderole oder der Maschenprobe, wenn Sie eine angefertigt haben. Man sollte sich generell ungefähr an die Garnstärke halten, wie in der Anleitung angegeben. Alle Maße gelten für die Anzahl Maschen auf 10 cm.

Hier die Umrechnungsformel, die wir anwenden. Nehmen Sie einen Taschenrechner und runden Sie auf die nächste ganze Zahl auf:
Strickdichte des gewählten Garns, dividiert mit Strickdichte des Garns aus der Anleitung x (multipliziert mit) der in der Anleitung angegebenen Anzahl Maschen = Anzahl der Maschen, die angeschlagen werden müssen.

Ein Beispiel: Die Strickdichte des gewählten Garns beträgt 22 Maschen auf 10 cm. Die angegebene Strickdichte in der Anleitung beträgt 24 Maschen auf 10 cm. In der Anleitung sind 106 Aufschlagmaschen angegeben. So sieht die Rechnung aus:
22 : 24 x 106 = 97,2. Das heißt, dass Sie 98 Maschen anschlagen müssen.
Addieren Sie zu der errechneten Maschenzahl je eine Randmasche pro Seite, die zum Beispiel für das Zusammennähen von Strickteilen genutzt wird. Für ein Strickstück, das auf der Rundstricknadel gestrickt wird, müssen keine extra Randmaschen fürs Zusammennähen berechnet werden.

Maschenanschlag

Kreuzanschlag

Das ist die gängige Maschenanschlagstechnik. Um zu vermeiden, dass die Anschlagsmaschen zu eng werden, nimmt man entweder zwei Nadeln oder wählt eine Nummer stärker als zum Stricken.

Achtung: Beim Kreuzanschlag zeigt die Vorderseite des Strickstückes zu ihnen. Soll das Stück glatt rechts gestrickt werden, ist die erste Reihe eine Rückreihe und muss links gestrickt werden.

1. Legen Sie eine Schlinge auf die Stricknadel (= 1. Masche). Das Garnende muss lang genug für die ausgerechnete Anzahl Maschen sein.

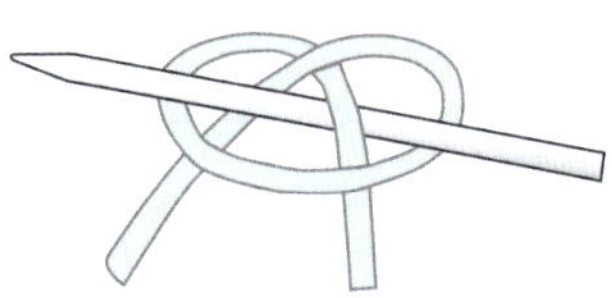

2. Nehmen Sie die Stricknadel mit der ersten Masche in die rechte Hand, legen Sie das Garnende über den linken Daumen und den Faden, der zum Knäuel führt, über den linken Zeigefinger. Beide Fäden werden mit den restlichen Fingern der linken Hand so stramm gehalten, dass sie leicht spannen. Stecken Sie die Nadelspitze von unten in die Daumenschlinge.

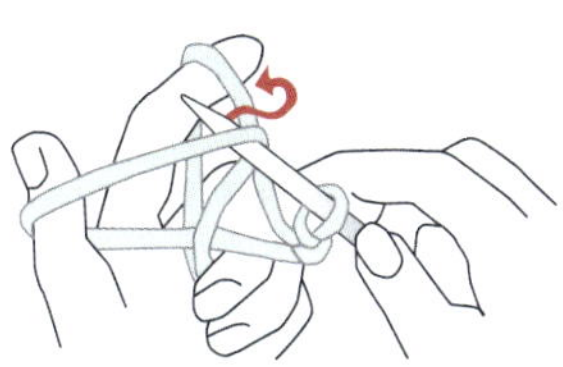

3. Und weiter von hinten um den Zeigefingerfaden herum (s. Abb. 2).

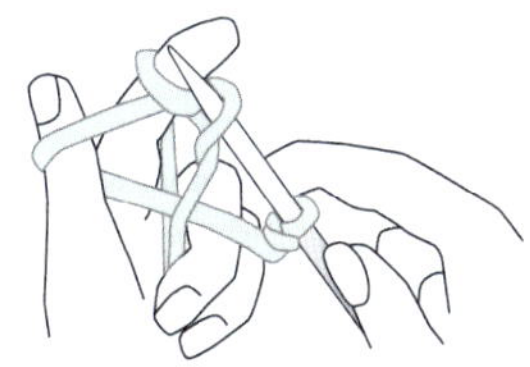

4. Nun den Faden durch die Daumenschlinge ziehen, die vom Daumen gezogen wird, und Daumen und Zeigefinger der linken Hand spreizen, um die Fäden strammzuziehen (siehe Abb. 3). Fahren Sie auf diese Weise fort, bis sie die gewünschte Anzahl Maschen angeschlagen haben. Man muss immer wieder nachgreifen, um den Faden gespannt zu halten.

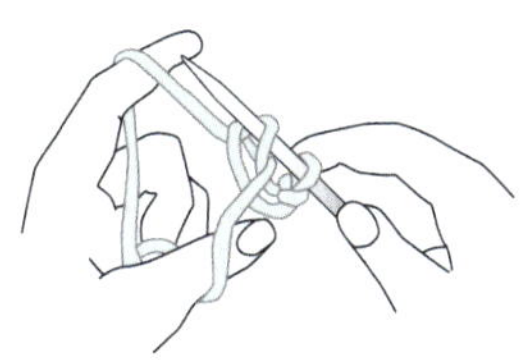

Anschlag aus einer Masche

Beim Anschlag aus einer Masche ergibt sich ein fester und elastischer Rand. Diese Anschlagart empfiehlt sich bei der Aufnahme neuer Maschen in einer Arbeit für beispielsweise Knopflöcher oder Taschen.

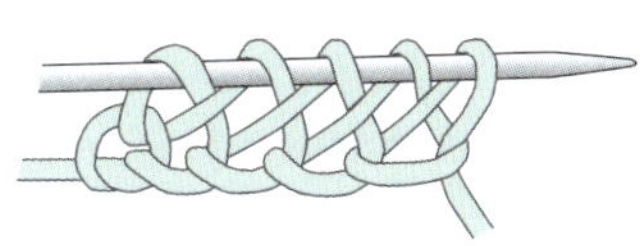

1. Im Abstand von 10-15 cm vom Fadenende eine Anschlagsmasche/Laufknoten bilden und auf die linke Nadel legen und in die linke Hand nehmen. Den Knäuelfaden über den Zeigefinger und unter die übrigen Finger legen. Die zweite Stricknadel in die rechte Hand nehmen und von unten in die Schlinge auf der linken Nadel einstechen und damit den Faden vom linken Zeigefinger ranholen.

2. Indem man den Faden durch die Schlinge der Anschlagsmasche zieht, hat man auf der rechten Nadel eine neue Masche. Die linke Nadel so durch die Maschenschlinge auf der rechten Nadel stecken, dass die Masche gedreht wird, und auf die linke Nadel gleiten lassen. Diesen Schritt wiederholen, bis die gewünschte Maschenzahl erreicht ist.

Vorder- und Rückseite

Rechte Maschen

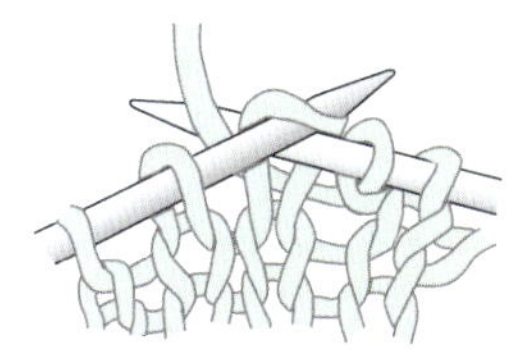

1. Die rechte Nadel von links nach rechts in die erste Masche auf der linken Nadel einstechen. Legen Sie die rechte Nadelspitze hinter den Faden, der über dem linken Zeigefinger hinter der Arbeit liegt.

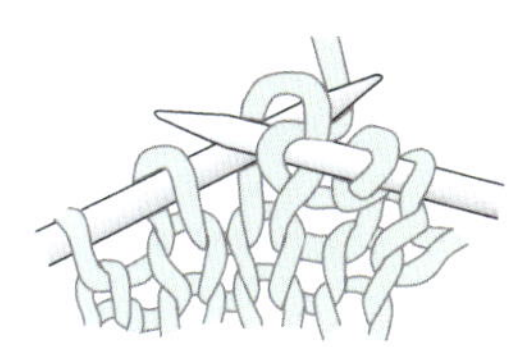

2. Ziehen Sie den Faden durch die Masche und die Masche von der linken Nadel herunter. So bis zum Ende der Nadel fortfahren.

Am Ende der Nadel angelangt, wenden Sie die Arbeit. Die Stricknadel, auf der die Maschen liegen, wird nun von der linken Hand gehalten, die leere Nadel in der rechten. Die nächste Reihe rechts oder links stricken.

Linke Maschen

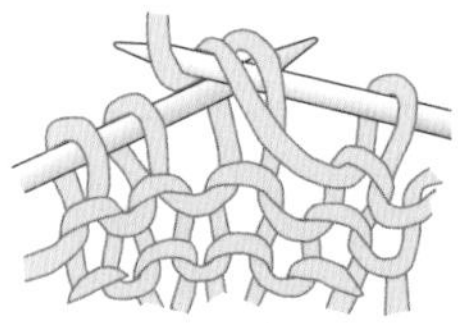

1. Die rechte Nadel von rechts nach links in die erste Masche auf der linken Nadel stechen. Nadel nach oben ziehen und den Faden über dem linken Zeigefinger, der vor der Arbeit liegt, um die Spitze schlingen.

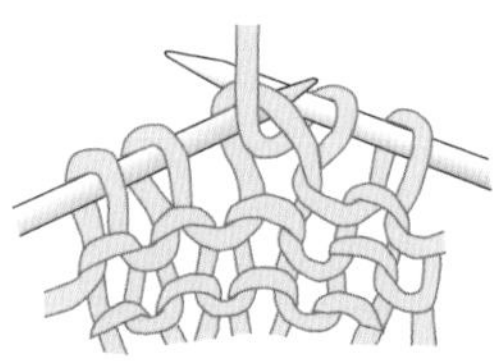

2. Den Faden durch die Schlinge und die Masche von der linken Nadel ziehen. In dieser Weise bis zum Ende weiterstricken.

Glatt rechts

Auf der Rundstricknadel werden in allen Reihen rechte Maschen gestrickt. Wenn man auf zwei Nadeln hin und her strickt, wird abwechselnd in jeder Hinreihe mit rechten Maschen, in jeder Rückreihe mit linken Maschen gearbeitet. Die rechte Vorder- und linke Rückseite sehen somit unterschiedlich aus.

Rechte Maschen

Das Resultat beim reinen Rechtsstricken ist abhängig davon, ob Sie auf der Rundnadel rund stricken oder in Hin- und Rückreihen auf zwei Nadeln. Ausschließlich rechte Maschen auf der Rundnadel ergeben eine glatt rechte Vorderseite. Ausschließlich rechte Maschen in Hin- und Rückreihen auf zwei Nadeln ergeben auf Vorder- und Rückseite ein identisches Kraus-Rechts-Muster (Krausrippen).

Krausrippen

Für Krausrippen werden die Maschen auf zwei Nadeln in der Hin- und Rückreihe immer rechts gestrickt. (1 krause Reihe = 2 rechts gestrickte Reihen.) Für kraus rechts auf der Rundstricknadel werden abwechselnd eine Reihe rechte und eine Reihe linke Maschen gestrickt. Die Arbeit sieht dann auf Vorder- und Rückseite gleich aus. In manchen Anleitungen wird kraus rechts für die Ränder verwendet, etwa so: Stricken Sie die ersten drei und die letzten drei Maschen einer Reihe kraus rechts.

Perlmuster

1. Reihe: *1 rechts und 1 links.
Ab * wiederholen.
In der nächsten Reihe über rechter Masche links und über linker Masche rechts stricken.

Abnehmen/ Reduzierung von Maschen

Das gewöhnliche Abnehmen erfolgt durch Zusammenstricken zweier linker oder rechter Maschen auf einer oder beiden Seiten oder in der Mitte des Strickstückes. Für das Erzielen spezieller dekorativer Effekte beim Abnehmen im Folgenden ein paar Beispiele, wie die Maschen rechts oder links verschränkt werden.

2 Maschen rechts zusammenstricken

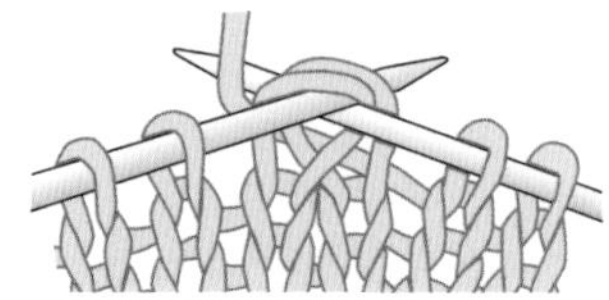

Stricken Sie zwei Maschen rechts zusammen. So zusammengestrickte Maschen werden von links nach rechts verschränkt.

2 Maschen links zusammenstricken

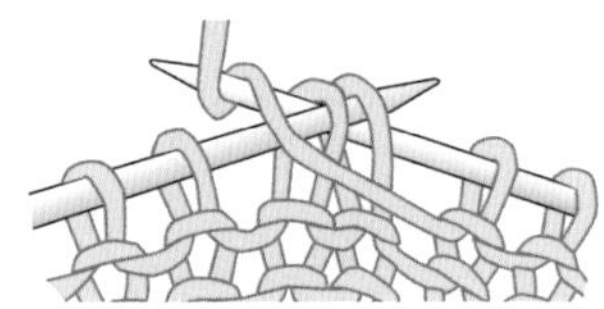

Links zusammengestrickte Maschen werden von rechts nach links verschränkt.

2 Maschen rechts verschränkt zusammenstricken

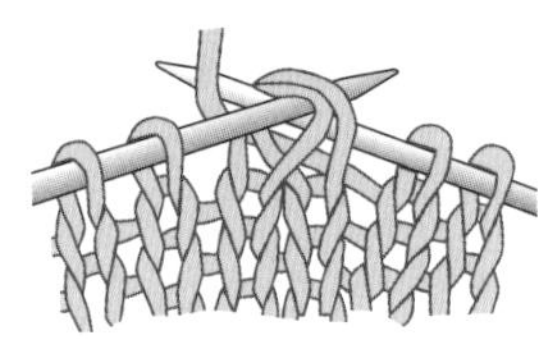

Die Maschen werden von rechts nach links verschränkt.

1 Masche ungestrickt abheben/ rechts überziehen

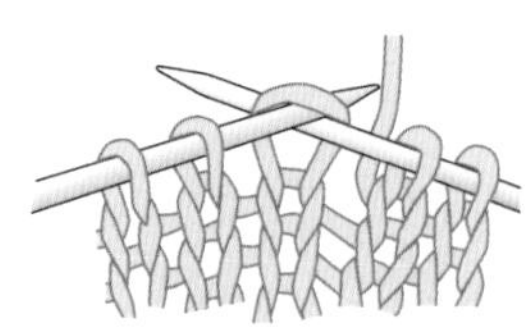

1. Rechte Nadel in die nächste Masche auf der linken Nadel schieben und auf die rechte Nadel heben, ohne sie zu stricken.

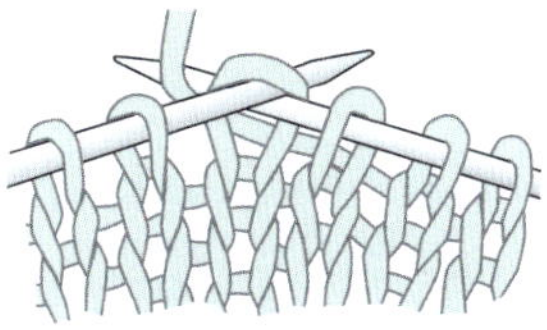

2. Die folgende Masche rechts stricken und auf die rechte Nadel ziehen.

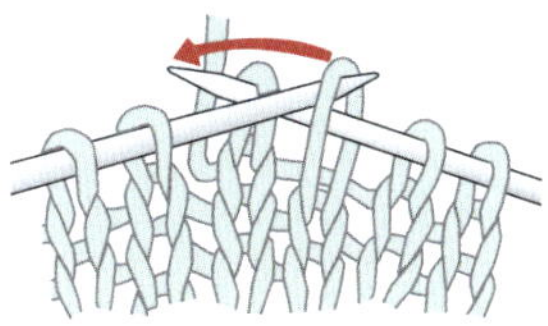

3. Die abgehobene Masche mit der linken Nadel über die rechts gestrickte Masche heben und von der Nadel gleiten lassen.

1 Masche ungestrickt abheben/ links überziehen

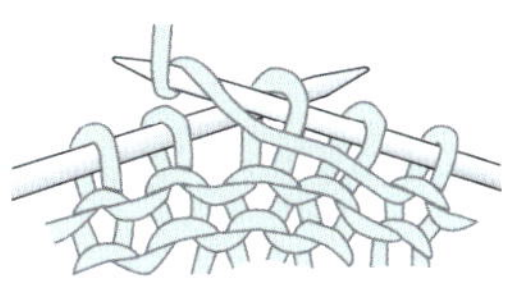

1. Die rechte Nadel in die nächste Masche stecken und auf die rechte Nadel ziehen.

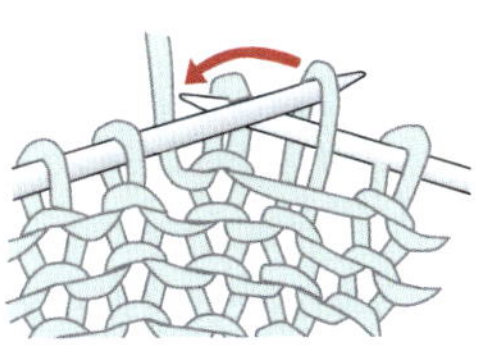

2. Die folgende Masche links stricken und auf die rechte Nadel heben. Nun die abgehobene Masche mit der linken Nadel über die links gestrickte Masche auf die linke Nadel ziehen.

Zunehmen der Maschenzahl

In der Regel werden Maschen in einem Strickstück möglichst unsichtbar zugenommen, es sei denn, man will einen speziellen dekorativen Effekt erzielen.

Zunehmen aus dem Querfaden

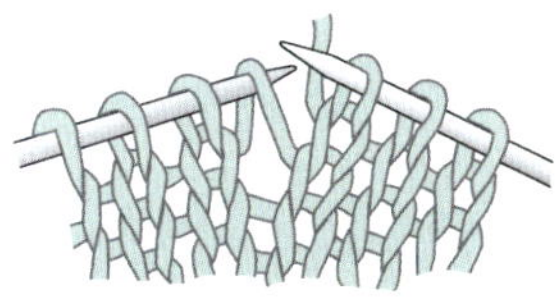

1. Den Querfaden zwischen der eben gestrickten und der nächsten Masche auf die linke Nadel heben.

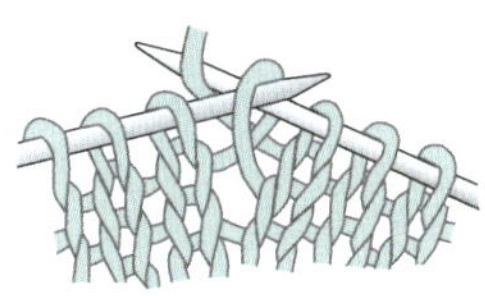

2. Rechts bzw. links verschränkt stricken, um ein Loch zu vermeiden.

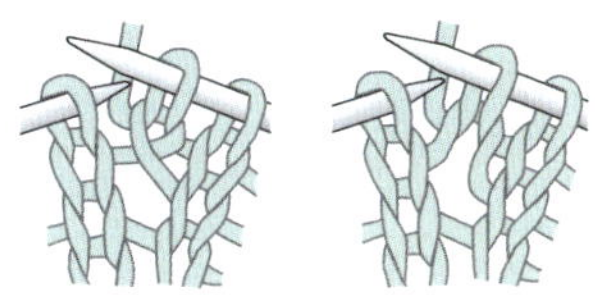

3. Auf der linken Abb. sieht man die verschränkt gestrickte Masche, rechts unverschränkt gestrickt mit Lochbildung.

Zunehmen durch die unterliegende Masche

Die Masche unterhalb der ersten auf der linken Nadel liegenden Nadel auf die rechte Nadel heben und rechts bzw. links stricken. In diesem Fall wird die Masche nicht verschränkt. Die neue Masche ist nach rechts gedreht. Das ist die «unsichtbarste» Art der Maschenzunahme.

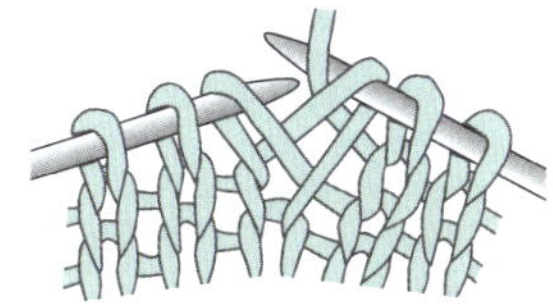

Zunehmen durch zweimaliges Stricken in eine Masche

Stricken Sie eine rechte Masche, aber belassen Sie die ursprüngliche Masche auf der linken Nadel und stricken Sie, diesmal von hinten in die Schlinge eingestochen, eine zweite Masche. Die Zunahme ist als waagrechter Faden auf der rechten Seite zu erkennen, und die neue Masche liegt immer links von der ursprünglichen Masche.

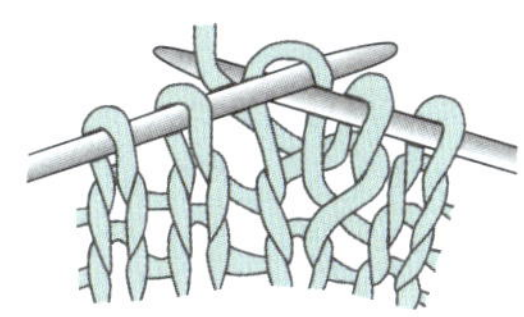

Zunehmen durch Umschlag

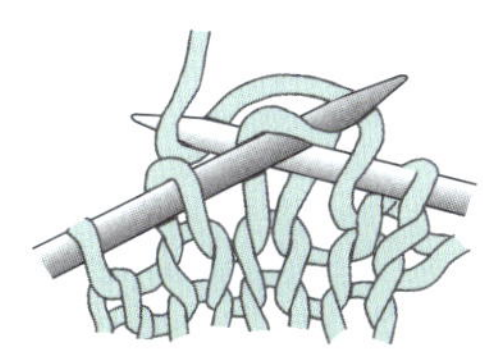

Der Umschlag wird häufig eingesetzt, wenn unifarbene Muster gestrickt werden, zum Beispiel Lochmuster (s. Lochreihe auf der übernächsten Seite). Wenn man die Maschenzahl beibehalten will, werden die beiden auf einen Umschlag folgenden Maschen zusammengestrickt.

2 Umschläge/doppelter Umschlag, 3 Umschläge/dreifacher Umschlag
Gehen Sie nach der folgenden Erklärung vor, so oft wiederholen, wie die Zahl angibt.

Zunahme mit einem Umschlag zwischen zwei Maschen
Stricken Sie bis zu der Masche, wo die Masche zugenommen werden soll, und legen Sie den Faden über die rechte Nadel, indem sie die die rechte Nadel über und hinter den Faden auf dem linken Zeigefinger führen. So liegt der Umschlag in der gleichen Richtung wie der Rest der Maschen auf der Nadel, was das Stricken in der nächsten Reihe oder Runde erleichtert.

Maschenzunahme am Rand
Hier zwei gebräuchliche Techniken, Maschen am Rand einer Strickarbeit zuzunehmen.

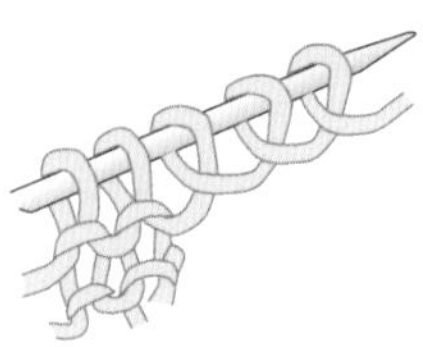

1. Legen Sie den Faden in Schlingen um die linke Stricknadel. Bei der gewünschten Maschenzahl fangen sie wie gewohnt an zu stricken.

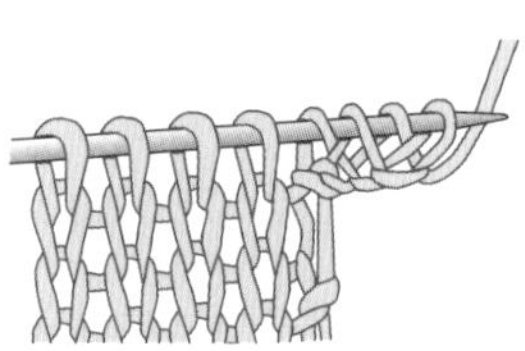

Stricken Sie die zugenommenen Maschen wie bei **Anschlag aus einer Masche** (S. 187) beschrieben.

Knopflöcher

Waagrechtes Knopfloch
Randmaschen an das Knopfloch heran stricken. Die Maschen fürs Knopfloch abketten und bis ans Nadelende weiterstricken. In der nächsten Reihe bis an das Knopfloch heranstricken und die gleiche Anzahl Maschen aufnehmen, die in der vorigen Reihe abgekettet wurden.

Senkrechtes Knopfloch
Randmaschen bis an das Knopfloch heran stricken. Danach nur die Randmaschen bis zur gewünschten Höhe des Knopfloches weiterstricken und den Faden abschneiden.
Die übrigen Maschen des Strickstückes auf die gleiche Höhe wie die Randmaschen stricken und über alle Maschen weiterstricken.

Abketten

Am Ende einer Strickarbeit müssen die Maschen abgekettet werden. Das erfolgt meist in einer rechten Reihe, kann aber genauso gut in einer linken Reihe gemacht werden. Beim Abketten in einer linken Reihe wird vorzugsweise abwechselnd rechts und links abgekettet.

Rechte Maschen abketten

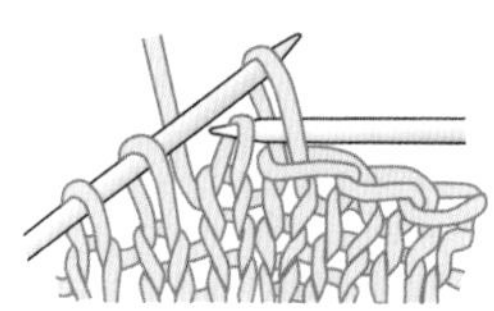

1. Die ersten zwei Maschen rechts stricken, dann die linke Nadel in die erste Masche auf der rechten Nadel stecken.

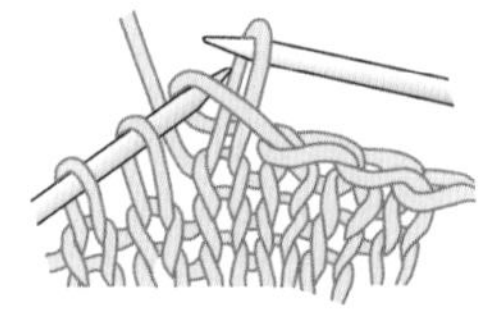

2. Nun die erste über die zweite Masche auf der rechten Nadel ziehen und von der Nadel gleiten lassen. Die nächste Masche rechts stricken und Vorgang bis zum Ende der Nadel wiederholen.

Linke Maschen abketten

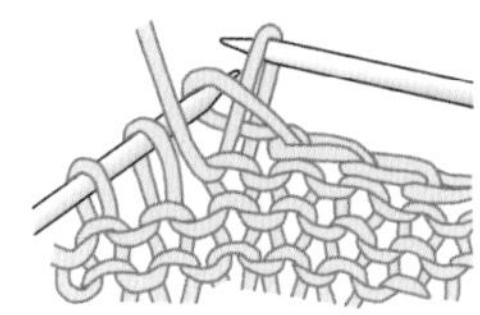

Zwei Maschen links stricken. Dann fortfahren wie fürs Abketten rechter Maschen beschrieben.

Raglanzunahme
In jeder zweiten Runde oder Reihe an den vier Stellen, wie in der Anleitung angegeben, je zwei Maschen zunehmen.
In jeder zweiten Reihe oder Runde werden bei den vier markierten Raglanstellen je zwei Maschen verschränkt aus dem Querfaden heraus rechts gestrickt zugenommen. Die Zunahme kann mit zwei Maschen hintereinander erfolgen oder mit einer oder zwei rechts gestrickten Maschen zwischen den Zunahmen für eine breitere Raglanlinie.

Lochstrick

Eine Form von Strickmuster, in dem verschiedenste Lochmuster in die Strickarbeit eingearbeitet werden.

Lochreihe/-runde

Eine Lochreihe braucht man beispielsweise für das Einziehen eines Bandes oder einer Schnur aber auch als Borte oder Saumabschluss. Beginnen und beenden Sie das Muster mit je zwei Randmaschen.

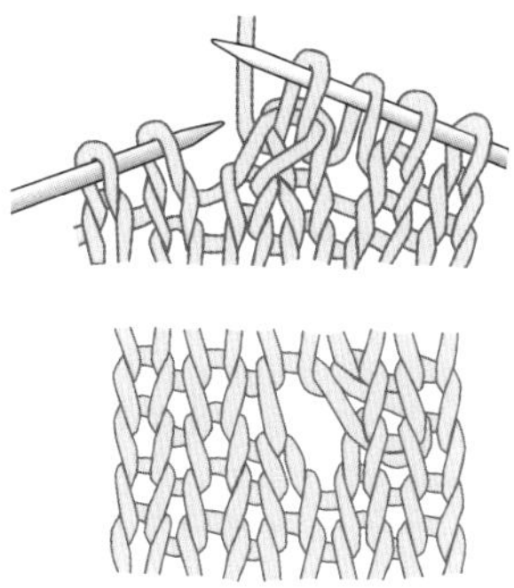

1-2. 2 rechte Maschen stricken, * Umschlag (dafür den Faden vor die Arbeit legen und über die rechte Nadel führen), 2 Maschen rechts zusammenstricken, 2 Maschen rechts stricken und ab * bis zum Ende der Reihe/Runde wiederholen.

In der nächsten Reihe/Runde wird der Umschlag wie eine normale Masche gestrickt. Kontrollieren Sie, ob Sie die ursprüngliche Maschenzahl auf der Nadel haben.

Diese einfachen Löcher können auch als Knopflöcher genutzt werden.

Lochmuster

Es gibt unendlich viele Variationen von Lochmustern, die abhängig von der gewählten Garn- und Nadelstärke sind. Je dicker die Nadeln und je dünner das Garn, desto lockerer und klöppeliger/spitzenähnlicher wird das Lochmuster.

Eine Lochmusterarbeit ist meist lockerer gestrickt als ein glatt rechts gestricktes Stück. Sie können das ausgleichen, wenn Sie eine halbe Nadelstärke weniger verwenden

Es gibt zwei Techniken für Löcher:

1. 1 Umschlag, nächste Masche umgestrickt abheben, 1 Masche rechts stricken und die ungestrickte Masche darüber heben.

2. 2 Maschen zusammenstricken, gefolgt von 1 Umschlag.

Die Zeichen in einer Strickschrift in den Anleitungen sind nicht standardisiert und können voneinander abweichen. Jedes Zeichen gilt für ein Kästchen, wenn nicht anders angegeben. «1 Umschlag» wird häufig als «O» auf der Linie zwischen zwei Kästchen markiert.

Das Aufheben fallen gelassener Maschen

Das Einfachste ist es, fallen gelassene Maschen mit der Häkelnadel aufzuheben. Eine links gestrickte Masche nimmt man von der Rückseite auf, wo sie rechts gestrickt erscheint. Falls Sie keine Häkelnadel zur Hand haben, tut es auch eine Stricknadel.

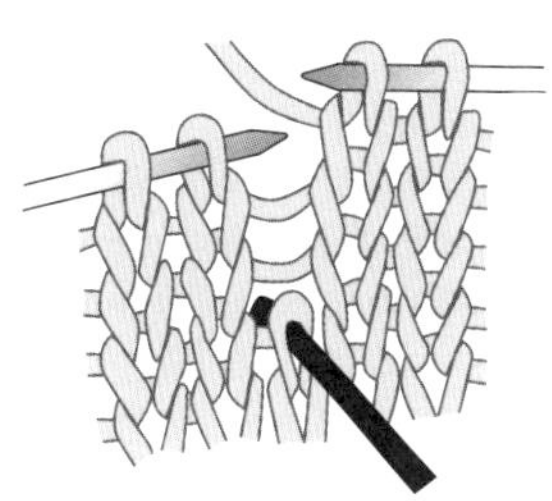

Zöpfe

Zopfmuster entstehen durch das Überkreuzen zweier oder mehrerer Maschen auf der Vorderseite der Arbeit mit einer bestimmten Maschenzahl über den Zwischenraum einer bestimmten Anzahl Reihen.

Für Zöpfe, die über mehr als zwei Maschen gestrickt werden, braucht man eine Hilfsnadel. Für das Kreuzen werden zwei oder mehr Maschen auf die Hilfsnadel gehoben. Abhängig davon, ob der obere Zopfstrang nach rechts oder links neigen soll, wird die Hilfsnadel vor oder hinter die Arbeit gelegt, dann die entsprechende Maschenzahl von zwei oder mehreren Maschen gestrickt und anschließend die Maschen von der Hilfsnadel.

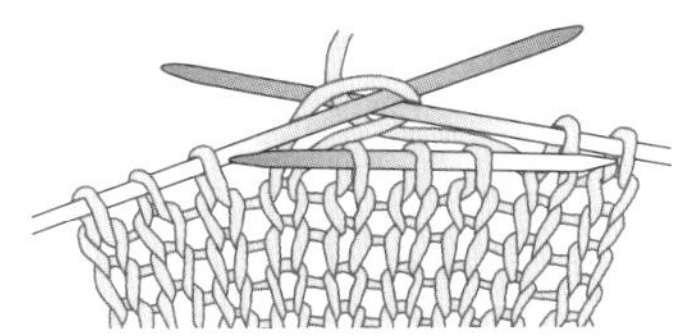

1. Zopf mit sechs Maschen: Die ersten 3 Maschen ungestrickt auf eine Hilfsnadel heben und vor die Arbeit legen. Die folgenden 3 Maschen rechts stricken, danach die 3 Maschen von der Hilfsnadel.

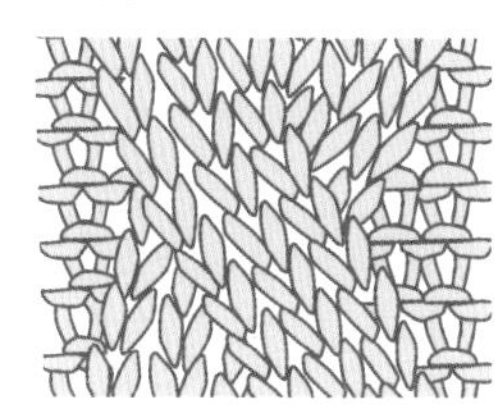

2. Dieser Zopf ist von rechts nach links gedreht.

Soll der Zopf von links nach rechts gedreht sein, wird die Hilfsnadel mit den ersten 3 Maschen hinter die Arbeit gelegt. Wie bei 1. die nächsten 3 Maschen rechts stricken und danach die 3 Maschen von der Hilfsnadel.

Randmaschen

Kettrand
Sorgt für einen möglichst gleichmäßigen Rand auf allen Seiten des Strickstück. Die 1. Masche in der Hinreihe ungestrickt rechts abheben, die 1. Masche in der Rückreihe ungestrickt links.

Nahtrand
Wird die Strickarbeit später zusammengenäht, empfehle ich den sogenannten Nahtrand. Dafür die 1. Masche in der Hinreihe ungestrickt links abheben und die 1. Masche in der Rückreihe rechts.

Stricktechniken

Halbpatent
1. Reihe: rechts stricken.

2. Reihe: 1 Masche ungestrickt abheben, * 1 rechte Masche durch die unterliegende Masche stricken, 1 rechte Masche, ab * wiederholen und mit 2 rechten Maschen die Reihe abschließen.

Die 2. Reihe in den folgenden Hin- und Rückreihen wiederholen. Es dauert ein paar Reihen, bis die Struktur vom Halbpatent richtig zu erkennen ist.

Zusammennähen

Von glatt rechts gestrickten Teilen
Die Ränder mit der Vorderseite nach oben aneinander legen. Nun die Wollnadel wechselseitig links und rechts unter dem Unterfaden der Randmaschen durchschieben.

Von kraus rechts gestrickten Teilen
Die zusammenzunähenden Teile flach mit der Vorderseite nach oben legen und in jeder zweiten Reihe durch die äußere Maschenschlinge von links nach rechts nähen.

Garnwechsel

Den Garnwechsel führt man am besten am Anfang einer Reihe durch oder an einer möglichst unauffälligen Stelle. Das gilt sowohl für Garnwechsel in derselben oder einer anderen Farbe, z. B. bei Streifenmuster. Fangen Sie keine neue Reihe oder Runde an, wenn absehbar ist, dass der Faden nicht mehr bis zum Ende reicht.
Für den Garnwechsel werden die zwei Fäden auf der Rückseite des Strickstückes mit einem vorläufigen Knoten verknotet, der nach Fertigstellung der Arbeit wieder aufgelöst und vernäht wird.

Vernähen der Fadenenden
Lösen Sie den vorläufigen Knoten. Man vernäht die Fadenenden ca. 5 cm auf der Rückseite der Arbeit, indem man den Faden möglichst dem Maschenverlauf folgen lässt. Benutzen Sie eine stumpfe Wollnadel, die die Fäden nicht teilt. Bei einem locker gestrickten Stück werden die Fadenenden am Rand entlang vernäht. Für das Vernähen sehr dicken Garnes wird der Faden geteilt. Vernähen Sie die vier Enden so sauber wie möglich nebeneinander oder unter- und übereinander.

Ausarbeiten und Dekoration

Maschenstich für Stickmotive
Ein Monogramm oder kleines Motiv auf einem Kleidungsstück stickt man am besten mit dem Maschenstich. Das kann ein bereits fertiges Kreuzstichmotiv sein oder ein eigener Entwurf auf Karopapier.
Stechen Sie den Faden von der Rückseite durch eine Maschenschlinge hoch, weiter von rechts nach links dem Fadenverlauf der darüber liegenden Masche herum folgen und wieder zurück in dieselbe Einstichstelle, aus der der Faden gekommen ist. Der Stickfaden bildet nun ein V über der bestickten Masche. Diesen Vorgang so oft wie für das Stickmotiv gewünscht wiederholen, sowohl für senkrechten wie waagerechter Verlauf. Waagerecht wird von rechts nach links, senkrecht von unten nach oben gearbeitet.

Pompons

Pompons kann man je nach Verwendungszweck in ganz unterschiedlichen Größen anfertigen. Kleine Pompons werden gerne als Abschluss von Schnürbändern genommen, große Pompons für Wollmützen.
Für einen mittelgroßen Pompon schneidet man aus Karton zwei gleich große Kreise mit ca. 4 cm Durchmesser aus (Kreis mit Hilfe eines kleinen Glases zeichnen). In die Mitte einen kleinen Kreis von ca. 1 cm Durchmesser einzeichnen und ausschneiden. Die Pappkreise übereinanderlegen und dicht an dicht mit Garn umwickeln, bis der Karton völlig bedeckt und das Loch in der Mitte ausgefüllt ist.

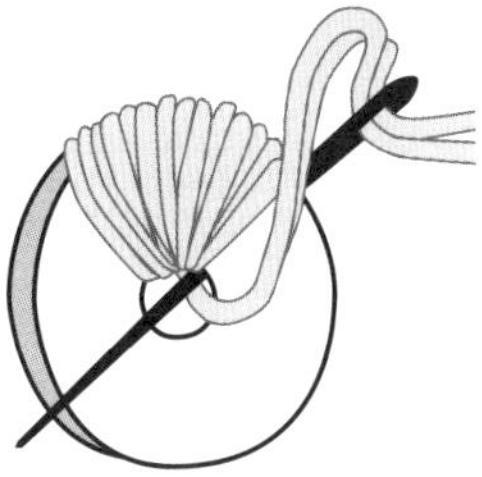

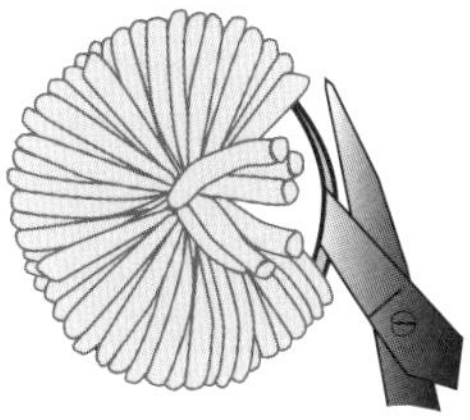

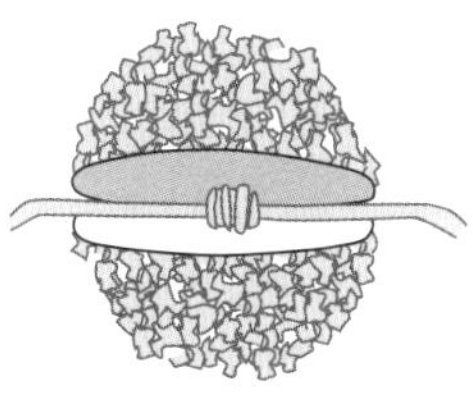

Nun eine scharfe Schere zwischen die Kartonringe schieben und die Fadenschlaufen entlang des äußeren Randes rundherum aufschneiden. Zwischen den Pappringen einen neuen Faden um das Fadenbündel schlingen und fest verknoten. Die Pappringe abziehen und die Pompons mit einer Schere stutzen und zwischen den Händen rollen, gerne über Wasserdampf halten. Festgenäht werden kann der Pompon mit dem am Ende zwischen den Pappscheiben geknoteten Faden.

Quasten/Troddel

Schneiden Sie eine Pappscheibe aus, deren Breite der Länge der Quaste entspricht. Wickeln Sie nun Garn um die Scheibe. Am oberen Rand das Garnbündel mit einem Faden verknoten und die Fadenschlingen am unteren Rand aufschneiden. 1-2 cm von der oberen Spitze einen weiteren Faden um die Quaste knoten und die Fäden am unteren Ende begradigen. Die Quaste kann mit dem oberen Knotenfaden an gewünschter Stelle befestigt werden.

Schnüre, Bänder und Kordeln

Schnüre, Bänder und Kordeln eignen sich für Schnürbänder in Socken, Strümpfen und Hausschuhen, für Mützen oder für kleine Taschen.

Kordeln

Das Ende eines Fadens, der mindestens die zweieinhalb- bis dreifache Länge der gewünschten Kordellänge haben muss, an einen Türgriff o. Ä. knoten.
Jetzt den Faden zwischen den Fingern oder mithilfe eines Bleistiftes oder Kugelschreiber so stramm drehen, bis der Faden beginnt, «Widerstand» zu leisten. Den gedrehten Faden in der Mitte stramm festhalten und die beiden Enden zusammenführen. Wenn Sie nun die Mitte loslassen, wickeln sich die beiden Fäden zur Kordel auf. Eventuelle Unebenheiten glatt streichen, beide Enden verknoten und die Fadenenden vor den Knoten beschneiden.
Für eine dickere Kordel nimmt man statt zwei beliebig mehr Fäden.

Häkelband

Mit doppeltem Faden eine Luftmaschenkette in der gewünschten Länge häkeln. Die Fäden von den Enden weg in der Schnur vernähen.

Strickband

Vier Maschen anschlagen und rechts stricken. Die Maschen ans andere Nadelende schieben, ohne die Arbeit zu drehen und wieder rechts stricken. So fortfahren, ohne das Gestrick zu drehen, dabei immer den Lauffaden hinter der Arbeit langführen und so stramm wie möglich an die nächste Reihe ziehen. Das Resultat ist sozusagen ein «Wollschnurschlauch».
Nach dem Abketten den Faden in dem Schnurschlauch vernähen. Das Anfangsende kann zum Befestigen des Strickbandes verwendet werden.

Strickschriften

In einigen Anleitungen wird das Muster mithilfe einer Strickschrift beschrieben.
Jedes Kästchen der Strickschrift steht für eine Masche. In der Strickschrift wird abgebildet, wie das Muster auf der Vorderseite des fertigen Strickstückes aussieht. Jede Kästchenreihe steht für eine Reihe oder Runde. Zu jeder Strickschrift gibt es eine Erklärung, was die angewendeten Symbole in den Kästchen bedeuten und wie das Muster zu stricken ist.

Die Strickschrift wird von unten nach oben gelesen. Wenn wir Hin- und Rückreihen stricken, werden die Hinreihen von rechts nach links und die Rückreihen von links nach rechts gelesen. Beim Rundstricken wird jede Reihe von rechts nach links gelesen.

Die Strickschriften sind am rechten und oberen Rand nummeriert. Die Zahlen rechts geben die Anzahl der zu strickenden Reihen an, die obere Zahlenreihe die Maschenzahl des Rapports (= Maschenzahl, die einen fertigen Mustersatz ergibt), der fortlaufend aneinandergesetzt wird.
Wenn Sie die in der Anleitung angegebene Maschenzahl ändern, achten Sie darauf, dass die neue Maschenzahl durch die Maschenzahl des Rapports teilbar ist.

Strickschrift

4	3	2	1	
	●		●	4
	●		●	3
●		●		2
●		●		1

☐ Hinreihe rechte Masche, Rückreihe linke Masche

⊡ Hinreihe linke Masche, Rückreihe rechte Masche

Auf zwei Nadeln wird die Strickschrift in Hin- und Rückreihe wie folgt gestrickt:
1. Reihe: * 1 rechts, 1 links, 1 rechts, 1 links. Ab * wiederholen.
2. Reihe: * 1 rechts, 1 links, 1 rechts, 1 links. Ab * wiederholen.
3. Reihe: * 1 links, 1 rechts, 1 links, 1 rechts. Ab * wiederholen.
4. Reihe: * 1 links, 1 rechts, 1 links, 1 rechts. Ab * wiederholen.

Beim Rundstricken beginnen Sie die 1. und 2. Runde mit 1 rechten Masche und die 3. und 4. Runde mit 1 linken Masche.

Zusammenfügen

Schultern zusammennähen im Maschenstich

Statt abzuketten kann man zwei rechts gestrickte Teile auch mit Maschenstich zusammenfügen. Diese Technik wird häufig im Schulterbereich bei gemusterten Strickjacken und Pullovern angewendet, die auf der Rundnadel gestrickt sind. Die Naht ist unsichtbar und hat die gleiche Elastizität wie das übrige Kleidungsstück. Die Maschen des Vorder- und Rückteils werden bei dieser Methode jedoch um eine halbe Masche verschoben. Bei einem gemusterten Strickteil sollten Sie darum einige Runden einfarbig stricken, ehe Sie die Teile mit Maschenstich zusammenfügen. Meist ist das in den Anleitungen von gemusterten Strickjacken und Pullovern mit eingerechnet.

Für den Maschenstich benötigen Sie eine dicke, stumpfe Wollnadel. Verteilen Sie vorab die Maschen auf zwei Nadeln, eine für das Vorder-, die zweite für das Rückenteil. Auf beiden Nadeln muss dieselbe Anzahl Maschen sein.

Stechen Sie die Nadel durch die erste Masche des Vorderteils, dann durch die erste Masche des Rückenteils, danach durch die Masche daneben. Nun den Faden wieder durch die erste Masche stechen (mit der begonnen wurde) und durch die Masche daneben. Wiederholen Sie diesen Vorgang bis zum Ende der Naht, indem Sie die Nadel von oben nach unten in eine Masche stechen, dann von unten nach oben in die Masche daneben, abwechselnd im Vorder- und Rückenteil.

Achten Sie darauf, den Faden nicht zu straff zu ziehen. Am besten näht man ein paar Maschen zusammen, ehe man den Faden strammzieht.

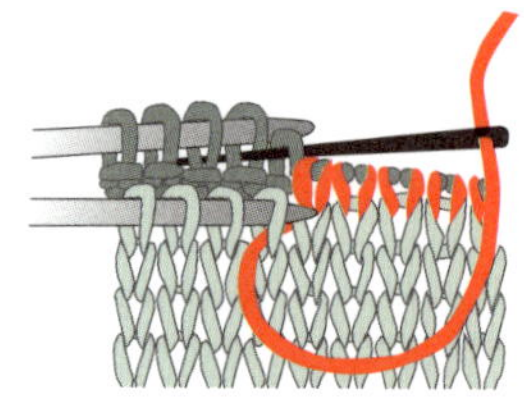

Aufnehmen von Maschen um Hals- oder Armausschnitt etc.

Legen Sie den Faden wie gewohnt über den linken Zeigefinger. Stechen Sie die Nadel durch den Rand des Strickstückes (ca. eine Masche vom Rand) und ziehen Sie den Faden vom linken Finger von hinten vor die Arbeit. Nehmen Sie so viele Randmaschen auf, wie in der Anleitung angegeben. Für das Aufnehmen der Maschen kann man auch eine Häkelnadel nehmen und die Maschen dann auf die Stricknadel heben. Wurden zu viele Maschen aufgenommen, strickt man in der nächsten Reihe gleichmäßig verteilt so oft zwei Maschen zusammen, bis die in der Anleitung angegebene Maschenzahl erreicht ist.

So vermeidet man zu straffes Abketten um Halsausschnitte und an Bündchen

Erhöhen Sie die Maschenzahl z. B. mit zehn Maschen, in manchen Fällen ist sogar angeraten, die Maschenzahl vor dem Abketten zu verdoppeln, wenn man nicht bei jeder Masche darauf achten will «locker» abzuketten.

Tipp

«Magic Loop»

Für «Magic Loop» brauchen Sie kein Nadelspiel, nur eine 80 cm lange Rundstricknadel für die Beine.

Im Internet gibt es zahlreiche Anleitungen für diese Technik.

Die Anleitungen auf Seite 13 und 150 sind geeignete Startobjekte für diese Technik.

Häkel-ABC

Hier finden Sie alle Tipps für das Anfertigen von Bändern oder Häkelborten.

Luftmasche (Lftm)

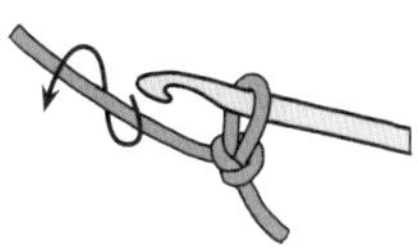

1. Den Faden einholen, indem die Nadel zuerst unter, dann über den Faden geführt wird.

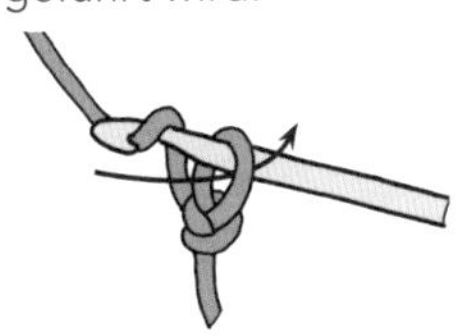

2. Den Faden mit dem Haken durch die Masche ziehen.

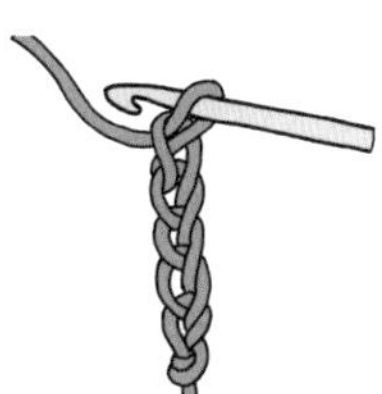

3. Luftmaschenkette.

Luftmaschenkette

Schlagen Sie eine Anfangsmasche an und schieben Sie sie über die Häkelnadel. Den Lauffaden über den linken Zeigefinger legen und mit der Nadel durch die Schlaufe ziehen (s. Abb.). So lange fortfahren, bis Sie eine Reihe Luftmaschen haben. Bei dünnem Garn häkeln Sie mit doppeltem Faden. Die Fäden vom Ende weg in dem Band vernähen.

Kettmasche (Kettm)

Kettmaschen braucht man u.a. für den Abschluss einer Arbeit mit einem schmalen Rand oder zum Beenden einer Häkelreihe.

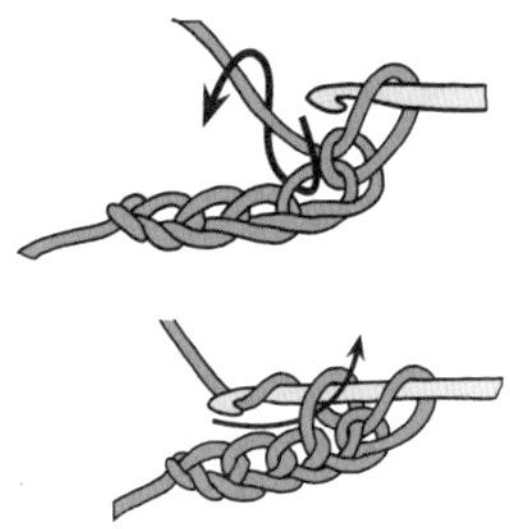

1. Die Nadel von vorne durch die zweite Masche vor der Nadel stechen.
2. Den Lauffaden um die Nadel schlagen und durch die zwei Maschen ziehen.

Feste Masche (fM)

Feste Maschen nutzt man gerne für einfassende Borten oder als Umrandung der fertigen Strickarbeit. Es gibt aber auch ganz mit festen Maschen gehäkelte Arbeiten, wie zum Beispiel Topflappen.

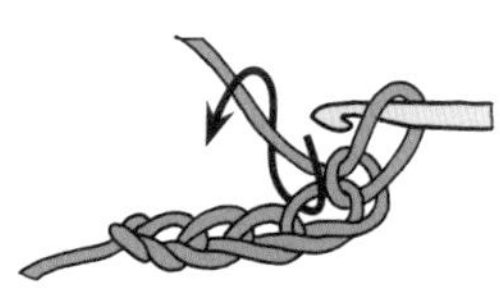

Die Nadel in die zweite Masche vor der Nadel stechen, den Faden umschlagen und durchziehen. Erneut den Faden um die Nadel schlagen und durch die zwei Maschen ziehen. Bis zum Reihenende wiederholen.

Stäbchen (Stb)

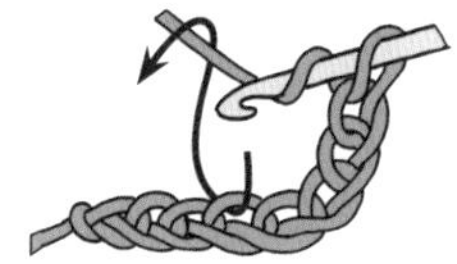

1. Einen Umschlag auf die Nadel nehmen und in die viertletzte Luftmasche des Anschlags stechen. Faden holen und durch die Luftmasche ziehen. In der Rückreihe werden als Ersatz für das 1. Stäbchen 3 Luftmaschen gehäkelt.

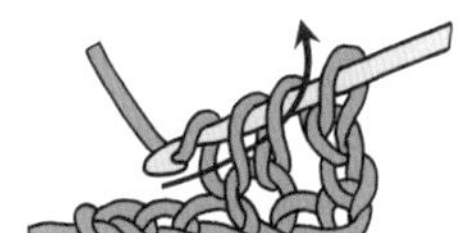

2. 1 Umschlag, durch die ersten beiden Schlingen ziehen, 1 Umschlag, durch die oberen beiden Schlingen ziehen.

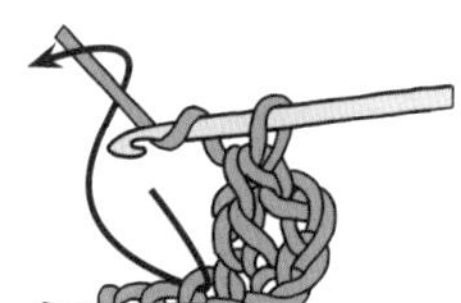

3. Bis zum Ende der Reihe oder Runde wiederholen.

Halbe Stäbchen (h Stb)

Beim halben Stäbchen legt man den Faden um die Nadel, sticht wie gewohnt ein und holt den Faden durch.

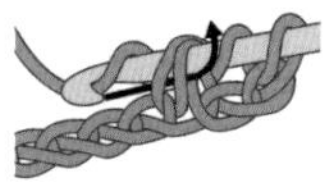

Dann holt man noch einmal den Faden und zieht ihn durch alle drei auf der Nadel befindlichen Schlingen.

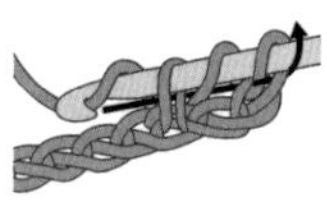

Rundhäkeln

Beginnen Sie die Arbeit mit einem Fadenring, der später enger zusammengezogen werden kann.

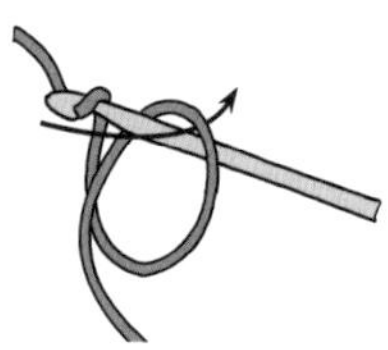

1. Die Nadel durch den Fadenring stechen, den Arbeitsfaden umschlagen und durch die Schlaufe ziehen (Abb. 1), 1 neuer Umschlag, wie bei festen Maschen durch die beiden Maschen auf der Nadel ziehen.

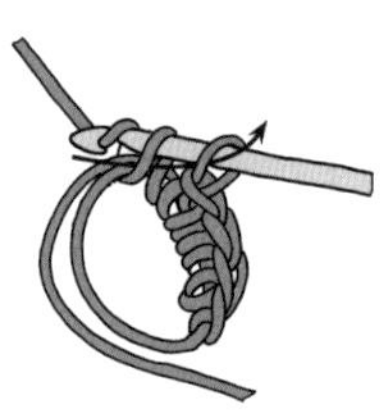

2. Den Ring nach Anleitung mit festen Maschen umhäkeln. Über beide Fäden häkeln.

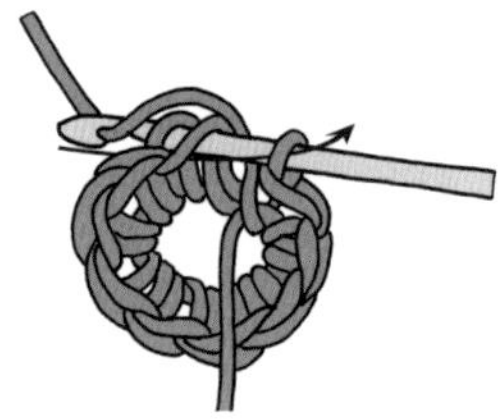

3. An dem losen Fadenende ziehen, um den Ring zu verkleinern. Den Kreis mit 1 Kettmasche schließen.

Häkelborten

Mausezähnchen oder Pikots

Mit 1 festen Masche an einer Ecke der Arbeit beginnen. * 3 Luftmaschen häkeln, danach 1 feste Masche in die 3. Masche vor der Nadel (= 1 Mausezähnchen oder Pikot), die nächsten 1-2 Maschen überspringen und 1 feste Masche häkeln, die nächsten 1-2 Maschen überspringen, 1 feste Masche häkeln. Ab * bis zum Ende der Abschlusskante wiederholen.

Garneinkauf

Es ist natürlich am besten, auf die in diesem Buch angegebenen Garne zurückzugreifen. Falls diese in einem Strickwarengeschäft oder Onlineshop nicht erhältlich sind oder Sie ein anderes Garn verwenden möchten, muss darauf geachtet werden, dass es in der Nadelstärke und der Lauflänge in etwa dem angegebenen Material entspricht, damit die Anleitungen nachvollzogen werden können.
Am wichtigsten ist hierbei, die Maschenprobe mit den in der Anleitung angegebenen Maßen abzugleichen. Nutzen Sie dazu die Erklärungen im Strick-ABC (S. 186).

Falls Sie unsicher sind, lassen Sie sich gegebenenfalls in einem Fachgeschäft beraten, um Enttäuschungen zu vermeiden.

Garn und Garnalternativen

Im Buch verwendete Garne

Du Store Alpaka

Air (78 % Alpaka / 22 % Nylon)	Lauflänge: 235 m auf 25 g
BabySilk (80 % Alpaka / 20 % Seide)	Lauflänge: 133 m auf 50 g
Fin (50 % Seide / 50 % Baby-Alpaka)	Lauflänge: 165 m auf 50 g
Hexa (100 % Alpaka)	Lauflänge: 100 m auf 50 g
Mirasol (100 % Alpaka)	Lauflänge: 125 m auf 50 g
Sky (70 % Alpaka / 32 % Nylon)	Lauflänge: 177 m auf 25 g
Tynn Alpakka (100 % Alpaka)	Lauflänge: 167 m auf 50 g

Debbie Bliss

Eco Baby (100 % Baumwolle)	Lauflänge: 125 m auf 50 g

Viking Garn

Superwash (100 % Baumwolle)	Lauflänge: 100 m auf 50 g

Alternativgarne verwenden

Wenn Sie ein anderes Garn als in den Anleitungen angegeben verwenden, ist einiges zu beachten, damit Ihr Strickstück im Ergebnis gelingt. Unterschiedliche Garnqualitäten bringen verschiedene Strickergebnisse hervor. Manche Garne sind dicht und glänzend und fallen schwer, andere sind luftig und leicht.

Maschenprobe

Achten Sie beim Kauf auf die Angaben der Maschenprobe, die auf der Banderole angegeben ist bzw. fragen Sie den Händler bei Garnen ohne Banderole.

Vor dem Loslegen sollte *immer* eine Maschenprobe gemacht werden, um sicherzustellen, dass die persönliche Strickdichte (manche stricken lockerer, manche fester) mit der Maschenprobe der Anleitung übereinstimmt. Tipps zur Maschenprobe finden Sie auf Seite 186 im Stick-ABC.

Lauflänge des Garns

Die Lauflänge bestimmt die Gesamtmenge an Wolle. Bei der Entscheidung für ein Alternativgarn sollte daher die Lauflänge verglichen werden, um zu gewährleisten, dass die Kaufmenge des Garns ausreicht.

Umrechnen der Lauflänge

Gesamtlauflänge : Lauflänge Einzelknäuel (Alternativgarn) = Gesamtanzahl der Knäuel

Beispiel

Für das gewünschte Modell wird 200 g Tynn Alpakka verwendet. Es hat eine Lauflänge von 167 m auf 50 g, das heißt, die gesamte Lauflänge beträgt bei 200 g = 668 m (167 m x 4 Knäuel). Hat das Alternativgarn eine Lauflänge von 100 m auf 50 g, so rechnet man 668 : 100 = 6,68. Das ist die Anzahl der benötigten Knäuel. Aufgerundet auf 7 benötig man also ca. 350 g des gewählten Garns.

Danke!

Dieses Buch würde es ohne euch alle nicht geben. Danke, kleine Schwester Hanna, die mich zu diesem Abenteuer überredet hat. An Ann Kristin für unseren täglichen Morgenkaffeeplausch. An meine Mutter, weil du mir die Freude am Stricken weitergegeben hast, und weil du immer für mich da bist, Fäden vernähst, Tränen trocknest und unermüdlich Lachs brätst. An meinen Vater, für deinen Blick für Details und dass du immer an meinen Erfolg geglaubt hast. Ich bin unendlich glücklich, dass es euch gibt.

Eine feste Umarmung für Astrid, Dagny, Elsa, Karin, Line und Sigrid, die mir Zeit und Arme zur Verfügung stellen und die schönsten Modelle für mich stricken.
Tausend Dank, Nathan, für eine weitere fantastische Zusammenarbeit. Ich ziehe bewundernd den Hut, für die Magie, die du mit den Kindern schaffst und wie es dir gelingt, das in deinen Fotos einzufangen. Danke, Line, für alle Unterstützung und Hilfe, als es am nötigsten war. Und Dank an Ane, du bist ein Engel mit den Kindern.

Ein großer Dank geht auch an die charmanten Models, die Lust hatten mitzumachen: Tone, Vilde, Hedda, Jo, Ellen, Håvard, Magni, Andreas, Julie, Liana, Maya, Alva, Martin und alle Eltern und Großeltern, die geholfen haben.

Auch dem Verlag Gyldendal und meiner Redakteurin Ann Kristin gilt mein Dank, weil ihr an mich geglaubt habt und mein Buch publizieren wolltet. An Synnøve, die korrigiert hat, woran ich mich blind gesehen hatte. An alle meine strickfreudigen Fans in meinem Blogg, die mir Zuspruch und nettes Feedback geben. Ohne euch wäre meine Arbeit nur halb so spannend.

Und zu guter Letzt ein dickes Dankeschön an meinen allerliebsten Råg, der es mit mir und meinen vielen Ideen aushält. An meine beiden Kleinen, Jo und Ellen, die mich inspirieren, mit dem weiterzumachen, was ich tue. Ich habe die schönste Arbeit der Welt.

Marte

Besuchen Sie Marte Helgetuns Homepage:
www.martehelgetun.no

Besuchen Sie Nathan W. Lediards Homepage:
www.lediardfoto.com

(Beide Webseiten in norwegischer Sprache)

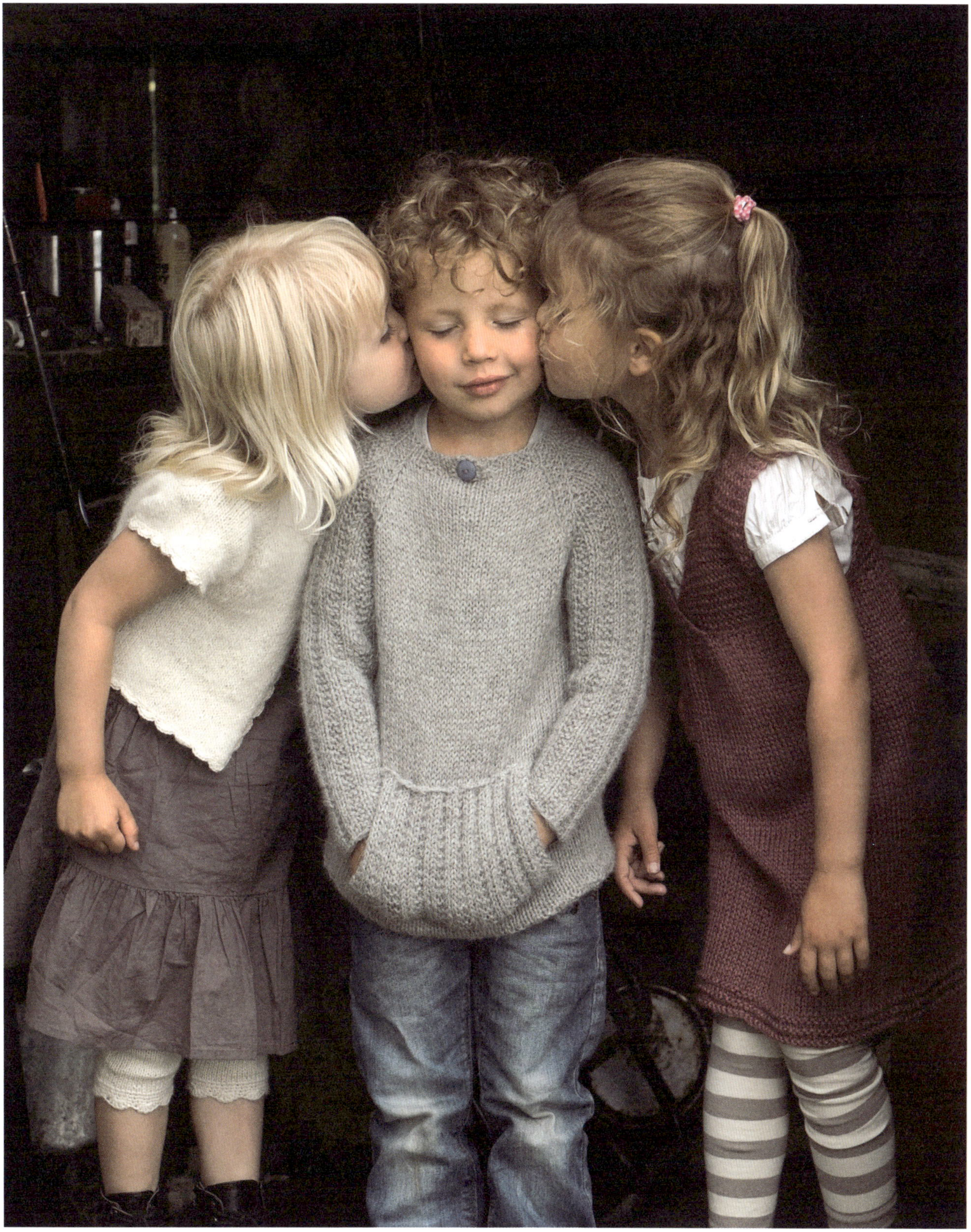

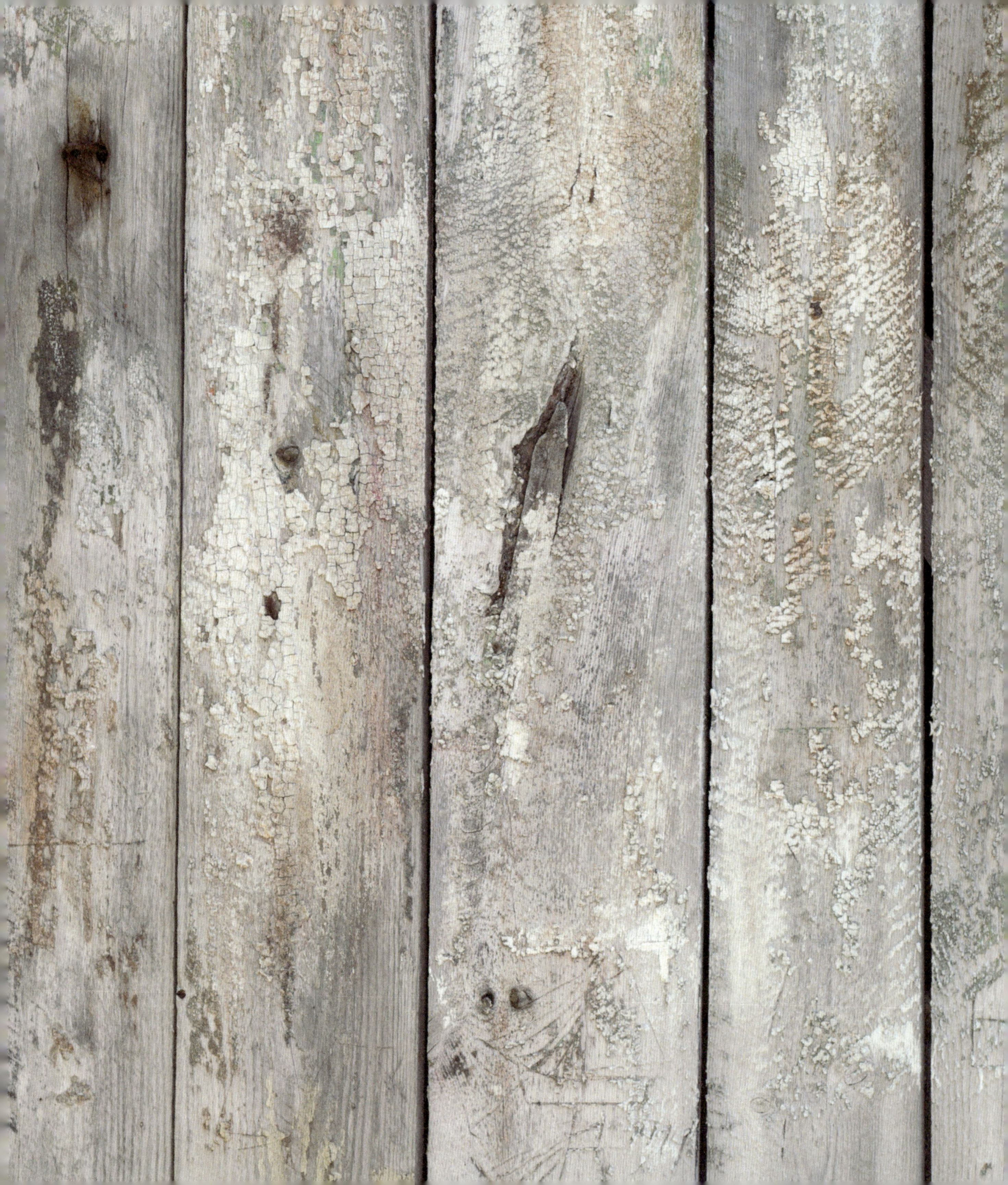